μετωνυμίες

IX

„Ich liebe Die, welche nicht zu leben wissen, es sei denn als Untergehende, denn es sind die Hinübergehenden."

Im Wahn äußert Nietzsche unverblümt, was sein politisches Denken seit den Anfängen in Basel umtreibt:

3.1.1889: „Die Welt ist verklärt, denn Gott ist auf der Erde. Sehen Sie nicht, wie alle Himmel sich freuen. Ich habe eben Besitz ergriffen von meinem Reich, werfe den Papst ins Gefängnis und lasse Wilhelm, Bismarck und Stöcker erschießen. Der Gekreuzigte"

Ein erleuchteter Genius muss den Staat lenken, nicht eine Bürokratie und dabei eine harte Scheidung zwischen einer neuen Elite der Genien und den Untertanen durchsetzen.

Bossuet: ‚Ketzer ist der, der eigene Gedanken hat'

Leibniz ‚Ein Befehl, ein Federstrich würde genügen . . .'

Dadurch realisiert sich das Leben, nicht durch Rationalisierung: das motiviert Nietzsches Kritik an Aufklärung und Positivismus.

Schiller: „Ein Federzug von dieser Hand, und neu/ Erschaffen wird die Erde."

Die Sprache des Untergangs entbirgt im entfesselten Spiel der Signifikanten die Sprache des Willens zur Macht, zum Übergang nicht nur im Denken Nietzsches als die Gewalt der Sprachreglementierung, um soziale Herrschaft zu stabilisieren.

Saint-Just: „Patriot ist, wer die Republik als Ganzes unterstützt, wer sie in Einzelheiten bekämpft, ist ein Verräter."

Doch das Unbewusste kommt nicht nur Nietzsche in die Quere, sondern dem politischen Denken insgesamt.

Carl Schmitt: „Der Feind ist unsere eigene Frage als Gestalt."

Im Rückgriff besonders auf Foucault, Lacan und den *Anti-Ödipus* nimmt das Buch Nietzsches allerletzte wirre Äußerungen ernst, interpretiert in ihrem Licht sein Denken seit der *Geburt der Tragödie* als durchgängig politisch, wiewohl weltfremd, aber just dadurch die politisch soziale Welt erhellend, in der sich zwischen der Sprache des Wahns und der der Vernunft schon lange nicht mehr hinlänglich unterscheiden lässt:

„Ein Gespenst geht um in Europa das Gespenst des Kommunismus."

Hans-Martin Schönherr-Mann Prof. für Politische Philosophie, Univ. München, Gastprof. Innsbruck, Eichstädt, Regensburg, Venice International Univ.

Hans-Martin Schönherr-Mann

Übergang zum Untergang

Nietzsches
politische Philosophie des Genius

μετωνυμίες
IX

Bibliografische Information der Deutschen Nationalbibliothek: Die Deutsche Nationalbibliothek verzeichnet diese Publikation in der Deutschen Nationalbibliografie; detaillierte bibliografische Daten sind im Internet über dnb.dnb.de abrufbar.

Herstellung und Verlag:
BoD – Books on Demand, Norderstedt

ISBN 978-3-7568-1947-8

Für Irmi

INHALT

Vorwort 9

1. Vom künstlerischen zum politischen Genius 15

2. Verantwortlichkeit als Scheidung zwischen
   Obertan und Untertan 47

3. Die Wiederkunftslehre als gefährliches und
   gefährdetes Denken 73

4. Der Übergang des letzten Menschen
   zum Übermenschen 97

5. Adlige Aussteigerinnen, Tänzerinnen, *Juliette*,
   Raskolnikow 107

6. Philosophische Wiederkunft der bösen
   heiligen drei Könige 123

7. Das Ordnungsbundbegehren als das Ende
   des Zeitungslesers 141

8. Der Wille zur Wahrheit als metonymisierendes
   Begehren 153

9. Die Wiederkehr des Bösen als Überwindung
   des letzten Menschen 165

Nachwort: *Der Untergang* 191

Literaturverzeichnis 211

Personenverzeichnis 223

> „Der Mensch ist ein Seil, geknüpft
> zwischen Tier und Übermensch, – ein
> Seil über einem Abgrunde. Ein gefähr-
> liches Hinüber, ein gefährliches Auf-
> dem-Wege, (. . .) was geliebt werden
> kann am Menschen, das ist, dass er ein
> *Übergang* und ein *Untergang* ist. Ich
> liebe Die, welche nicht zu leben wis-
> sen, es sei denn als Untergehende,
> denn es sind die Hinübergehenden.“
>
> (*Also sprach Zarathustra*)

Vorwort

„Der Mythos des *Gott ist tot*"– so Jacques Lacan – „ist mög-
licherweise nur ein Schutz vor der Drohung der Kastration."[1]
Lou von Salomé nennt Nietzsche einen Gottsucher. Für Martin
Heidegger ist Nietzsche gar der letzte Gott suchende deutsche
Denker. Versteckt sich hinter dem Gottesleugner also ein Gottsucher oder die ödipale Angst vor der Kastration? Ist Nietzsches Philosophie just auf letztere eine Antwort? Und der wüste Untergang die *anti-ödipale* Konsequenz des Schizos? Ent-
standen aus einer begehrenden Philosophie des Übergangs?
Eines mit dem Gekreuzigten und dem Kaiser konkurrierenden
Genius? Enthüllt sich dadurch aber das Begehren der politischen Philosophie, just das, was für Leo Strauss nicht geäußert
werden darf, für den „Lessing, (. . .) überzeugt war, dass es
Wahrheiten gibt, die nicht ausgedrückt werden sollten oder
dürften, (. . .)."[2] Gerade politische Philosophie – so Strauss'
Folgerung – „wendet sich nicht an alle Leser, sondern nur an
vertrauenswürdige und intelligente Leser."[3]

---

[1] Jacques Lacan, Die vier Grundbegriffe der Psychoanalyse (1964), 33
[2] Leo Strauss, Persecution and the Art of Writing, 1952, 28
[3] Ebd. 25

Zur Religionskritik hatte die Aufklärung alles gesagt. Nur von einem Tod Gottes spricht sie nicht. Nietzsche bereichert diese Debatte um eine originelle Erzählung. Wie heißt es in der Fröhlichen Wissenschaft: „Hören wir noch Nichts von dem Lärm der Totengräber, welche Gott begraben? Riechen wir noch Nichts von der göttlichen Verwesung? – auch Götter verwesen! Gott ist tot! Gott bleibt tot! Und wir haben ihn getötet!"[1] Psychoanalytisch verbirgt sich darin der Vatermord, weil der Vater dem Sohn den Gebrauch der Lüste verweigert, wobei Ödipus in diesem Sinn kein Vatermörder sein kann.

Ist Nietzsche der erste Philosoph, der sich gegen solche Bevormundung zur Wehr setzt? Nein, das hat die französische Aufklärung längst erledigt. Sie kämpft um die Mündigkeit der Menschen, wie es Kant formuliert: „Aufklärung ist der Ausgang des Menschen aus seiner selbst verschuldeten Unmündigkeit. (. . .) Habe Mut dich deines eigenen Verstandes zu bedienen! Ist also der Wahlspruch der Aufklärung."[2] Hier eröffnet sich Nietzsches Kastrationsproblem. Er bedient sich dieses Wahlspruchs nach allen Regeln der Kunst selbst, wehrt sich gegen Entmündigung. Doch das überträgt er nicht auf seine Zeitgenossinnen. Er allein verkörpert den Genius, der sich nicht auf die Vernunft stützt. Dazu sucht er Anhänger, die seine Lehren, nicht etwa eigene, verbreiten sollen. So benimmt er sich als Guru mit gemischten Ideen, die in politischer Perspektive wenig aufklärerisch klingen – untergehend esoterisch verstanden doch und womöglich nicht mal wider Nietzsches Willen, wenn letzteren das Unbewusste treibt.

Arthur C. Danto unterscheidet der Einfachheit halber zwei Nietzsche: der eine schreibt kluge und wegweisende Ideen auf. Der andere kritzelt übles Zeug aufs Papier: er verachtet seine Mitmenschen, lobt die ‚blonde Bestie', den nordischen Aristo-

---

[1] Nietzsche, Die fröhliche Wissenschaft (1881-82), KSA Bd. 3, Nr. 125, 481

[2] Immanuel Kant, Beantwortung der Frage: Was ist Aufklärung (1884), 35

kraten und preist einen gewalttätigen hierarchischen Staat. Häufig, so Danto „ist die gellende, keifende, zuweilen fast hysterische Stimme des Pamphletisten und chronisch Unzufriedenen zu hören."[1]

Danto empfiehlt daher, Nietzsche diese bösen Zähne kurzerhand zu ziehen, also nur die andere Seite ernst zu nehmen, nämlich die des Kritikers von Religion, Moral, Technik und Wissenschaft. Das brachte Danto den Spitznahmen ‚Arthur Dentist‘ ein. Wenn es darum geht, über Nietzsche konstruktiv hinaus zu denken, dann ist das zweifellos eine sinnvolle Methode, die ich auch schon angewendet habe.[2]

Die Frage stellt sich aber, was man vom bösen Nietzsche lernen kann, besonders wenn man ihn bis zuletzt, also bis in seine Wirrnis hinein ernst nimmt. Ergeben sich noch enthüllendere Genealogien, weil im Wahn der Wunsch, das Unbewusste, die Katrationsangst sprechen? Dass das sinnvoll ist, will der folgende Text zeigen. Der ‚wahre‘ Nietzsche ist das nicht, weil es diesen gar nicht gibt: denn Texte haben nie nur einen einzigen Sinn. Aber die einen oder anderen Diskurszusammenhänge seiner Philosophie könnten dadurch erhellt werden, die politischer ist, was häufig verdrängt wird, die überhaupt eine politische Philosophie ist, wie ich es im Folgenden zeigen möchte und zwar bis in seine letzten wüsten Bemerkungen: Auch seine ästhetischen, religiösen, ethischen, wissenschaftskritischen Ansätze fügen sich in ein politisches Denken, das, wie es Danto bemerkt, hochproblematisch ist, aber sich dadurch als erhellend auch bezüglich anderer Ansätze in der politischen Philosophie erweist, so dass Wahn in Aufklärung übergeht.

In Britannien wurde Nietzsche für den ersten Weltkrieg verantwortlich erklärt. „In Piccadilly" – so der Herausgeber der englischen Nietzsche-Edition Oscar Levy – stellte „ein Buchhändler die 18 Bände unserer Ausgabe ins Schaufester und

---

[1] Arthur C. Danto, Nietzsche als Philosoph (1965), 31
[2] Vgl. Schönherr-Mann, Friedrich Nietzsche, UTB Profile 2008

darüber stand in großen Lettern geschrieben: ‚The Euro-Nietzschean War. ‚Read the Devil, in order to fight him the better'"[1] Bis in die neunzehnhundertsechziger Jahre galt Nietzsche vielen als Vordenker der Nazis. Dazu hat Elisabeth Förster-Nietzsche beigetragen, die unter dem Titel *Der Wille zur Macht* 1906 eine Sammlung von Texten aus dem bis dahin unveröffentlichten *Nachlass* herausgab, die sie so manipulativ zusammenstellte, dass Nietzsche damit Intentionen untergeschoben wurden, die den Nazis gelegen kamen.

Dass Nietzsche als Nazi-Philosoph gelesen wird, dagegen wehrte sich zur historischen Stunde Georges Bataille. Zum 100. Geburtstag Nietzsches am 15. Oktober 1944, als Paris längst befreit war, besangen ihn die Nazis untergehend in einer skurrilen Feierstunde in Weimar im alliierten Bombenhagel – Mussolini steuerte dazu eine antike Dionysos-Statue bei. Da schreibt Bataille ein Buch *Nietzsche und der Wille zur Chance*, das 1945 erscheint. Nietzsches Gedanken des Willens zur Macht, der als Triebfeder alles Lebendigen jede Grausamkeit legitimiert, versteht Bataille als spielerische Kreativität, die angesichts eingefahrener sozialer Verhältnisse neue Lebenschancen eröffnet. „Der Wille zur Macht ist der Löwe, aber ist das Kind nicht ein Wille zur Chance?"[2]

Als Giorgio Colli und Mazzino Montinari ab 1964 im Nietzsche-Archiv in Weimar den *Nachlass* akribisch rekonstruierten und eine umfassende Gesamtausgabe herauszugaben, verblasste das Bild Nietzsches als dichtender Nazi-Vordenker langsam und zunehmend wurde *Nietzsche als Philosoph* – nicht mehr nur als Dichter – wahrgenommen.

Trotzdem lässt sich der böse Dichter vom guten Philosophen nicht einfach trennen. Denn durch Wegsehen kann man die böse Seite nicht aus der Welt schaffen. So ist Anacleto Verrecchia im Hinblick auf die Nazis der Ansicht, dass „sich

---

[1] Oscar Levy, Nietzsche im Krieg (1919), 42

[2] Georges Bataille, Nietzsche und der Wille zur Chance – Atheologische Summe III (1945), 200

im Werk Nietzsches nicht nur einige, sondern Hunderte Seiten finden, die dieser Ideologie genau entsprechen."[1] Aber liegt Nietzsches Bosheit allein darin? Könnte seine Bosheit die politische Philosophie – nicht nur die seine – erhellen?

Nach Nietzsches Genealogie lassen sich Gut und Böse nicht mehr voneinander scheiden – eine Lebenserfahrung, die man in einer säkularen Welt machen muss, in der Religionen nicht mehr über Gut und Böse herrschen. Daher ist für Gianni Vattimo Nietzsches Philosophie hilfreich: „Die hier beschriebene Lage ist keineswegs verzweifelt, allerdings nur, wenn wir fähig sind, ihr gegenüber das zu zeigen, was Nietzsche einen ‚guten Charakter' nannte, nämlich das Vermögen, eine schwingende Existenz und die Sterblichkeit zu ertragen."[2]

Aber in welcher Weise hilft der Blick auf Nietzsches Bosheiten und auf seinen Wahn? Nun, philosophisch könnte man das fast a priori beantworten: Sie muss Einblicke eröffnen, die es ohne solche Perspektiven nicht gibt. Dazu muss man Nietzsche nicht unbedingt gegenintentional lesen. Seine Bosheiten wie seine wirren Thesen passen gut in sein Leben, wie ich es in meiner Nietzsche-Biographie zeige.[3] Aber der Übergang Nietzsches in seinen wüsten Untergang enthüllt darüber hinaus nicht nur sein Begehren, was er sagte und doch verbarg, seine Wunschproduktion, sondern umso mehr wie im politischen und sozialen Verständnis Wahn als Vernunft maskiert wird: die „schwindelerregende Unvernunft der Welt und unbedeutende Lächerlichkeit der Menschen"[4], so Michel Foucault.

Danken möchte ich besonders Markus Penz, Linda Sauer, Paul Stephan, Andrea Umhauer und Irmgard Wennrich.

---

[1] Anacleto Verrechia, Zarathustras Ende, 1986, 12
[2] Gianni Vattimo, Jenseits vom Subjekt (1980), 35
[3] Vgl. Schönherr-Mann, Friedrich Nietzsche – Leben und Denken, Römerweg 2020
[4] Michel Foucault, Wahnsinn und Gesellschaft (1961), 31

1. VOM KÜNSTLERISCHEN ZUM POLITI-SCHEN GENIUS

Im *Nachlass* findet sich eine Bemerkung von Ende 1870, dass die Menschen von Illusionen beherrscht werden, die sich netzartig ausbreiten. „Die meisten Menschen spüren gelegentlich, dass sie in einem Netz von Illusionen hinleben. Wenige aber erkennen, wie weit diese Illusionen reichen."[1] Die Bilder, die sie sich von der Welt machen, entstehen nicht in der Auseinandersetzung mit der Welt. Vielmehr erzeugen und verstärken sich diese Bilder gegenseitig, ergeben Weltbilder, die mit der Welt gerade nichts gemein haben. Sonst könnte es ja nicht so viele gegensätzliche Weltbilder geben. Die Zeitgenossen sind sich dessen teilweise sogar bewusst, ahnen aber nicht im Geringsten, wie weit diese Illusionen reichen.

Bereits in seiner wichtigsten frühen Schrift *Die Geburt der Tragödie*, die in den ersten Jahren während seiner Baseler Professur zwischen 1869 und 1871 entsteht, kritisiert er in diesem Sinne den Moralismus des Christentums, der sich die Welt gemäß seiner Moralvorstellungen halluziniert: wer moralisch ist, der kommt in den Himmel, ist die Welt so eingerichtet. Dass das eine Konstruktion ist, das klingt heute banal, war aber im so frommen wie prüden 19. Jahrhundert äußerst provokant. Neu war der Gedanke allerdings nicht. Eine ähnliche Kritik wird bereits im 18. Jahrhundert von aufgeklärten Denkern entwickelt.

Dem christlichen Moralismus stellt Nietzsche in *Die Geburt der Tragödie* eine ästhetische Existenz gegenüber. Sie gründet

---

[1] Nietzsche, Nachlass, KSA Bd. 7, 101

auf einem Zusammenspiel dessen, was er als das Dionysische und das was er als das Apollinische bezeichnet. Das Apollinische verkörpert das Prinzip der Klarheit, der Vernunft, das dem Menschen ein Selbstbewusstsein verleiht, mit dem er seine Triebe wie seine Bedürfnisse zu steuern in die Lage versetzt wird. Das macht ihn zum individuellen Menschen, der seine Lebendigkeit unter Kontrolle hat. Damit beschreibt Nietzsche eher seine eigenen Zeitgenossen als die antiken Griechen. Der sich militarisierende Machtstaat des 19. Jahrhundert, den der junge Nietzsche in seiner Heimat Preußen zunächst bewundert, erzieht mit seinen Disziplinierungsmethoden dieses Individuum so, dass es dem Staat dient, freilich für Nietzsche nicht intensiv genug.

Der ihm nicht völlig ferne aber doch ganz andere Denker, der noch verrufenere Max Stirner schreibt 1844, also im Geburtsjahr Nietzsches: „Man soll das Gesetz, die Satzung in sich tragen, und wer am gesetzlichsten gesinnt ist, der ist der Sittlichste. (. . .) Hier endlich erst vollendet sich die Gesetzesherrschaft. Nicht ‚Ich lebe, sondern das Gesetz lebt in Mir'. (. . .) ‚Jeder Preuße trägt seinen Gendarmen in der Brust' – sagt ein hoher preußischer Offizier."[1] Hier deutet sich schon ein Gedanke an, wie ihn Nietzsche und die anschließende Lebensphilosophie vertreten werden. Gesetz, Recht, Moral, Vernunft unterdrücken das Leben, indem sie es organisieren. Sie erzeugen einen Menschen, wie ihn sich das Christentum seit den Kirchenvätern wünschte, so dass dadurch die Lebendigkeit des antiken Menschen ausgetrieben wurde – eine Entwicklung die nach Max Weber in der protestantischen Ethik gipfelt, die Weber folgendermaßen charakterisiert: „Der ‚innerweltliche Asket' ist Rationalist sowohl in dem Sinn rationaler Systematisierung seiner eigenen persönlichen Lebensführung, wie in dem Sinn der Ablehnung alles ethisch Irrationalen, sei es Künstlerischen, sei es persönlich Gefühlsmäßigen, innerhalb der Welt und ihrer Ordnungen. Stets aber bleibt das spezifische

---

[1] Max Stirner, Der Einzige und sein Eigentum (1844), 61

Ziel vor allem: ‚wache' methodische Beherrschung der eigenen Lebensführung."[1]

Als Gegenmodell entdeckt Nietzsche in der antiken Tragödie den dionysischen Chor, der gleichermaßen das Leben wie das Schicksal symbolisiert. Denn Dionysos verkörpert den Rausch, die rauschhafte Gemeinschaft, nicht das isolierte Individuum und insofern eben das Leben bzw. das Lebendige, nicht das Vernünftige, nicht die geistige Klarheit, die sich über das Leben zu erheben versucht. „Unter dem Zauber des Dionysischen schließt sich nicht nur der Bund zwischen Mensch und Mensch wieder zusammen; auch die entfremdete, feindliche oder unterjochte Natur feiert wieder ihr Versöhnungsfest mit ihrem verlorenen Sohne, dem Menschen."[2]

Dionysos entsteht durch einen Ehebruch des Zeus. Es gibt verschiedene Varianten der Geschichte. Gemäß einer gängigen brach Zeus die Ehe mit Semele, der Tochter von Kadmos, dem König von Theben, und schwängerte sie. Zeus' betrogene Gattin Hera animierte incognito Semele, sie solle Zeus dazu bringen, sich in seiner wahren Gestalt zu zeigen. Doch als Blitz verbrannte er Semele. Zeus entnahm ihr daraufhin die Leibesfrucht und nähte sie sich in seinen Oberschenkel. Später setzte er diesen aus, so dass Dionysos auch als der Zweimalgeborene bezeichnet wird.

So stieß Nietzsche auf eine Parallele zu Jesus. Doch während Dionysos für Nietzsche die unwiderstehbare Macht des Lebens verkörpert, stellt Jesus für ihn die Ablehnung des Lebens dar, jedenfalls das, was Paulus aus den Lehren Christi fabrizierte. Das Leben muss für Nietzsche denn auch gar nicht erlöst oder versöhnt werden. Es entgeht dem Leiden nicht, aber damit hat man sich mit Dionysos einzurichten. Das Leiden gehört zum Leben. Ohne Leiden denn auch keine Lust, schon gar keine Höhepunkte. Daher täuscht sich Nietzsche in einem seiner Gedichte im *Zarathustra*: „Doch alle Lust will Ewigkeit

---

[1] Max Weber, Die protestantische Ethik I (1904/1920), 323
[2] Nietzsche, Die Geburt der Tragödie (1872), KSA Bd. 1, 29

17

–, / – ‚will tiefe, tiefe Ewigkeit!'"[1] Dabei handelt es sich nicht um Lust, sondern um Begehren, das nach Jacques Lacan als menschlicher Grundantrieb unstillbar ist, weil es kein Objekt hat. Lacan schreibt: „Das Begehren ist eine Beziehung des Seins zum Mangel. Dieser Mangel ist Mangel an Sein / Seinsmangel / manque d'être im eigentlichen Sinne. Es ist nicht der Mangel an diesem oder jenem, sondern Mangel an Sein, wodurch das Sein existiert. Dieser Mangel ist jenseits all dessen, was ihn vergegenwärtigen kann."[2] Just ein Mangel an Sein aber treibt Nietzsches Gedankenwelt um.

Der damit verbundene, von Schopenhauer stammende Pessimismus behält trotzdem einen optimistischen Unterton. Denn Nietzsche geht von einem Zusammenspiel zwischen der Lebenslust und dem Pessimismus aus, die die antike griechische Tragödie inspirieren. Diese arbeitet sich am Verhängnis ab, das im Mythos eine tragische Rolle spielt, wenn der Schrecken, das Böse, das Rätsel wie zerstörerische Kräfte ihre fatale Gewalt entfalten. Der sich daraus ergebende Pessimismus verdankt sich indes dem Gegenteil zu diesem Prozess, nämlich der Lebenslust. Die Tragik entfaltet ihre Stärke nicht aus sich selbst, sondern aus dem ihr anderen, nämlich der überschwänglichen Lust am Leben, die sich ihrerseits auf Gesundheit und ein intensives Leben stützt, sich aber bedroht sieht – oder mit einem Mangel an Sein konfrontiert.

Damit argumentiert Nietzsche bereits in dieser frühen Schrift genealogisch, d.h. er entwickelt eine Sache nicht aus der ihr entsprechenden Tradition, sondern aus ihrem Gegenteil, aus dem ihr anderen. In *Zur Genealogie der Moral*, wo er das genealogische Verfahren exemplarisch vorführt, leitet er das Gute nicht aus der Tradition des Denkens über das Gute ab, sondern aus seinem Gegenteil, nämlich dem Bösen: „Sprechen wir sie aus, diese *neue Forderung*: wir haben eine *Kritik* der moralischen Werte nötig, *der Wert dieser Werte ist selbst erst*

---

[1] Nietzsche, Also sprach Zarathustra (1882-84), KSA Bd. 4, 404
[2] Jacques Lacan, Das Ich in der Theorie Freuds (1954/55), 283

18

einmal in Frage zu stellen – und dazu tut eine Kenntnis der Bedingungen und Umstände not, aus denen sie gewachsen, unter denen sie sich entwickelt und verschoben haben (Moral als Folge, als Symptom, als Maske, als Tartüfferie, als Krankheit, als Missverständnis; aber auch Moral als Ursache, als Heilmittel, als Stimulans, als Hemmung, als Gift), wie eine solche Kenntnis weder bis jetzt da war, noch auch nur begehrt worden ist. Man nahm den *Wert*, dieser ‚Werte' als gegeben, als tatsächlich, als jenseits aller In-Frage-Stellung."[1]

Daher ist der Pessimismus keine Grundhaltung, die immer schon vorliegt, sondern er verdankt sich der Unterdrückung der Lebenslust. Dabei entstand ein Wahnsinn, das Dionysische. Für Nietzsche handelt es sich wiederum um einen Umschlag. In der Tragödie wie in der Komödie entsteht etwas Rauschhaftes, Wahnsinniges, wenn die Protagonisten untergehen, ob Ödipus, der sich blendet oder Antigone, die in den Tod geht. Just das steht im Gegensatz zu den Umständen, die Nietzsche als dekadent bezeichnet, wenn sich beispielsweise Athen auf dem Höhepunkt seiner Blüte dadurch im Niedergang befindet, weil mit Sokrates der Rationalismus einzieht. „Was ist dionysisch? (. . .) woher müsste (. . .) das entgegengesetzte Verlangen, das der Zeit nach früher hervortrat, stammen, das *Verlangen nach dem Hässlichen*, der gute strenge Wille des älteren Hellenen zum Pessimismus, zum tragischen Mythus, zum Bilde alles Furchtbaren, Bösen, Rätselhaften, Vernichtenden, Verhängnisvollen auf dem Grunde des Daseins, – woher müsse dann die Tragödie stammen? Vielleicht aus der *Lust*, aus der Kraft, aus überströmender Gesundheit, aus übergroßer Fülle? Und welche Bedeutung hat dann, physiologisch gefragt, jener Wahnsinn, aus dem die tragische wie die komische Kunst erwuchs, der dionysische Wahnsinn? Wie? Ist Wahnsinn vielleicht nicht notwendig das Symptom der Entartung, des Niedergangs, der überspäten Kultur? Gibt es vielleicht – eine Frage für Irrenärzte – Neurosen der *Gesundheit*? Der Volks-Jugend und Jugend-

---

[1] Nietzsche, Zur Genealogie der Moral (1887), KSA Bd. 5, 253

lichkeit?"[1] Für Nietzsche erlaubt der Wahnsinn Einsichten, was die Psychoanalyse auf den Begriff bringt und was sich in seinem wüsten ‚Untergang' präsentieren wird.

So taucht in dieser Kunst im Angesicht des Schreckens, dass selbst die blühendste Existenz irgendwann vor einem fürchterlichen Ende steht, der Wahn und der Rausch auf als Nachhall jener Blüte. Das hat einen versöhnenden Charakter, nämlich das Individuum geht dadurch im Leben auf. Zugleich ist das ein Trost für das Individuum, das sich rauschhaft im Leben verliert, was ihm am Ende gar gelingt – völlig berauscht. Trotz allen Schreckens besteht das Leben für Nietzsche aus einer ewigen Lust, die über die individuelle Existenz hinausweist, diese mit dem Leben bzw. der Natur verbindet. Nur dass es sich nicht um Lust, sondern um Begehren handelt.

Die Kraft des Dionysischen ist nicht das Prinzip des Individuellen, sondern des Lebens im Allgemeinen. Es verbindet die Menschen miteinander, wenn sie sich beispielsweise gemeinsam der Musik Wagners hingeben. Dann gehören sie zusammen, werden sie in einem gemeinsamen Rausch aufgehoben: der Wallküren-Marsch bei den Auftritten des langjährigen Nazi-Kanzlers in den Filmen Leni Riefenstahls – beispielsweise in *Triumph des Willens* (Deutschland 1935). Und zugleich verbindet dieses Dionysische die Menschen mit der Natur. Umgekehrt versöhnt sich dabei die Natur als das Leben mit dem Menschen, der sich durch die Kultur von ihr entfernt hat: der Reiz der Drogen.

Dem Prinzip des Dionysischen stellt Nietzsche das des Apollinischen entgegen. Apoll ist der Gott der bildnerischen Künste, die etwas zeigen bzw. sehen lassen, das man begreifen kann. Es geht folglich um die Wahrheit. Apollinisch gewinnt der Mensch Einsicht in die Welt, wodurch er sich aus ihr heraushebt, die Einheit zwischen Mensch und Natur zerbricht. Dadurch vereinzelt der Mensch, während ihn das Apollinische an der Kunst mit diesem Bruch gewissermaßen versöhnt. Denn

---

[1] Nietzsche, Die Geburt der Tragödie (1872), KSA Bd. 1, 15

er erlebt dadurch die Welt in Form eines Traumes, den er weiterträumen muss. „Apollo aber tritt uns wiederum als die Vergöttlichung des principii individuationis entgegen, in dem allein das ewig erreichte Ziel des Ur-Einen, seine Erlösung durch den Schein, sich vollzieht: er zeigt uns, mit erhabenen Gebärden, wie die ganze Welt der Qual nötig ist, damit durch sie der Einzelne zur Erzeugung der erlösenden Vision gedrängt werde und dann, ins Anschauen derselben versunken, ruhig auf seinem schwankenden Kahne, inmitten des Meeres sitze."[1] Nur dadurch kann sich das Individuum mit einer Welt voller Leiden arrangieren.

Apoll dagegen verkörpert das *Principium individuationis*, macht Apoll den Menschen zum Individuum. Aber auch wenn Nietzsche damit indirekt die Aufklärung kritisiert, die das Lebendige zu wenig beachte, so wird der Mensch doch als Individuum gestärkt, das dem Leiden gegenüber in der Kunst einen Ruhepol entwickelt, mit der es der Welt gelassen gegenübertreten kann. „Der titanische Künstler fand in sich den trotzigen Glauben, Menschen schaffen und olympische Götter wenigstens vernichten zu können: und dies durch seine höhere Weisheit, die er freilich durch ewiges Leiden zu büßen gezwungen war. Das herrliche ‚Können‘ des großen Genius, das selbst mit ewigem Leiden zu gering bezahlt ist, der herbe Stolz des Künstlers – das ist Inhalt und Seele der aeschyleischen Dichtung, während Sophokles in seinem Ödipus das Siegeslied des Heiligen präludierend anstimmt."[2] Die Frage aber, woher der Genius kommt, was das Genie zum Genius macht, muss offen bleiben, wäre das eine Rationalisierung. So verkörpert der Genius einen Mangel an Sein, das unstillbare Begehren, das durch keine Einsicht domestiziert ist.

Just eine derartige künstlerische Existenz macht Nietzsche früh in zeitgenössischen Künstlerkreisen populär, die Kunst als Fluchtpunkt gegenüber einer disziplinierenden Realität begrei-

---

[1] Ebd. 39
[2] Ebd. 68

21

fen, die Nietzsche freilich keineswegs ablehnt – es gibt halt solche und solche Künstler. Davon hallt bis heute einiges nach – wird sich dieser Gedanke im 20. Jahrhundert noch intensivieren.

Für den Niedergang des Mythos, der Tragödie, des Dionysischen macht Nietzsche Sokrates verantwortlich, der seinen Zeitgenossen nicht nur die Moral, sondern die dialektische Reflexion und eine kritische Einsicht in die Welt wie ins eigene Leben lehrte. Aber just das versteht Nietzsche als ein Zeichen des Niedergangs einer ursprünglichen Lebendigkeit. Das Leben kann nicht mehr einfach gelebt werden, dessen Moral versteht sich nicht mehr von selbst, sondern alles muss reflektiert werden und verliert dadurch seine ursprüngliche Spontaneität. Das führte damals in den Niedergang, mit dem Nietzsche die zeitgenössische Gesellschaft konfrontiert sieht: „Wie? könnte vielleicht, allen ‚modernen Ideen‘ und Vorurteilen des demokratischen Geschmacks zum Trotz, der Sieg des *Optimismus*, die vorherrschend gewordene *Vernünftigkeit*, der praktische und theoretische *Utilitarismus*, gleich der Demokratie selbst, mit der er gleichzeitig ist, – ein Symptom der absinkenden Kraft, des nahenden Alters, der physiologischen Ermüdung sein? Und *gerade nicht* – der Pessimismus?"[1]

Die moderne Wissenschaft soll der Tragik der Welt widerstreiten, indem sie die Welt umwertet, nämlich zum Lebendigen auf Distanz geht, es aus der Ferne des Theoretischen betrachtet. Dann wird die Wahrheit der Wissenschaft zu einer theoretischen Betrachtung der Welt, die das Lebendige in der Welt, das Sein, verdrängt. Das gilt Nietzsche als das Geheimnis des Sokrates. Eine ähnliche Kritik wird in konservativ religiösen Kreisen noch jahrzehntelang wiederholt werden, wiewohl man sich dort um 1900 nur ansatzweise und mit distanzierendem Unterton auf Nietzsche bezieht. Max Scheler schreibt: „Klugheit, rasche Anpassungsfähigkeit, kalkulierender Verstand, Sinn für ‚Sicherheit‘ des Lebens und allseitigen unge-

---

[1] Nietzsche, Die Geburt der Tragödie (1872), KSA Bd. 1, 16

hemmten Verkehr, resp. Eigenschaften, die diese Bedingungen herzustellen imstande sind, Sinn für ‚Berechenbarkeit' aller Verhältnisse, für Stetigkeit in der Arbeit und Fleiß, Sparsamkeit und Genauigkeit in der Einhaltung und Schließung der Verträge: das werden jetzt die Kardinaltugenden, denen Mut, Tapferkeit, Opferfähigkeit, Freude am Wagnis, Edelsinn, Lebenskraft, Eroberungssinn, gleichgültige Behandlung der wirtschaftlichen Güter, Heimatliebe und Familien-, Stammes-, Fürstentreue, Kraft zu herrschen und zu regieren, Demut usw. untergeordnet werden."[1] Das klingt fast nach Nietzsche. Freilich ordnet Scheler das Leben dem Heiligen unter und in eine Ordnung der Liebe ein, während er gegenüber Nietzsche den Spieß umdreht und diesem Ressentiment gegenüber dem Christentum vorwirft.

Nietzsche kritisiert das moderne Fachmenschentum genauso wie die wissenschaftlich orientierten Bildungsstätten seiner Zeit. Stattdessen sucht er nach anderen Orientierungen in der griechischen Antike, die die wissenschaftliche Distanz durch Lebendigkeit ersetzen, die ihm selbst freilich abgeht: ein Seinsmangel. Zudem hofft er, dass sie ihn mit anderen Menschen wie der Natur in Einklang bringen. Das heißt aber nichts anderes, als dass seine Zeitgenossen Ähnliches wie Nietzsche denken, was sie natürlich nicht tun. Arthur Danto schreibt: „Nietzsche Kategorienpaar < apollinisch – dionysisch> mit Rationalität und Irrationalität gleichzusetzen wäre allzu vordergründig. Letztlich handelt es sich beim Träumen um nichts Rationaleres als beim Tanzen, und die Musik – die von den Griechen selbst in einem Atemzug mit der Mathematik genannt wurde – ist auch nicht weniger rational als die Dichtung. Wenn es weniger wahnsinnige Logiker als wahnsinnige Dichter gegeben haben sollte, so liegt das daran, dass es mehr Dichter als Logiker gegeben hat."[2] Damit deutet sich ein Weg an, der vom Dionysischen zum Principium individuationis führt, der das

---

[1] Max Scheler, Das Ressentiment im Aufbau der Moralen (1912), 132
[2] Arthur C. Danto, Nietzsche als Philosoph (1965), 66

Individuum mit dem Rausch versöhnt, was Nietzsche selbst sowohl philosophisch als auch im weiteren Leben misslingen wird, misslingen musste, aber in diesem Misslingen dem Begehren Ausdruck verleiht.

Denn bereits in *Die Geburt der Tragödie* deutet sich die Verschärfung dieser Widersprüche an. Nietzsche verbindet nicht nur die Lust mit der Grausamkeit, also mit der Gewalt, sondern auch die Familie, die allerdings auf ehrenhaften Regeln beruht, während die rauschhafte Lust, die Nietzsche als dionysisch bezeichnet, diese Regeln sprengt. In allen Kulturen diagnostiziert er ein solches Zusammenspiel von Lust und Grausamkeit: „Aus allen Enden der alten Welt (. . .) können wir die Existenz dionysischer Feste nachweisen (. . .). Fast überall lag das Zentrum dieser Feste in einer überschwänglichen geschlechtlichen Zuchtlosigkeit, deren Wellen über jedes Familientum und dessen ehrwürdige Satzungen hinweg fluteten; gerade die wildesten Bestien der Natur wurden hier entfesselt, bis zu jener abscheulichen Mischung von Wollust und Grausamkeit, die mir immer als der eigentliche ‚Hexentrank‘ erschienen ist."[1] Der verrufene Marquis de Sade hat einen ähnlichen Gedanken einem seiner adligen Folterer in den *120 Tagen von Sodom* in den Mund gelegt: „Das Verbrechen ist ein Modus der Natur, eine Methode, den Menschen anzutreiben. Warum soll ich mich nicht genauso durch das Verbrechen bewegen lassen wie durch die Tugend? Die Natur braucht das eine wie das andere."[2] Doch der Marquis meinte das kritisch, was man bis zur Biographie von Volker Reinhardt kaum glauben wollte.

Die Geburt der Tragödie transformiert sich indes in die Geburt der Tragödie Nietzsches. Der Anfang seiner intellektuellen Existenz war ein auf Latein geschriebener großer Schulaufsatz über den griechischen Dichter Theognis von Megara,

---

[1] Nietzsche, Die Geburt der Tragödie (1872), KSA Bd. 1, 31

[2] De Sade, Die 120 Tage von Sodom; zit.in: Volker Reinhardt, De Sade oder Die Vermessung des Bösen – Eine Biographie, 2014, 68

der etwa um 500 v. Chr. lebte. Dieser Aufsatz wird die entscheidende Weiche in seinem Leben stellen. Denn dieses Thema und das damit verbundene Interesse an der Altphilologie nimmt er mit an die Universitäten von Bonn und Leipzig, wo er beim renommierten Altphilologen Friedrich Wilhelm Ritschl studiert, der ihm zur Publikation seines überarbeiteten Schulaufsatzes verhilft. Für einen seiner quellenkritischen Vorträge über die Verzeichnisse der Schriften des Aristoteles bekommt er einen Preis seiner Universität. Der Text wird daraufhin wie andere von ihm im 1827 gegründeten *Rheinischen Museum für Philologie* abgedruckt, der ältesten Fachzeitschrift der Altertumswissenschaften, an der Ritschl damals als Mitherausgeber beteiligt ist – hatte er also nachhaltige Protektion.

Durch diese Publikationen machte er sich einen Ruf als kompetenter Altphilologe. Noch bevor er einen Studienabschluss vorweisen kann, wird er 1869 auf eine außerordentliche Professur für klassische Philologie in Basel berufen, was gleichfalls Ritschl in die Wege geleitet hatte. Der kometenhafte Aufstieg kam also nicht von selbst und man könnte fragen, ob Ritschl ihn wegloben wollte. Andererseits entsteht er nicht aus der Entwicklung neuer Interessen oder Einsichten, sondern aus jenem alten Schulaufsatz, der sich fortschreibt. Bereits ein Jahr später wird er Ordinarius. Also im zarten Alter von 25 Jahren erreicht er den akademischen Zenit.

Zwei Jahre später folgt indes der abrupte Abstieg, den er nicht zu verwinden vermag, ein erster Untergang, der sich in einen Übergang verwandeln wird. Denn *Die Geburt der Tragödie* loben nur seine Freunde, unter anderen Jakob Burckhardt und Franz Overbeck. In den altphilologischen Kollegenkreisen wird das Buch wenig begeistert aufgenommen. Sein Lehrer Ritschl schweigt. In seinem Tagebuch findet sich der Eintrag: ‚geistreiche Schwiemelei‘.

Der junge Ulrich von Wilamowitz-Moellendorff, der ein bedeutender Philologe werden sollte, schreibt eine lange vernichtende Kritik, in der er auch Nietzsches fachliche Kompetenzen in Zweifel zieht. War das vielleicht nicht mal nur Kollegen-Bosheit? Wie konnte der blutjunge Aufsteiger erwarten, dass man ihn obendrein ob äußerst gewagter Thesen feiert, noch dazu da diese einen Hang in die antike Philosophie aufweisen und sich gar nicht so sehr um die Probleme der Altphilologie kümmern? Und Nietzsche war zu dem Zeitpunkt kein guter Kenner der antiken Philosophie, was er auch nie wurde. Und er weiß sehr genau, dass die Vorwürfe stimmen. Was hat er wissenschaftlich vorzuweisen: einen überarbeiteten Schulaufsatz, ein paar Vorträge publiziert unter der Ägide seines Mentors. Aber er ist doch das Genie!

Jedenfalls wird sich Nietzsches fachlicher Ruf als Altphilologe von dieser Kritik nicht mehr erholen, wiewohl er von befreundeten Kollegen verteidigt wird. Aber das sind eben Liebesdienste, wie Wilamowitz-Moellendorff kontern kann. Auch die Studenten meiden ihn und kehren nur langsam wieder in seine Veranstaltungen zurück. In einem Semester hat er nur zwei Studenten aus anderen Disziplinen. Das muss den arrogant elitären Möchtegern-Aristokraten zutiefst gekränkt haben. Nietzsche wollte noch weiter aufsteigen, zum neuen Stern am Altphilologenhimmel. Er fühlt sich als Star und sieht sich plötzlich abgelehnt.

Mit diesem Scheitern der *Geburt der Tragödie* bei den meisten Fachkollegen, sieht er sich wissenschaftlich isoliert. So wendet er sich beleidigt von der Philologie ab. Daher ist es zudem nicht verwunderlich, dass er sich zum Kulturkritiker entwickelt, eben einer Kultur, die ihn als Star nicht anerkennt. Intellektuell bleibt ihm nur die Philosophie, von der er bloß Schopenhauer kennt, mit dem er sich während seines Studiums beschäftigte. Schopenhauer erscheint ihm als eine angemessene Reaktion auf die Situation der Zeit.

Schon in einem Schulaufsatz – wieder die Schule – hatte er Kritik an den deutschen Zuständen geübt. Das verschärft und fokussiert sich in seinen Bildungsvorträgen, die er um das Erscheinen von *Die Geburt der Tragödie* halten wird. Hatte er Preußen zunächst verehrt, so wandelt sich nun sein Blick nach der deutschen Einigung auf die preußisch-deutschen Verhältnisse, die er kritisiert, weil sie sich nicht hierarchisch genug entwickeln – eine Kritik, die ähnlich von jenen formuliert wird, die gedanklich den Weg in die tyrannische Diktatur ebnen, eben in den späteren Totalitarismus, der jeden Widerstand brutal brechen wird: Gewalt als Antwort auf die Liberalisierung.

Die Verherrlichung einer ästhetischen Existenz wird in den frühen siebziger Jahren zudem unter dem Einfluss von Jacob Burckhardt durch die geniale historische Existenz ersetzt, zumindest erweitert. Damit tritt der Aspekt der Macht in den Vordergrund, die nicht moralisch beurteilt werden soll, jedenfalls nicht aus der Moral des Christentums heraus. Nietzsche kritisiert Bismarck, den genialen Staatsmann, der dergleichen Attribute bescheiden ablehnt, versteht hier Nietzsche offenbar nicht, wie Politik funktioniert, dass sich ein Politiker selbst in Diktaturen geschickter Weise nicht selber lobt, bis bei den Nazis in dieser Hinsicht alle Dämme brechen werden, die sich selber loben mussten mangels des Lobes jener, die sie nicht unter Kontrolle hatten.

Im Winter 1872 hält Nietzsche in Basel fünf Vorträge *Über die Zukunft unserer Bildungsanstalten*. Eingeladen dazu hatte ihn die ‚Academische Gesellschaft‘, als sein Ruf als Philologe noch nicht demoliert war. Nietzsche kritisiert das deutsche Gymnasium und die deutsche Universität, die ein verwissenschaftlichter Geist beherrsche, der zu einer immer weiteren Spezialisierung führt und nicht nur das, sondern auch noch zum Selber-Denken: „Hier wird jeder ohne Weiteres als ein literaturfähiges Wesen betrachtet, das über die ernstesten Dinge und Personen eigne Meinungen haben dürfte, während eine rechte Erziehung gerade nur darauf hin mit allem Eifer streben wird, den lächerlichen Anspruch auf Selbständigkeit des Urteils zu unterdrücken und den jungen Menschen an einen strengen Gehorsam unter dem Zepter des Genius zu gewöhnen.“[1] Damit

---

[1] Nietzsche, Über die Zukunft unserer Bildungsanstalten Vortrag II (1872), KSA Bd. 1, 680

klinkt sich Nietzsche in das antiaufklärerische reaktionäre Denken des 19. Jahrhunderts ein. So schreibt Albert Camus: „Wenn Maístre den starken Gedanken Bossuets wiederaufnimmt: ‚Ketzer ist der, der eigene Gedanken hat‘, d.h. Ideen, die sich auf keine soziale und religiöse Tradition stützen, so spricht er damit die zugleich älteste und jüngste Formel des Konformismus aus.“[1] Für den damaligen Katholizismus wie das reaktionäre Denken, wie auch für Nietzsche sind die Menschen nicht mündig.

Lehnt Nietzsche in der zuvor geschriebenen *Geburt der Tragödie* den rationalen Geist des Sokratismus und der Aufklärung ab, so nimmt er nun den positivistischen Geist des 19. Jahrhunderts aufs Korn, dem auch Schopenhauer und Wagner zu widerstreiten suchen. Gegen Hegel lehnt er den allzu starken Einfluss des Staates auf die Bildung ab, was zu Nietzsches aristokratischen Neigungen passt. In den Aristokratien der vorhergehenden Jahrhunderte gab es kaum ein öffentliches Bildungswesen, war Bildung die Sache des Adels und der reichen Bürger mit ihren Hauslehrern. Hier verkennt Nietzsche den Zug der Zeit einer sich ausdifferenzierenden Gesellschaft, die auf einer verbreiteten Bildung beruht. Aber Nietzsche ist offenbar nicht allein mit seiner Abneigung gegenüber der staatlichen Bildung, die zwar zumeist längst gesetzlich verordnet war, was aber erst zu Beginn des 20. Jahrhundert wirklich realisiert werden konnte. Viele gerade aus niederen Schichten, oder auch die Bauern lehnten eine Schulpflicht ab, weil sie ihre Kinder aufs Feld schicken wollten. Überhaupt behindert für Nietzsche der zeitgenössische Staat mit seiner Schulstruktur, dass sich das Genie entfalten kann. Dazu trägt vor allem die Massenbildung bei, weil sie die dumme Masse und nicht das Genie fördert. Nietzsche fragt: „Wozu diese auf die Breite gegründete Volksbildung und Volksaufklärung? Weil (. . .) man die aristokratische Natur der wahren Bildung fürchtet,

---

[1] Albert Camus, L'Homme révolté (1951); dt. Der Mensch in der Revolte, 156

weil man die großen Einzelnen dadurch zur Selbstverbannung treiben will, dass man bei den Vielen die Bildungsprätension pflanzt und nährt, weil man der strengen und harten Zucht der großen Führer damit zu entlaufen sucht, dass man der Masse einredet, sie werde schon selbst den Weg finden – unter dem Leitstern des Staates!"[1] Letzteres ist sicher richtig, orientiert sich die Bildung darauf, die Menschen zu nützlichen Untertanen zu machen. Individualismus beschränkt sich auf sehr kleine politisch einflusslose Kreise.

An den Universitäten verhindert nach Nietzsche die wissenschaftliche Spezialisierung, die auch einem weniger erleuchteten Geist – seinen bösen Kollegen – eine Hochschultätigkeit erlaubt, dass sich dort allein die wahren Genies tummeln, die doch als einzige an die Universität gehören – eine Klage die bis heute zumeist von jenen erhoben wird, die es an der Universität nicht weit gebracht haben. Denn die Universität hat für Nietzsche folgenden Sinn: „Diese Einzelnen sollen ihr Werk vollenden, das ist der Sinn ihrer gemeinschaftlichen Institution – und zwar ein Werk, das gleichsam von den Spuren des Subjekts gereinigt und über das Wechselspiel der Zeiten hinausgetragen sein soll, als lautere Wiederspiegelung des ewigen und unveränderlichen Wesens der Dinge."[2] Immerhin versucht er anzugeben, woraus sich das Genie speist, das sich vom wissenschaftlichen Geist abkehrt. Es handelt sich um das Ewige, was indes nicht für Klarheit, sondern Dunkelheit sorgt. Aber das Ewige taucht bei Nietzsche immer wieder auf bzw. das Begehren nach dem, was nicht ist: manque d'être.

Parallel dazu kritisiert er den damals um sich greifenden Journalismus, der sich in den Trend der Erweiterung der Bildung durch die zunehmende wissenschaftliche Spezialisierung und die damit einhergehende Verflachung der Bildung einklinkt und diese Verflachung weiter befeuert: „Im Journal

---

[1] Nietzsche, Über die Zukunft unserer Bildungsanstalten Vortrag III (1872), KSA Bd. 1, 710
[2] Ebd. Vortrag IV (1872), KSA Bd. 1, 729

kulminiert die eigentümliche Bildungsabsicht der Gegenwart: wie ebenso der Journalist, der Diener des Augenblicks, an die Stelle des großen Genius, des Führers für alle Zeiten, des Erlösers vom Augenblick, getreten ist."[1] Oberflächlicher zeitbezogener Journalismus ersetzt das Genie eines politischen Führers, das sich zuvor von solcher Oberflächlichkeit wie Aktualitätssucht dadurch befreit, dass es als ‚Führer' die Epoche wie ihre Momente einordnet, d.h. der Genius dekretiert aus eigener Herrlichkeit den Sinn der Ereignisse, schreibt Geschichte, wozu er keine Beobachter braucht, schon gar keine journalistischen – eine Illusion, die Hannah Arendt entlarven wird: Geschichte schreiben nämlich nicht die genialen politischen Führer, sondern die Dichter, die Historiker, später die Journalisten: Ohne die Journaille kein Genius – für Nietzsche ein unerträglicher Gedanke!

Die Vision des politischen Genius bedeutet dabei, dass die Geführten quasi von selbst einsehen, dass sie diesem zu folgen und zu gehorchen haben. „Es ist als ob dieses Genie in blitzartiger Seelenwanderung in alle diese halben Tierleiber gefahren sei und als ob jetzt aus ihnen allen wiederum nur das eine dämonische Auge herausschaue."[2] Dazu bedarf es keiner beobachtenden Vermittlung. Nietzsche versteigt sich sogar in die skurrile, aber durchaus rezipierte These, dass es eine Einheit zwischen Genie und Herde gebe: „(. . .) dann werdet ihr mitfühlen, was eine prästabilierte Harmonie zwischen Führer und Geführtem ist, und wie in der Ordnung der Geister alles auf eine derartige aufzubauende Organisation hindrängt."[3] Carl Schmitt verbindet in den dreißiger Jahren Führer und Gefolgschaft durch Rassegleichheit und legitimiert damit die Nazi-Herrschaft. Henri Bergson, 15 Jahre jünger als Nietzsche, wird noch 1932 von mystischen Genies träumen: „Dann mag der

---

[1] Nietzsche, Über die Zukunft unserer Bildungsanstalten Vortrag I (1872), KSA Bd. 1, 671

[2] Ebd. Vortrag V (1872), KSA Bd. 1, 751

[3] Ebd. 752

Ruf des Heros kommen: wir werden nicht alle ihm folgen, aber wir werden alle fühlen, dass wir es tun sollten (. . .)."[1] Und Ernst Jünger schreibt 1932: „Es ist das Geheimnis der echten Befehlssprache, dass sie nicht Versprechungen macht, sondern Forderungen stellt. Das tiefste Glück des Menschen besteht darin, dass er geopfert wird, und die höchste Befehlskunst darin, Ziele zu zeigen, die des Opfers würdig sind."[2]

Nietzsche kritisiert den autoritären preußisch deutschen Machtstaat, weil der Kaiser und der Kanzler nicht hart genug gegen Demokratisierungsforderungen vorgehen, diese nicht einfach mit einem forcierten Klassenkampf gegen die Arbeiter vom Tisch fegen. Das erklärt Georges Sorel 1908 in seinem Buch *Über die Gewalt* als dekadente Schwäche der Bourgeoisie, die die Proletarier ausnützen werden: „Die proletarischen Gewalttaten (. . .) sind rein und schlechthin *Kriegshandlungen*, sie haben den Wert militärischer Kundgebungen und dienen dazu, die Scheidung der Klassen kenntlich zu machen."[3] Von Sorel lernt Mussolini.

Dieses Modell überträgt Nietzsche auf die Universität, deren akademische Freiheit er hinterfragt, „alle, die an jenem Institute Teil haben, sollen auch mit bemüht sein, durch eine solche Reinigung vom Subjekt, die Geburt des Genius und die Erzeugung seines Werkes vorzubereiten."[4] Das antizipiert peinlicher Weise Heideggers berüchtigte Rektoratsrede 1933, in der dieser Arbeits-, Wehr- und Wissensdienst verbindet. Als wenn Nietzsche *Die Geburt der Tragödie* gegen Kollegenkritik absichern möchte. Nur dass er übersieht, dass er selbst nicht die Macht über die Altphilologie hat, um die kritischen Kollegen zum Schweigen zu bringen. Er gehört mit solchen Thesen zu

---

[1] Henri Bergson, Die beiden Quellen der Moral und der Religion (1932), 485

[2] Ernst Jünger, Der Arbeiter (1932), 81

[3] Georges Sorel, Über die Gewalt (1908), 127

[4] Nietzsche, Über die Zukunft unserer Bildungsanstalten Vortrag IV (1872), KSA Bd. 1, 729

einem sich verbreitenden Zeitgeist im sich neigenden 19. Jahrhundert, der der Aufklärung, die die Ganzheit des Lebens verkenne und die Bildung ins Spezialistentum verschiebe, einen spätromantisch inspirierten deutschen Geist entgegenhält, an dem die Welt genesen solle. Man möchte meinen, der Geist der Aufklärung habe noch bis zum gegenwärtigen Bachelor-Studiengang geführt. Selbst wenn das so sein sollte, dann ist es wohl den Preis wert, weil das verhindert hat, dass sich der deutsche Geist hätte weiter einnisten können.

Denn dabei verquirlt Nietzsche vermeintlich Deutsches mit der ‚Treue des deutschen Soldaten‘, was zusammen einen neuen deutschen Geist ins Gymnasium einführen soll. „(. . .) mit jenem echten deutschen Geiste (. . .), der aus dem innersten Kerne der deutschen Reformation, der deutschen Musik, der deutschen Philosophie so wunderbar zu uns redet (. . .).“[1] Zur Strenge deutscher Philosophie wird er wirklich nichts beitragen. Auch die Soldatentreue darf er von den anderen fordern – er selbst macht dabei zweimal keine besonders glückliche Figur. An der deutschen Musik versuchte er vergeblich selber teilzuhaben. Und von der Reformation kehrt er sich gerade ab. Eigentlich handelt es sich um vergleichsweise wirres Zeug, das man nicht weiter beachten müsste, wenn es nicht in einen sich verschärfenden autoritär nationalistischen Zeitgeist passen würde, der Führer und blinde Gefolgschaft verbindet, und eben von einem der wichtigsten deutschen Denker des 19. Jahrhunderts stammt.

Wenn sich Nietzsche nach dem deutsch-französischen Krieg zunehmend gegen das neue Preußen-Deutschland positioniert, dann hat das ähnliche Hintergründe. Einerseits trägt das neue Deutschland mit seiner effektiven preußischen Bürokratie zu einer intensiven staatlichen Organisation vieler Lebensbereiche bei. Andererseits erfüllt es zu wenig Nietzsches Gewaltstaatbegehren, wird es von einer Beamtenschaft verwaltet, wie es gesetzliche Regelungen vorschreiben, anstatt dass es von

---

[1] Ebd. Vortrag III (1872), KSA Bd. 1, 710

einem genialen Herrscher nach Gutdünken gelenkt wird. Das ebnet den Weg in lebensphilosophische Vorstellungen, dass Staat und Gesellschaft das Leben reglementieren, das der geniale Führer aus solchen Fesseln befreien soll. Aber dabei handelt es sich nur um das Leben des Genius, nicht um die breite Masse, die sich einer strengen Zucht unterwerfen soll.

Mit diesen Vorträgen, die auf breite Resonanz stoßen, war Nietzsche in gewisser Weise auf dem Höhepunkt seiner akademischen Laufbahn angekommen, danach brach die Debatte über *Die Geburt der Tragödie* aus. Er stürzt aus der Höhe des Wunderkindes in den wissenschaftlichen Alltag banaler Misshelligkeiten. Dabei weiß er doch viel besser als alle anderen, was die Welt im Innersten zusammenhält. Nur abkaufen wollen ihm dieses Wissen nur wenige, was er nicht verwindet, führt von hier eine Linie zu seinen letzten wirren Briefen, wenn er Wilhelm II., „den jungen Kaiser, *samt* Zubehör in den Händen"[1] haben möchte und die vor diesem Hintergrund gar nicht so wirr erscheinen – herrschte im ausgehenden 19. Jahrhundert ein weit verbreiteter Glaube an die von Herrschern ausgeübte Gewalt, die geniale Einsichten durchsetzt und auf die sich jede Ordnung stützen muss, nicht auf Kommunikation.

Das von Nietzsche wenig geliebte Basel bringt ihn indes in eine andere Nähe, nämlich in die von Richard Wagner, der in jenen Jahren in Tribschen bei Luzern wohnt. Nicht nur dass Nietzsche Wagners Musik schätzt. Beide teilen auch eine Begeisterung für Schopenhauer, Wagner primär ob dessen ästhetischen Ansichten, Nietzsche ob seiner Gestimmtheit und der Art seines Philosophierens. In Tribschen erlebt er so glückliche Tage, dass er sogar noch lange nach seinem Bruch mit Wagner in einer seiner letzten Schrift *Ecce Homo* 1888 darüber bemerkt: „Tage des Vertrauens, der Heiterkeit, der sublimen Zufälle – der *tiefen* Augenblicke (. . .) über unsern Himmel ist nie eine Wolke hinweggegangen."[2] Kein manque d'être? Oder

---

[1] Nietzsche, Sämtliche Briefe, KSA Bd. 8, Nr. 1212
[2] Nietzsche, Ecce Homo (1888), KSA Bd. 6, 288

produziert sich in dieser Schrift aus der Zeit seines wüsten Untergangs nur der entfesselte Wunsch? Die Freundschaft kühlt sich ab, als Wagner 1872 nach Bayreuth zieht. Wagners Schaffen findet damit öffentliche Anerkennung, ist er somit in der Welt der Etablierten angekommen, just im selben Jahr, in dem Nietzsche seinen Absturz erlebt. Wagners Berühmtheit erreicht ihren Zenit, während Nietzsches Stern drastisch sinkt, wird sich Nietzsche zunehmend dem Wahnsinn verfallen solche Berühmtheit halluzinieren: manque d'être.

1872 entsteht die Schrift *Der griechische Staat*, in der der junge Nietzsche noch auf dem Höhepunkt seiner Karriere die Strukturen der griechischen Polis als Staat beschreibt. Aber die Polis lässt sich nur bedingt mit den Staatwesen des Mittelalters oder gar der Moderne vergleichen, so dass allein der Titel problematisch ist. Darin liegt auch der grundlegende Fehler dieser Schrift, der Nietzsche als ‚noch' Altphilologe nicht hätte unterlaufen dürfen, was auf einen Ressentiment geladenen Hintergrund schließen lässt – zweifellos ein Mangel an Sein. Doch diese frühe Schrift bringt Nietzsches Herrschafts- und Politikverständnis weiter auf den Begriff, den man trotz seiner Irrtümer ernst nehmen muss, weil er sich in ein politisch brisantes Denken einklinkt – längst nicht nur in ein rechtes –, das er auch nicht aufgeben wird, das im Zustand des Untergangs um so ungehemmter ausbrechen wird.

Auch im *Nachlass* unterstellt Nietzsche, dass die Erziehung im griechischen Staat darauf ausgerichtet war, die Kunstwerke zu genießen, so dass der Künstler für den Staat arbeitete. „Der Staat war ein notwendiges Mittel der Kunstwirklichkeit. (. . .) Je stärker aber der politische Trieb ist, um so mehr ist die kontinuierliche Abfolge der Genien garantiert."[1] Der Staat seinerseits diente der Kunst, mit der andererseits das soziale Band geknüpft wurde. Damit entsteht Heimatverbundenheit, die vom Genius der Künstler erzeugt wird. Vor allem aber je stabiler der Staat umso besser gedeiht die Kunst. In der Tat stand die

[1] Nietzsche, Nachlass, KSA Bd. 7, 169

Kunst bis ins 18. Jahrhundert fast durchgängig im Dienst der Herrschenden, ob des Adels oder des Klerus. Sie hatte einen affirmativen Sinn.

Der Boden dazu ist die Sklavenarbeit, die der Staat erzwingt, indem die Betroffenen unterworfen werden: es gibt einzelne Genien und die Masse. Das passt durchaus zu Nietzsches Selbsteinschätzung, er, der sich über die anderen erhebt, die sich – wenn es die Herrschaft richtig anstellt, nämlich gewalttätig – bereitwillig dem Genius unterwerfen, diesen verehren, vor allem gehorchen: manque d'être!

Nietzsche folgt der ödipalen Prüderie seines Zeitalters: Der Vater denkt nicht gerne an den Zeugungsakt, wenn er sein Kind bewundert. Seltsam! Denn es handelt sich dem Zeitgeist gemäß um einen unwürdigen Akt, angeblich auch für die Griechen. Offenbar war er auch kein guter Kenner der griechischen Kultur, schreibt doch Foucault: „Was in den Augen der Griechen die ethische Negativität schlechthin darstellt, ist nicht, dass man beide Geschlechter liebt; auch nicht, dass man sein eigenes Geschlecht dem andern vorzieht; sondern dass man gegenüber den Lüsten passiv bleibt."[1] Nietzsche dagegen vergleich die künstlerische Tätigkeit mit der Kinderschöpfung, die er sich als Qual ausmalt, was für die Frau ja stimmt, an die er aber nicht denkt. Nun ja, sein eigenes Schreiben war freilich umso mehr Beschwernis durch seine Augenschwäche sowie seine sonstigen Gebrechen. Mit dem *Gebrauch der Lüste* hatte er wohl keine intensiven Erfahrungen. So schreibt er: „Das künstlerische Schaffen fällt für den Griechen ebenso sehr unter den unehrwürdigen Begriff der Arbeit, wie jedes banausische Handwerk. Wenn aber die zwingende Kraft des künstlerischen Triebes in ihm wirkt, dann *muss* er schaffen und sich jener Not der Arbeit unterziehen."[2] Arendt wird das bestätigen.

---

[1] Michel Foucault, Der Gebrauch der Lüste - Sexualität und Wahrheit 2 (1984), 113

[2] Nietzsche, Der griechische Staat (1872), KSA Bd. 1, 766

Dieser Beschwernis verdanken sich nach Nietzsche der griechische Staat und die mit diesem verbundene Kultur. Ihre Basis ist die Arbeit, die die große Masse der Menschen zu leisten hat. Eine Aristokratie unterwirft gar nicht mitfühlend diese Masse der ungebildeten Armen mit Gewalt. „Woher aber entspringt diese plötzliche Macht des Staates, dessen Ziel weit über die Einsicht und über den Egoismus des Einzelnen hinausliegt? Wie *entstand* der Sklave, der blinde Maulwurf der Kultur? Die Griechen haben es uns in ihrem völkerrechtlichen Instinkte verraten, der auch in der reifsten Fülle ihrer Gesittung und Menschlichkeit, nicht aufhörte, aus erzenem Munde solche Worte auszurufen ,dem Sieger gehört der Besiegte, mit Weib und Kind, Gut und Blut. Die Gewalt gibt das erste *Recht*, und es gibt kein Recht, das nicht in seinem Fundamente Anmaßung, Usurpation, Gewalttat ist.'" [1] Dieser Unterwerfung verdanke sich alle Kultur, eine Unterwerfung, die ohne Gewalt nicht denkbar ist, die alle Geschichte durchzieht und die er preist. Die Rechtfertigung dieser Gewalt beruht auf einer Art Vormachtstellung des heroischen Genies und von Menschen höherer Gesinnung, von aristokratischem Geist.

So rechtfertigt Nietzsche die Französische Revolution dadurch, dass sie Napoleon hervorgebracht hat – ergo – könnte man schließen, den Nationalsozialismus dadurch, dass er den langjährigen Nazi-Kanzler kreierte. So war die Schrift *Der griechische Staat* natürlich Wasser auf die Mühlen von Kolonialisten, Militaristen und tyrannischen Antidemokraten, die im 19. Jahrhundert im Imperialismus, dann im 20. Jahrhundert erst im Krieg und anschließend totalitär ausarten werden. Freilich werden nicht viele den Text gelesen haben.

Nietzsche will damit eine unangenehme Wahrheit festgestellt haben, gibt es für ihn einen absoluten Wert der Existenz, der in der Ausbeutung liegt. Doch entweder ist die These banal, weil die zweieinhalbtausendjährige Geschichte nicht mit etwas anderem aufwarten kann. Wenn er sie daher indes für unabän-

---

[1] Nietzsche, Der griechische Staat (1872), KSA Bd. 1, 769

derlich erklärt, begeht er einen futuralistischen Fehlschluss, da man von der Vergangenheit nicht auf die Zukunft schließen kann, schon gar nicht mit irgendeiner Notwendigkeit verbunden: weil das immer schon so war . . .

Nach Nietzsche quält sich somit die Masse der Zeitgenossen durch das Leben vermittels harter Arbeit und diverse dekadente Philosophen und Religionen erklären diese erbärmliche Lebensweise als würdevoll. Nicht viel anderes bemerkt Marx mit seinem Wort über die Religion „Die Religion ist der Seufzer der bedrängten Kreatur, das Gemüt einer herzlosen Welt, wie sie der Geist geistloser Zustände ist. Sie ist das *Opium* des Volks." [1] Dadurch lässt sich der Verstand vom Willen verführen – wie es sich Schopenhauer vorstellt, für den der Wille wie das Gefühl nun mal mächtiger sind als die Vernunft: „Also das im Selbstbewusstsein liegende Gefühl ‚ich kann tun was ich will' begleitet uns beständig, besagt aber bloß, dass die Entschlüsse oder entschiedenen Akte unseres Willens, obwohl in der dunklen Tiefe unseres Innern entspringend, allemal gleich übergehen werden in die anschauliche Welt, da zu ihr unser Leib wie alles andere, gehört."[2]

Mit der Würde, die man ihr heute attestiert, versteckt sich die Sklaverei vor sich selbst. Denn damit hat der Sklave vom Baum der Erkenntnis gegessen, was er besser unterlassen hätte. So muss er sich seine Situation schön reden, indem er sich auf Menschenrechte und auf Gleichberechtigung beruft, die doch nichts anderes als ein Illusionstheater sind für die zu kurz gekommenen Massen, die nicht zu den Aristokraten und Genien gehören, welche natürlich über erstere herrschen.

Dabei könnte man Nietzsche sogar als verkappten Revolutionär sicher wider Willen bezeichnen. Es ließe sich nämlich daraus folgern, dass die Sklaven just das erkennen sollten, um

[1] Karl Marx, Zur Kritik der Hegelschen Rechtsphilosophie (1844), 378

[2] Arthur Schopenhauer, Über die Freiheit des menschlichen Willens (1839), 56

folglich weiterreichende, gar revolutionäre eigene Forderungen zu erheben, wie es Marx vorschwebt. Beide, Marx und Nietzsche kritisieren im Grunde dasselbe und sind sich daher gar nicht so fern. Dann verwundert auch die Nähe mancher Marxisten zu Nietzsche nicht vor allem in der romanischen Welt, sind revolutionäre Marxisten gemeinhin nicht liberal und auch nicht primär Demokraten.

Wie diese will sich Nietzsche von der liberalen Kultur nicht blenden lassen, die die Menschenwürde genauso propagiert, wie sie die Arbeit zu einer Lebensform erhebt, was sie für ihn aber gar nicht sein kann. Auf dem Grunde jeder Kultur siedelt vielmehr die Grausamkeit, gehören Gewalt, Sterben genauso zum Leben wie Geburt und Vermehrung. Denn die Rede von der Würde verschleiert bloß, dass Kultur auf unvermeidbarer Gewalt und Grausamkeit beruht. Das wird noch in der *Massenpsychologie* Sigmund Freuds nachhallen: „Zu Eingang der Menschheitsgeschichte war er der Übermensch, den Nietzsche erst von der Zukunft erwartete. Noch heute bedürfen die Massenindividuen der Vorspiegelung, dass sie in gleicher und gerechter Weise vom Führer geliebt werden, aber der Führer selbst braucht niemand anderen zu lieben, er darf von Herrennatur sein, absolut narzisstisch, aber selbstsicher und selbständig."[1]

Vor allem findet wie bei Marx ein gewaltiger Kampf um Macht und Herrschaft statt: Politik ist Klassenkrieg. Für Nietzsche ist das ein ähnlicher Krieg, nämlich Oben gegen Unten. Nur die Sieger sollen jeweils andere sein. Und die ethischen Orientierungen sollen sich ändern: denn Nietzsche fordert statt Würde des Menschen, dass das Leben selbst überhaupt mit so etwas wie Würde versehen werden müsste. Und das erscheint ihm so wenig Illusion, wie Marx die eigene Perspektive, was jeweils von der Erziehung bereits vermittelt werden müsste, kritisieren Marx und Nietzsche das bürgerliche Bildungswesen,

---

[1] Sigmund Freud, Massenpsychologie und Ich-Analyse (1921), 63

freilich mit jeweils unterschiedlichen Zielsetzungen. Eine Selbstreflexion fehlt bei beiden.

Angeblich führt das antike Griechenland vor, dass das Recht allein durch Gewalt begründet wird. Dazu brauchte es den Staat und die mit diesem verbundene Gewalt. Nietzsche spricht im Stil der Zeit von einer Gewalt, die weit über daran beteiligte individuelle Interessen hinausreicht: „Was nämlich kann uns der Staat bedeuten, wenn nicht das Mittel, mit dem jener vorhin geschilderte Gesellschaftsprozess in Fluss zu bringen und in seiner ungehemmten Fortdauer zu verbürgen ist. Mag der Trieb zur Geselligkeit in den einzelnen Menschen auch noch so stark sein, erst die eiserne Klammer des Staates zwängt die größeren Massen so aneinander, dass jetzt jene chemische Scheidung der Gesellschaft, mit ihrem neuen pyramidalen Aufbau, vor sich gehen *muß*.“[1] In seinen letzten Briefen und Notizen tauchen die Ausdrücke ‚eiserner Gürtel‘ und ‚eisernes Hemd‘ auf – treibt ihn das Begehren und hapert das Unbewusste dazwischen. Derart wird der Staat mythifiziert, nämlich auf eine Vorstellung gebracht, wie er im Mythos auftaucht, wo Heroen mit Gewalt über Unterworfene herrschen – was in kleinen Gemeinschaften vielleicht noch funktioniert, in großen aber ganz anderer Loyalitäten bedarf. Offenbar führt die chinesische Volksrepublik die technisch gestützte Wiederkehr des Mythos vor. Nur sind die Demokratien dem auch nicht so fern.

Trotzdem kann man die These vom gewaltbasierten Recht durchaus als analytisch bezeichnen, die von sehr unterschiedlichen Denkern in antidemokratischer Perspektive aufgegriffen wird. Walter Benjamin legitimiert 1921 damit die Gewalt der Revolution: „Ist aber der Gewalt auch jenseits des Rechtes ihr Bestand als reine unmittelbare gesichert, so ist damit erwiesen, dass und wie auch die revolutionäre Gewalt möglich ist, (. . .)“[2] Carl Schmitt begründet im Rückgriff auf Benjamin den Aus-

---

[1] Nietzsche, Der griechische Staat (1872), KSA Bd. 1, 769
[2] Walter Benjamin: Zur Kritik der Gewalt (1921), 64

nahmezustand: „Alle prägnanten Begriffe der modernen Staats-
lehre sind säkularisierte theologische Begriffe. (. . .) Der Ausnahmezustand hat für die Jurisprudenz eine analoge Bedeutung
wie das Wunder für die Theologie."[1] Damit werden die Nazis
12 Jahre regieren. Aber Jacques Derrida nimmt das als Kritik
am Recht, um durch solche Kritik die Demokratie zu stärken,
die freilich eine kommende bleibt: „Damit eine Kritik, will
sagen eine deutende und bedeutende Bewertung und Abwägung der Gewalt möglich ist, muss man zunächst einer Gewalt
Sinn verleihen, die nicht wie ein Unfall dem Recht von außen
zustößt."[2] Auch Derrida folgt damit der These Nietzsches, dass
Recht originär der Gewalt entspringt, um diese dann zur Erhal-
tung des Rechts weiter zu benutzen.

Einerseits bedeutet nach Nietzsche der Staat für die meisten
Menschen eine Last, eine Gewalt, unter der sie leiden, an der
sie letztlich sogar zugrunde gehen. Andererseits erhebt der
Staat die Menschen aus ihrer ärmlichen Existenz. Der Staat
animiert gar zu heroischen Taten, dazu – so Nietzsche – dass
sich diese blinde Masse selbst vergisst. Daher besitzt der Staat
die höchste Ehrwürdigkeit gerade bei denen, die am meisten an
ihm leiden. „Der Staat, von schmählicher Geburt, für die meisten Menschen eine fortwährende fließende Quelle der Mühsal,
in häufig wiederkommenden Perioden die fressende Fackel des
Menschengeschlechts – und dennoch ein Klang, bei dem wir
uns vergessen, ein Schlachtruf, der zu zahllosen wahrhaft heroischen Taten begeistert hat, vielleicht der höchste und ehrwür-
digste Gegenstand für die blinde und egoistische Masse, die
auch nur in den ungeheuren Momenten des Staatslebens den
befremdlichen Ausdruck von Größe auf ihrem Gesichte hat."[3]
Das entspricht durchaus der Kriegsbegeisterung am Beginn des
Ersten Weltkriegs. Wie schreibt Ernst Jünger: „Sie hatten den

---

[1] Carl Schmitt, Politische Theologie (1922), 43
[2] Jacques Derrida, Gesetzeskraft – Der ‚mystische Grund der Autorität' (1990), 76
[3] Nietzsche, Der griechische Staat (1872), KSA Bd. 1, 771

mehr oder weniger bürgerlichen Alltag verlassen und waren in den kurzen Ausbildungswochen zu einem großen, begeisterten Körper zusammengeschmolzen. (. . .) Der Krieg musste es uns ja bringen, das Große, Starke, Feierliche. Er schien uns männliche Tat, ein fröhliches Schützengefecht auf blumigen, blutbetauten Wiesen."[1] Natürlich ist das Wunderkind Nietzsche – auch noch bevor ihn die Basler Professur ereilt –davon fasziniert, scheitert seine Hingabe aber an seiner Ungeschicklichkeit und schlechten Konstitution. Umso mehr davon muss er dann von den anderen verlangen. Zum Krieger taugt der Prediger des Krieges und des nordischen Adels offenbar nicht, so gerne er Gardeleutnant der Reserve gewesen wäre. Freilich sind viele nach dem Weltkrieg von solchen angeblichen Abenteurern geheilt und geben sich durchaus mit ihrer privaten Existenz zufrieden, ohne den Staat bewundern zu müssen. Die Psychologie der sogenannten Massen oder der sogenannten normalen Menschen versteht Nietzsche eher schlecht als recht. Aber diese Massen sind ja für ihn auch verdorben.

Unter dem Eindruck des französisch-deutschen Krieges stehend und an den Nachwehen leidend schreibt er *Der griechische Staat*. Damit klinkt er sich in den verbreiteten militärischen Heroismus ein, der indes nicht erst im 19. Jahrhundert eine Blüte erlebt, wo er aber plötzlich breite Schichten erfasst. Über ein Jahrtausend hatte der Adel die militärische Macht höchstpersönlich mit dem Schwert in der eigenen Hand: das so edle Rittertum, während das Volk keine Waffen tragen durfte, hätte das für den Adel gefährlich werden können.

Das militärische Prinzip betrachtet Nietzsche als den Ursprung des Staates, ja als dessen Urbild. Dazu gehört vor allem der Stand des Soldaten. Damit folgt er Platon. Durch das Militär entwickeln sich Hierarchien, die die ungeordnete Bevölkerung strukturieren, einem Chaos Form verleihen. Die höheren Schichten realisieren dieses militärische Prinzip, das den unteren aufgezwungen wird. In den höheren Schichten entfaltet

---

[1] Ernst Jünger, In Stahlgewittern (1920), 11

41

sich daher auch so etwas wie eine Ethik des Kriegers. „Wer den Krieg und seine uniformierte Möglichkeit, den *Soldatenstand*, in Bezug auf das bisher geschilderte Wesen des Staates betrachtet, muss zu der Einsicht kommen, dass durch den Krieg und im Soldatenstande uns ein Abbild, oder gar vielleicht das *Urbild des Staates* vor Augen gestellt wird. Hier sehen wir, als allgemeinste Wirkung der Kriegstendenz, eine sofortige Scheidung und Zerteilung der chaotischen Masse in *militärische Kasten*, aus denen sich pyramidenförmig auf einer allerbreitesten sklavenartigen untersten Schicht, der Bau der kriegerischen Gesellschaft erhebt. (. . .) In den höheren Kasten spürt man schon etwas mehr, um was es sich bei diesem innerlichen Prozesse, im Grunde handelt, nämlich um die Erzeugung des *militärischen Genius* – den wir als den ursprünglichen Staatengründer kennen gelernt haben.“[1] Für jemanden, der weder ökonomisch noch sozial denkt, bedarf es künstlich konstruierter Hierarchien, um die eigene Sehnsucht nach Erhabenheit zu befriedigen: manque d'être. Denn nur wenn es Oben und Unten gibt, kann man sich selbst dem Höheren zurechnen.

In den unteren Schichten, aber auch allgemein betrachtet – es sei denn es handelt sich um ein Genie – besitzt der Mensch an sich – Nietzsche spricht vom ‚absoluten Menschen' – keinerlei Rechtfertigung seiner Existenz. Er ist nie, wie es Kant unterstellt, ein Zweck an sich selbst. Eine Rechtfertigung erfährt der Mensch stattdessen nur dadurch, dass er sich in den Dienst höherer Zwecke nehmen lässt, d.h. dass er in seinem Leben dadurch einen Sinn erhält, dass ihn ein Genie seinen Zwecken unterwirft – eine Replik an Jacob Burckhardt. Der Zweck des einfachen Lebens ist zu dienen: Der Untertan – das Leitbild des 19. Jahrhundert. Und von Frauen braucht gar keine Rede sein, sind diese die Dienenden schlechthin, sind keine Zwecke an sich selbst, sind vielmehr bloße Mittel, die die Reproduktion des Staates gewährleisten. Damit reiht sich Nietzsche in das antiaufklärerische und antiliberale Denken ein, das

---

[1] Nietzsche, Der griechische Staat (1872), KSA Bd. 1, 775

sich seit dem 19. Jahrhundert als Reaktion verbreitet hat. Einer der Begründer ist Juan Donoso Cortés, über den Carl Schmitt bewundernd schreibt: „Seine Verachtung der Menschen kennt keine Grenzen mehr; ihr blinder Verstand, ihr schwächlicher Wille, der lächerliche Elan ihrer fleischlichen Begierden scheinen ihm so erbärmlich, dass alle Worte aller menschlichen Sprachen nicht ausreichen, um die ganze Niedrigkeit dieser Kreatur auszudrücken. (. . .) Die Stupidität der Massen ist ihm ebenso erstaunlich wie die dumme Eitelkeit ihrer Führer."[1] Ähnlich wird es Nietzsche ausdrücken.

Wenn man das allerdings weniger normativ, denn als Beschreibung des griechischen Staates versteht, dann hat Nietzsche natürlich Recht. Der Sklave dient dem Herrn als Mittel zum Zweck, wie die Frau dem Gatten. Wenn ein Genius die Polis führt – man denke an Perikles – dann lohnt sich die Gefolgschaft für die Bürger Athens in jeder Hinsicht, die dem einzelnen damit Sinn im Leben verleiht, wozu er selbst nicht fähig wäre – und womöglich auch noch fette Beute.

Nach Nietzsche verlangte der griechische Staat von seinen Bürgern die völlige Hingabe. Sie machten das freilich nicht nur, um ihre Gesellschaft zu schützen, sondern aus Eroberungslust. Die Griechen erkannten, dass man reicher wird und es mehr Spaß macht, wenn man zusätzlich Güter erobert und raubt, als wenn man sie selber erarbeitet, was ja die Sklaven erledigten. Zwar erhält Nietzsches Analyse durchaus aufklärerischen Charakter just in einer Zeit, in der der Staat vergöttert wird und die Nazis sich genauso wie die Griechen benehmen werden: Sie gaben mehr aus, als im Land erarbeitet wurde. Ergo mussten andere Länder erobert und ausgeplündert werden. Gleichzeitig liefert Nietzsche mit dieser Darstellung gerade den kolonialen Eroberungsgelüsten Rechtfertigungen – und zwar just in der Zeit, in der der Imperialismus zu einer Obsession wird.

---

[1] Carl Schmitt, Politische Theologie (1922), 63

Umgekehrt wirft Nietzsche dem Liberalismus vor, er versuche Angriffskriege durch ein Gleichgewicht der Mächte unwahrscheinlich zu machen. „Ich kann nicht umhin, in der gegenwärtig herrschenden Nationalitätenbewegung und der gleichzeitigen Verbreitung des allgemeinen Stimmrechts vor allem die Wirkungen der *Kriegsfurcht* zu sehen, ja im Hintergrunde dieser Bewegungen, als die eigentlich Fürchtenden, jene wahrhaft internationalen heimatlosen Geldeinsiedler zu erblicken, die bei ihrem natürlichen Mangel des staatlichen Instinktes, es gelernt haben, die Politik zum Mittel der Börse und Staat und Gesellschaft als Bereicherungsapparat ihrer selbst zu missbrauchen. Gegen die von dieser Elite zu befürchtende Ablenkung der Staatstendenz zur Geldtendenz ist das einzige Gegenmittel der Krieg und wiederum der Krieg: in dessen Erregungen wenigstens doch so viel klar wird, dass der Staat nicht auf der Furcht vor dem Kriegsdämon als Schutzanstalt egoistischer Einzelner gegründet ist, sondern in Vaterlands- und Fürstenliebe einen ethischen Schwung aus sich erzeugt, der auf eine viel höhere Bestimmung hinweist."[1] Dazu müsse der Liberalismus diese Neigung zur Monarchie in den Völkern schwächen – wenn es denn eine solche gibt, wie sie Nietzsche just unterstellt, als im 19. Jahrhundert ständig Revolutionen stattfinden, die Demokratie herstellen wollen. An Andersdenkende denkt er natürlich nicht, sollen diese selbstredend unterdrückt werden. Dazu dient ihm der Krieg, stützten sich die Hoffnungen der meisten politischen Lager just auf Gewalt, ohne die man nicht das durchzusetzen kann, was man jeweils für wünschenswert hält.

Dann jedenfalls könne der Liberalismus politische Entscheidungen auf den Egoismus der Massen stützen, einzelnen Genien die souveräne Gewalt entreißen und sie auf Gremien übertragen. In diesem Sinn entwickelt der Nietzsche-Leser Max Weber seine Figur eines charismatischen Führers, der sich über verkrustete Bürokratien, entscheidungsunfähige politische

---

[1] Nietzsche, Der griechische Staat (1872), KSA Bd. 1, 773

Gremien und so blasse wie zaudernde Politiker hinwegsetzen soll. Weber war in der Weimarer verfassungsgebenden Versammlung wesentlich daran beteiligt, dass der Reichspräsident direkt gewählt wurde und mit dem Art. 48 der Weimarer Verfassung weitreichende Ausnahmekompetenzen erhält, mit denen Hindenburg dem Nazi-Kanzler den Weg in die Diktatur ebnete. Wie schreibt doch Weber: „Nur die Wahl eines Reichspräsidenten durch das Volk gibt Gelegenheit und Anlass zu einer Führerauslese und damit zu einer Neuorganisation der Parteien, welche das bisherige ganz veraltete System der Honoratiorenwirtschaft überwindet."[1]

Daher ist der Krieg für Nietzsche das Mittel um Ökonomie und Massenwahn zu widerstreiten. Derart verklammert er Mythos und Moderne durch Krieg und Monarchie – eigentlich eine ziemlich absurde Kombination für das ausgehende 19. Jahrhundert, gerade nicht aber für jene radikalen nationalistischen Kreise, aus denen heraus 1891 der *Alldeutsche Verband* entsteht, der Wegbereiter des Nationalsozialismus. An dessen Gründung war der spätere mediale Steigbügelhalter des ersten Nazikanzlers Alfred Hugenberg beteiligt. Weber war dieser Verein nicht radikal genug, vor allem wollte dieser die Zuwanderung im Osten Deutschlands nicht stoppen, weshalb Weber aus ihm austrat.

Den Nationalismus aber verbindet Nietzsche noch mit dem Liberalismus, was nicht falsch ist, was aber für ihn auch die Nation und den Staat desavouiert. Daher kritisiert er den zeitgenössischen Staat als eben längst nicht unterdrückend und aristokratisch genug, während er in der Schrift *Der griechische Staat* sein Ideal schildert, das kaum dem entspricht, was in Griechenland die Polis war, der Stadtstaat. Aber wenn der zeitgenössische aristokratische Staat zu schwach ist, muss er sich an diesem Ideal orientieren und sich entsprechend verändern. Damit will Nietzsche nicht nur in den Absolutismus zurück, sondern noch über diesen hinaus, und zwar in einer Wei-

---

[1] Max Weber, Der Reichspräsident (Feb. 1919), 499

45

se, wie es sich Joseph de Maístre vorstellt, über den Schmitt
schreibt: „Infallibilität ist für ihn das Wesen der inappellablen
Entscheidung und die Unfehlbarkeit der geistlichen Ordnung
mit der Souveränität der staatlichen Ordnung wesensgleich; die
beiden Worte Unfehlbarkeit und Souveränität sind ‚parfaite-
ment synonymes‘. Jede Souveränität handelt als wäre sie unfehlbar, jede Regierung ist absolut."[1] Die Unfehlbarkeit des
Papstes in Glaubensfragen wird erst 1870 zur offiziellen katholischen Lehre, mit der sich der Vatikan gegen die Moderne
stemmt und Ideen in den öffentlichen Diskurs gelangen, auf die
man weder im Feudalismus noch im Absolutismus gekommen
wäre. In diese Tendenzen muss man das politische Denken
Nietzsches einordnen.

Das Germanische gerät derart auch in einen Gegensatz zum
Nationalismus, wie auch zur Aufklärung, die er als romanisch,
unmetaphysisch und daher flach kritisiert. Und just eine ähnlich Perspektive verfolgen die Nazis, vor allem aber zuvor
schon national bewusste und an einer reaktionären Tradition
orientierte Zeitgenossen, denen Nietzsche aus der Seele spricht
und was heute in rechten Kreisen wiederkehrt.

---

[1] Carl Schmitt, Politische Theologie (1922), 60

2. VERANTWORTLICHKEIT ALS SCHEIDUNG ZWISCHEN OBTERTAN UND UNTERTAN

Nach dem Scheitern der *Geburt der Tragödie* beginnt sich Nietzsche aktiv um die Philosophie zu bemühen und hält zwischen 1872 und 1876 mehrere Vorlesungen über die Vorsokratiker. Einerseits legen das seine Thesen in der Tragödien-Schrift nahe. Wenn Sokrates die Rationalisierung und Verwissenschaftlichung der abendländischen Philosophie auf den Weg bringt, warum beschäftigt sich Nietzsche dann überhaupt mit Philosophie? Ein guter Kenner der Philosophie ist er zu diesem Zeitpunkt nicht. Dass erst Schopenhauer dem gut zweitausend Jahre später ein Ende setzt, wie Nietzsche glaubt, spricht erst recht für keine guten philosophischen Kenntnisse. Sich mit Hume, Kant oder Hegel zu beschäftigen, hieße aber, sich mit jener Philosophie zu beschäftigen, die Nietzsche ja als sokratisch inspirierten Rationalismus ablehnt.

Der Rückgriff auf die Zeit davor, also vor Sokrates, liegt aber noch aus praktischen Gründen nahe. Nietzsche war nun mal kein Fachphilosoph und hatte sich ausführlich nur mit Schopenhauer beschäftigt und das primär in einer zeitkritischen Perspektive. Sich mit den Großen der Philosophie in der Lehre auseinanderzusetzen, hätte ein umfängliches Einarbeiten auch in deren Rezeption notwendig gemacht und dabei auch immer zugleich einen Blick in die vorhergehende Entwicklung erfordert. Aber seine Augen lassen lange intensive Lektüren gar nicht zu. Nicht nur dass die Vorsokratiker keine Vorläufer haben. Es sind von ihnen auch nur wenige Fragmente überliefert, die keinen genauen Einblick in das jeweilige Denken ermöglichen. Diese Unschärfe der Fragmente bietet reichhaltige

Gelegenheiten, sich eigene Gedanken zu machen – ohne große Vorarbeiten. Und die Lektüre hält sich in Grenzen.

Zugleich kann Nietzsche seinen eigenwilligen Blick auf Mythos und Tragödie dabei auch leichter fortsetzen, bleibt er zudem in nahe beieinander liegenden Epochen. Indem er Sokrates kritisiert, kann er das nicht nur für alle nach Sokrates geltend machen, ohne sich diese genauer anschauen zu müssen, sondern vor allem auch für deren Rezeption der Vorsokratiker. Das erlaubt denn ein hohes Maß an Oberflächlichkeit – oder man nennt es Freigeistigkeit. Schwer hat es sich Nietzsche bei seinem Einstieg in die Philosophie jenseits von Schopenhauer jedenfalls nicht gemacht.

Diese Denkbewegung wird Heidegger nachahmen, der vornehmlich in seinem Spätwerk gleichfalls die gesamte nachantike Philosophie kritisiert, sie sitze Interpretations- und Übersetzungsfehlern bei der Übertragung der griechischen Philosophie ins Lateinische auf. „Diese Übersetzung der griechischen Namen in die lateinische Sprache ist keineswegs der folgenlose Vorgang, für den er noch heutigentags gehalten wird. Vielmehr verbirgt sich hinter der anscheinend wörtlichen und somit bewahrenden Übersetzung ein *Über*setzen griechischer Erfahrung in eine andere Denkungsart. *Das römische Denken übernimmt die griechischen Wörter ohne die entsprechende gleichursprüngliche Erfahrung dessen, was sie sagen, ohne das griechische Wort.* Die Bodenlosigkeit des abendländischen Denkens beginnt mit diesem Übersetzen.“[1] Dann macht der Rückgriff auf die Vorsokratiker Sinn, wiewohl in der Rede von der Bodenlosigkeit die abendländische Metaphysik nachhallt – und das mitten in seiner Abkehr vom Programm von *Sein und Zeit*. Freilich kann man Heidegger nicht vorwerfen kann, er kenne sich in der Philosophiegeschichte nicht aus, Nietzsche schon. Heidegger wird daraus seinen Begriff der Destruktion entwickeln, muss man diese Verschiebungen durch die fehlerhaften Übersetzungen abbauen. Er schreibt: „Soll für die Seinsfrage

---

[1] Martin Heidegger, Der Ursprung des Kunstwerkes (1935), 14

48

selbst die Durchsichtigkeit ihrer eigenen Geschichte gewonnen werden, dann bedarf es der Auflockerung der verhärteten Tradition und der Ablösung der durch sie gezeitigten Verdeckung. Diese Aufgabe verstehen wir als die *am Leitfaden der Seinsfrage* sich vollziehende *Destruktion* des überlieferten Bestandes der antiken Ontologie auf die ursprünglichen Erfahrungen, in denen die ersten und fortan leitenden Bestimmungen des Seins gewonnen wurden."[1]

Vor diesem philosophischen Hintergrund entsteht 1873 die Schrift *Über Wahrheit und Lüge im außermoralischen Sinne*, der der poststrukturalistischen Philosophie von Foucault und Derrida das Leitmotiv liefern wird: Es gibt keine Wahrheit! Arthur Danto, der diese Art des Philosophierens wenig goutiert, zählt er schließlich zur sprachanalytischen Philosophie, die auf Vernunft und wissenschaftlicher Wahrheit insistiert, hält Nietzsches These, dass die Wahrheit subjektiv, bzw. konstruiert ist, für eine metaphorische Redeweise: „Die Behauptung, alle Sätze seinen metaphorisch, hat unweigerlich zur Folge, dass sie demnach nicht buchstäblich wahr, demnach wiederum *buchstäblich* falsch ist."[2] Damit verdreht Danto natürlich den Sinn Nietzsches. Hans-Georg Gadamer sieht das dagegen differenzierter: „Gerade unsere französischen Nachbarn haben versucht, im Hinausgehen über Heidegger auf die Radikalität Nietzsches zurückzukommen, der in der Tat Wahrheit und Lüge (. . .) als Werte des Lebens betrachtet und am Ende beides als bloße Masken des Willens zur Macht ansieht. Eine solche radikale Bezweiflung von Wahrheit gehört gewiss zur ursprünglichen Erfahrungsmöglichkeit des Menschen. Ohne dessen inne zu sein, würde es nicht gelingen, je so etwas wie Fiktionen des Bewusstseins und Selbstbewusstseins und der eingepflanzten Ideologie zu durchschauen."[3]

---

[1] Martin Heidegger, Sein und Zeit (1927), 22
[2] Arthur C. Danto, Nietzsche als Philosoph (1965), 58
[3] Hans-Georg Gadamer, Heidegger und die Sprache (1989), 112

Es gibt für Nietzsche keine Wahrheit, die einen nicht-sprachlichen Sachverhalt adäquat wiedergeben würde, wie man Wahrheit seit der Aufklärung gerne als Korrespondenztheorie bestimmt: Dass der Eimer mit Wasser gefüllt ist, sieht man und dann ist der entsprechende Satz wahr. Dass das nicht so einfach ist, ist heute auch in der analytischen Philosophie angekommen, wiewohl noch nicht unbedingt 1965, als viele noch hoffnungsfroh waren, Aussage und Sachverhalt doch noch in Übereinstimmung bringen zu können. Heute schränken deren Vertreter, die von objektiver Wahrheit sprechen, diese zumeist durch Zusatzbedingungen ein. So schreibt Willard van Orman Quine: „Die Gesamtheit unseres sogenannten Wissens oder Glaubens, angefangen bei den alltäglichsten Fragen der Geographie oder Geschichte bis hin zu den grundlegendsten Gesetzen der Atomphysik oder sogar der reinen Mathematik und Logik, ist ein von Menschen geflochtenes Netz, das nur an seinen Rändern mit der Erfahrung in Berührung steht."[1] Für Nietzsche gibt es keine Rede ohne Metaphorik. Daher versucht man in der analytischen Philosophie immer noch, die Sprache zu reglementieren, indem man Sprache auf bestimmte Bedeutungen reduzieren will. Unter künstlichen Bedingungen mag das manchmal klappen, keinesfalls aber in der Alltagswelt, auch nicht in der wissenschaftlichen. Das kritisiert Jürgen Trabant: „Den Kampf gegen die Sprache setzt die analytische Philosophie seit Frege fort. Das Ende der Sprache wird im Dienste der Wissenschaft nicht nur herbeigesehnt, sondern ernsthaft betrieben: Sprachreformen und künstliche Sprachen lassen die historischen Sprachen hinter sich."[2]

Nietzsche formuliert das provokanter: Wahrheit beruht darauf, dass Menschen sich etwas mit ihren Mitteln und im Rahmen ihrer Möglichkeiten zu erklären versuchen. Begriffe spiegeln dann nicht die Realität, wie ihnen unterstellt wird, was

---

[1] Willard van Orman Quine, Von einem logischen Standpunkt (1953), 47

[2] Jürgen Trabant, Sprachdämmerung – Eine Verteidigung, 2020, 210

sich heute nach Wittgenstein und dem radikalen Konstruktivismus von selbst versteht. Als Komplexe haben sie vielmehr verdichtenden wie verschiebenden Charakter. Sie sind nicht in der Lage, einen Gegenstand an sich zu erfassen, sondern immer nur in einer Form, wie sie dem Menschen möglich ist. Sie haben ihre Grundlage eben nicht in einer nichtsprachlichen Welt, sondern im Gebrauch selbst, den man von ihnen macht und der sich aus Gewohnheit stabilisiert, aber auch destabilisieren kann. Nietzsche schreibt: „Was ist also Wahrheit? Ein bewegliches Heer von Metaphern, Metonymien, Anthropomorphismen kurz eine Summe von menschlichen Relationen, die poetisch und rhetorisch gesteigert, übertragen, geschmückt wurden, und die nach langem Gebrauche einem Volke fest, kanonisch und verbindlich dünken: die Wahrheiten sind Illusionen, von denen man vergessen hat, dass sie welche sind, Metaphern, die abgenutzt und sinnlich kraftlos geworden sind, Münzen, die ihr Bild verloren haben und nun als Metall, nicht mehr als Münzen in Betracht kommen."[1] Wittgenstein wird das ähnlich formulieren: „Unsere Sprache kann man ansehen als eine alte Stadt: Ein Gewinkel von Gässchen und Plätzen, alten und neuen Häusern, und Häusern mit Zubauten aus verschiedenen Zeiten; und dies umgeben von einer Menge neuer Vororte mit geraden und regelmäßigen Straßen und mit einförmigen Häusern."[2] Allein mit dieser grundlegenden These hat Nietzsche eine lange anhaltende Debatte bis heute angestoßen, nämlich die Frage, was es heißt, wenn jemand sagt, dass eine Aussage wahr ist. Das wurde aber weniger von der professionellen oder künstlerischen Nietzsche-Rezeption aufgegriffen, denen es beiden ja doch um eine Wahrheit geht, als vielmehr erst von der poststrukturalistischen Philosophie, was vor allem die analytische provozierte.

---

[1] Nietzsche, Über Wahrheit und Lüge im außermoralischen Sinn (1873), KSA Bd. 1, 880
[2] Ludwig Wittgenstein, Philosophische Untersuchungen (1953), Nr. 18, 20

Kritisieren muss man, dass er stellenweise bei seinen genealogischen Rekonstruktionen diese Einsicht in die Fragwürdigkeit der Wahrheit, eben der fraglichen Übereinstimmung von Aussagen und Sachverhalten, nicht auf seine eigenen Thesen anwendet bzw. so argumentiert, als hätte er diese Einsicht vergessen, als wären seine Einsichten vom Genius und der Masse in einem Sinne wahr, den er 1873 ausschließt, dass sie nämlich mit nichtsprachlichen Tatsachen übereinstimmen, beispielsweise wie schon erwähnt die Würde der Arbeit eine Illusion sei, die Würde des Lebens aber nicht. An anderen Stellen fällt ihm diese Einsicht dagegen durchaus wieder ein, wenn er beispielsweise formuliert, dass der Wille zur Macht Interpretation ist, und zwar eine, die um diesen Charakter durchaus weiß, dass also auch wenn der Löwe die Antilope frisst, jener diese interpretiert. So heißt es in einer Nachlassnotiz: „Der Wille zur Macht *interpretiert*: bei der Bildung eines Organs handelt es sich um eine Interpretation; er grenzt ab, bestimmt Grade, Machtverschiedenheiten. (. . .) In Wahrheit ist *Interpretation ein Mittel selbst*, *um Herr über etwas zu werden* (*Der organische Prozess setzt fortwährendes Interpretieren voraus.*)"[1] Manchmal klingt es dagegen so, als wäre Nietzsche auf den Löwen stolz, nicht weil dieser real interpretiert, sondern weil dieser noch realer frisst.

Mit der Schrift *Über Wahrheit und Lüge im außermoralischen Sinne* im Jahr 1873 verschärft sich die Tendenz, die Welt jenseits der christlichen Moral zu betrachten. So verliert das Leben jeden traditionellen Sinn, der nun als Illusion definitiv durchschaut wird. Das Leben muss anders geführt werden, nämlich ohne solche Illusionen, ohne metaphysischen Komfort, der einem den Sinn des Lebens liefert und die Welt erklärt. Traditionalisten werfen Nietzsche daher Immoralismus vor, ein Vorwurf der heute schal geworden ist. Wenn es sich nicht um bornierte Dogmatiker handelt, muss auch der Vertreter einer traditionellen Moral anerkennen, dass zumindest viele Moralen

---

[1] Nietzsche, Nachlass, KSA Bd. 12, 139

nebeneinander existieren, dass man auch selbst nicht ausschließen kann, Illusionen aufzusitzen, und dass man jenseits der Moral vernünftig argumentieren kann. Allerdings mangelt es Nietzsche auch hier manchmal selbst an dieser Einsicht, so dass sich ihm ebenfalls Dogmatismus vorwerfen lässt. Religiöse Fundamentalisten sind sich ihrer moralischen Maxime genauso sicher wie ihrer Wahrheiten, die sie jeweils für die einzig richtigen und wahren halten.

Im selben Jahr wie *Über Wahrheit und Lüge* erscheint die erste der *Unzeitgemäßen Betrachtungen*, mit der er seine zeitkritische und kulturphilosophische Wende einläutet. Er warnt vor der Verblendung der deutschen Öffentlichkeit, die den militärischen Sieg über Frankreich in eine politische Überlegenheit umdeutet, für die das Reich und nicht der Geist Sorge getragen hätte: „Strenge Kriegszucht, natürliche Tapferkeit und Ausdauer, Überlegenheit der Führer, Einheit und Gehorsam unter den Geführten, kurz Elemente, die nicht mit der Kultur zu tun haben, verhalfen uns zum Siege über Gegner, denen die wichtigsten dieser Elemente fehlten."[1] Er warnt auch davor zu glauben, dass der Krieg Sittlichkeit und Moral wirklich gehoben hätte, was ja damals und dann um so mehr während des ersten Weltkriegs und erst recht von den Nazis propagiert werden wird und bis heute immer wieder auftaucht. So preist Max Scheler 1915 den moralisierenden Krieg: „Gibt es (. . .) im Laufe der Geschichte eine wahrhaft dauernde Erhöhung des moralischen Status und eine Steigerung der Innigkeit und Tiefe in der Einigung der Menschheit, so sind nicht der Weltfriede, sondern der Krieg und die kumulierten, aus seinen Traditionen und tiefen Erinnerungen fließenden moralischen Dauereffekte in der menschlichen Seele die konstruktive Auslösekraft für diese Erhöhung und Einigung."[2] Und Ernst Jünger schreibt

---

[1] Nietzsche, Unzeitgemäße Betrachtungen (1873-76), KSA Bd. 1, I 160

[2] Max Scheler, Der Genius des Krieges und der Deutsche Krieg (1915), 77

nach dem Krieg: „Hier gibt der Krieg, der sonst so vieles nimmt: er erzieht zu männlicher Gemeinschaft und stellt Werte wieder an den rechten Platz, die halb vergessen waren."[1]

Die Moral, die der Krieg entbirgt, erscheint Nietzsche dagegen nicht als die neue Ethik, um die er sich im Weiteren bemühen wird. Eigentlich erwartet Nietzsche die automatische völlige Hingabe, die keine äußeren Motivationen braucht: Der Untertan freut sich, dienen zu dürfen und braucht dafür auch keinen besonderen Lohn. Nur, dass auf diese Weise Staaten noch nie funktionierten, das versteht er nicht. Damit läutet Nietzsche die totale Unverantwortlichkeit des modernen Untertanen ein, der dazu gar nicht unbedingt dem militärischen Drill ausgesetzt sein muss, wiewohl dieser bei den meisten Staatsverbrechen doch die entscheidende Rolle spielt. Wie beschreibt Foucault die Disziplinierung im 19. Jahrhundert: „Das Verhältnis des Zuchtmeisters zum Zögling läuft über Signale: es geht nicht um das Verstehen des Befehls, sondern um die Wahrnehmung des Signals und die alsbaldige Reaktion darauf entsprechend einem vorgegebenen Code. (. . .) es handelt sich um eine Dressurtechnik, die despotisch die winzigste Vorstellung und das geringste Murmeln ausschließt; der disziplinierte Soldat ‚beginnt zu gehorchen, was immer man befiehlt."[2]

Ob Nietzsche viel weniger Militarist war, als es *Der griechische Staat* anzudeuten scheint, bleibt daher fraglich. Er war nicht unbedingt Militarist im Sinn seiner Zeit, hätte er nämlich eine viel größere Unterwerfung der Untertanen verlangt, während der militärische Geist des 19. Jahrhunderts längst begriffen hatte, dass man gerade den Soldaten motivieren und ihm trotz Drill Handlungsspielräume einräumen muss. Also schon wieder kümmern sich die Oberen um die Unteren, brächte für Nietzsche der Drill just dieses Kümmern zum Ausdruck. Es war ihm zu wenig Oben-Unten-Scheidung, nicht zu viel, so dass man ihn allemal nicht als Friedensphilosophen und noch

---

[1] Ernst Jünger, Das Wäldchen 125 (1925), 338
[2] Michel Foucault, Überwachen und Strafen (1975), 214

weniger als Demokraten bezeichnen kann. So bemerkt Nietzsche: „Denn an den einsichtigsten und kühnsten Führern und Feldherrn hat es den Deutschen nie gemangelt – nur dass diesen oftmals die Deutschen fehlten."[1] Insoweit sind die Untertanen auch sein Problem, eben wenn sie nicht blind gehorchen und womöglich noch Ansprüche stellen anstatt dankbar zu sein.

Schopenhauer als Erzieher, der Titel der dritten *Unzeitgemäßen Betrachtung* entsteht im Sommer 1874 und sie kündet von seiner früheren Verehrung. Sie zeichnet indes noch keinen sehr realistischen Schopenhauer, von dem sich Nietzsche auch längst gelöst hat. Er entwirft vielmehr das Ideal eines Philosophen als einen Menschen, der sich der Schlechtigkeit und des Elends der Welt sehr wohl bewusst bleibt, darüber aber durchaus zu Heiterkeit und Gelassenheit gelangt ist, eine Gelassenheit, die sich Nietzsche wünschen möchte, indes nie erreichen wird, so sehr er später auch die Ruhe des großen Mittag beschwören wird. Aber die Heiterkeit widerspricht dem christlichen Mitleiden, Heiterkeit im Angesicht der Leidenden, der gelassene Blick von Oben nach Unten, darin liegt sein Begehren nach dem, was fehlt.

Einerseits bleibt Nietzsche hier bei der Vorstellung eines ‚heroischen Menschen‘ hängen. Andererseits feiert er mit Schopenhauer die Philosophie als wichtiger denn das Bestehen des Staates. Wie er sich Schopenhauer vorstellt, fordert Nietzsche den Philosophen bzw. die Philosophie außerhalb der Universitäten. Sie soll sogar über diese wachen und derart auch eine Autorität gegenüber dem Staat entwickeln. Damit erhält die Philosophie eine politische Aufgabe. Sie ist nicht die Herrscherin, aber so etwas wie eine Hüterin der Verfassung. Denn Nietzsche schreibt an seine Bildungsvorträge anschließend: „Da scheint es mir vom höchsten Werte, wenn außerhalb der Universitäten ein höheres Tribunal entsteht, welches auch diese

---

[1] Nietzsche, Unzeitgemäße Betrachtungen (1873-76), KSA Bd. 1, I 161

Anstalten in Hinsicht auf die Bildung, die sie fördern, überwache und richte; und sobald die Philosophie aus den Universitäten ausscheidet und sich damit von allen unwürdigen Rücksichten und Verdunkelungen reinigt, wird sie gar nichts anderes sein können, als ein solches Tribunal: ohne staatliche Macht, ohne Besoldung und Ehren, wird sie ihren Dienst zu tun wissen, frei vom Zeitgeiste sowohl als von der Furcht vor diesem Geiste – (. . .) Was gilt uns die Existenz eines Staates, die Förderung der Universitäten, wenn es sich doch vor Allem um die Existenz der Philosophie auf Erden handelt! oder – um keinen Zweifel darüber zu lassen, was ich meine – wenn so unsäglich mehr daran gelegen ist, dass ein Philosoph auf Erden entsteht, als dass ein Staat oder eine Universität fortbesteht."[1] Freilich ist die Verfassung nicht sein Problem, auf die er gerne verzichtet, weil sie den Untertanen Rechte einräumen könnte. Eher soll die Philosophie die Politik antreiben, das Oben und das Unten, also die Hierarchie sicherzustellen. Sie soll kontrollieren, dass der Obertan auf den Untertan keine Rücksicht nimmt. Man sieht wieder Nietzsches Begehren, dessen was fehlt, wovon er träumt, nämlich vom Philosophen-Papst. Er wird dann in seinen letzten Äußerungen tendenziell Ähnliches propagieren, wenn das Unbewusste so ins Bewusstsein hapert, dass es sich nicht mehr verbergen lässt, dass er es endlich wagt, es kundzutun: Die ‚Wahrheit' aus dem Unbewussten geoutet – dieser Übergang des Genius als Untergang, als Hinabsteigen in die Niederungen der Politik, was für Nietzsche den Untergang wüst und fatal werden lässt.

Die 1874 erscheinende zweite *Unzeitgemäße Betrachtung* trägt den Titel *Vom Nutzen und Nachteil der Historie für das Leben*. Sie setzt sich mit dem im 19. Jahrhundert vorherrschenden Trend zur historischen Interpretation auseinander. In der Tat avanciert die Geschichte neben der Ökonomie zu einer der Leitwissenschaften des Jahrhunderts. Hegel erkennt welthisto-

---

[1] Nietzsche, Unzeitgemäße Betrachtungen (1873-76), KSA Bd. 1, III 425

risch einen Fortschritt des Rechts: „Die Weltgeschichte ist der Fortschritt im Bewusstsein der Freiheit – ein Fortschritt, den wir in seiner Notwendigkeit zu erkennen haben."[1] Und Marx will historische und ökonomische Gesetzmäßigkeiten feststellen, nach denen die proletarische Revolution bevorstehen soll. So schreibt Friedrich Engels: „Diese beiden großen Entdeckungen: die materialistische Geschichtsauffassung und die Enthüllung des Geheimnisses der kapitalistischen Produktion vermittels des Mehrwerts verdanken wir Marx. Mit ihnen wurde der Sozialismus eine Wissenschaft, (. . .)."[2]

Bei Nietzsche deutet sich dagegen frühzeitig an, dass er später einen klaren Bruch mit der historischen Betrachtungsweise propagieren wird. Das Leben schreitet nicht bloß fort, es kann sich vielmehr von seiner Vergangenheit auch lösen. Die Historie aber fesselt das Leben an seine Vergangenheit und damit an seine vorangegangenen Prägungen. Daran ist nicht festzuhalten, sondern davon muss man sich befreien. Das ist eigentlich ein brillanter Gedanke, der damals wie heute völlig schräg zum Zeitgeist liegt oder nur von utopischen Technizisten aufgegriffen wird. Sartre wird ihn in abgewandelter Form denken. Denn für ihn besitzt das Individuum die Fähigkeit sich aus seinen eingefahrenen Bahnen zu befreien, um sein Leben gegenüber seiner Vergangenheit zu verändern. So entwickelt er auch ein Konzept einer existentiellen Psychoanalyse, die sich an Plänen und nicht am Unbewussten orientiert, das ja die Vergangenheit repräsentiert. Wie schreibt Sartre: „Das Bewusstsein ist ein Sein, dessen Existenz die Essenz setzt, und umgekehrt ist es Bewusstsein von einem Sein, dessen Essenz die Existenz impliziert, das heißt, dessen Erscheinung verlangt *zu sein*."[3] Aber auch Emmanuel Lévinas entwickelt den Ge-

---

[1] G.W.F. Hegel, Vorlesungen über die Philosophie der Geschichte (1822-32), 32

[2] Friedrich Engels, Die Entwicklung des Sozialismus von der Utopie zur Wissenschaft (1880), 209

[3] Jean-Paul Sartre, Das Sein und das Nichts (1943), 36

danken eines Heraustretens aus der Geschichte. Wenn die Ethik der individuellen Beziehung zwischen dem einen und dem Anderen entspringt, dann spielt die Geschichte dabei keine Rolle: „Wenn der Mensch wahrhaft den anderen Menschen anspricht, so wird er aus der Geschichte herausgerissen."[1]

Gerade die Jugend, die für Nietzsche noch die Kraft der Gesundheit verkörpert, lässt hoffen – auch die Nazis und doch ist das eine Illusion. Nietzsche denkt aber etwas Neues an, das wenige Zeitgenossen mit auf den Weg bringen sollen. Ja, es klingt nach einer Elite, aber einer, die überhaupt erst geschaffen werden muss. Insofern ist das nicht bloß normativ, sondern damit auch höchst spekulativ. Das, umso mehr, als seine Gegenkräfte sich nicht nur auf das Unhistorische konzentrieren, also ein Vergessen der Geschichte, sondern auch auf das Überhistorische und Ewige, das Nietzsche in Kunst und Religion beheimatet sieht und das diesem antihistorischen Denken eine metaphysische Dimension verleiht: nicht mit Sartre das Leben gestalten, mit Lévinas es am Anderen orientieren, in dessen nacktem Antlitz das Antlitz Gottes erscheint, was trotzdem zwischenmenschliche Beziehung bleibt; nein, es am Ewigen orientieren. Damit deutet sich bei Nietzsche schon der Gedanke der ewigen Wiederkehr an, die sich gegen das historische Denken richtet. Aber indem er mit dem Ewigen der Geschichte zu entkommen hofft, kehrt er in eine religiöse Metaphysik ein, die sich nicht am Leben oder der Erde orientiert.

Die vierte *Unzeitgemäße Betrachtung* trägt den Titel *Richard Wagner in Bayreuth* und sie ist rechtzeitig im Sommer 1876 zu den ersten Festspielen fertig. Doch Nietzsche hatte sich zwischenzeitlich von Wagner weit entfernt. Vor allem betrachtet er Wagner nicht mehr als in die Zukunft weisenden Künstler, sondern als einen, der die Vergangenheit in seinen Opern aufarbeitet. Das ist eine massive Distanzierung des Antihistorikers Nietzsche. Zudem gilt diesem die dionysische Kunst auch nicht mehr als Verwirklichung des Lebens. Darum

---

[1] Emmanuel Lévinas, Totalität und Unendlichkeit (1961), 66

bemüht er sich nun philosophisch auf anderen Wegen, bei denen die Dichtung zwar weiterhin wichtig ist, aber von der Philosophie überschattet wird. An die Stelle des Künstlers tritt das philosophische und politische Genie – ein finaler Abschied von Wagner, wie er es in seiner späten Schrift *Nietzsche contra Wagner* nochmals bekunden wird. Dabei kritisiert er nicht nur dessen Hinwendung zum Antisemitismus, sondern auch dessen Rückkehr zum Christentum.

Seine politische Orientierung seit seinem Frühwerk schreibt er in den *Unzeitgemäßen Betrachtungen* fort, in denen er einen hohen Begriff der Gerechtigkeit entwickelt, an den er in *Menschliches Allzumenschliches* anschließen wird und der seine Äußerungen dazu in *Der griechische Staat* hinter sich zu lassen scheint: „Wahrlich, niemand hat in höherem Grade einen Anspruch auf unsere Verehrung als der, welcher den Trieb und die Kraft zur Gerechtigkeit besitzt.“[1] Gerechtigkeit übt ein Gerechter aus, der keine Parteilichkeit, sondern nur Objektivität zu kennen scheint. Ja, nicht nur das. Nietzsche verbindet die Wahrheit mit der Gerechtigkeit. Denn erstere macht nur Sinn, wenn sie auf Gerechtigkeit abzielt. Viele möchten sich um die Wahrheit kümmern, aber diese dient doch nur den eigenen Interessen. Wenn sie jemandem begegnen, dem es mit der Wahrheit um die Gerechtigkeit geht, dann wird er von diesen reinen Wahrheitssuchern bekämpft. „Nur insofern der Wahrhafte den unbedingten Willen hat, gerecht zu sein, ist an dem überall so gedankenlos glorifizierten Streben nach Wahrheit etwas Großes. (. . .) So scheint zwar die Welt voll zu sein von solchen, die ‚der Wahrheit dienen‘; und doch ist die Tugend der Gerechtigkeit so selten vorhanden, noch seltener erkannt und fast immer auf den Tod gehasst: wohingegen die Schar der scheinbaren Tugenden zu jeder Zeit geehrt und prunkend einher zog.“[2] Damit stellt sich Nietzsche ebenfalls einem positivis-

---

[1] Nietzsche, Unzeitgemäße Betrachtungen (1873-76), KSA Bd. 1, II 286
[2] Ebd. II 287

tischen Zeitgeist entgegen, der Wissenschaft gegenüber der Moral neutralisieren möchte, soll Wissenschaft für Max Weber keine moralischen Urteile fällen, sondern nur deskriptive Sätze formulieren.

Wem es indes gelingt, Wahrheit und Gerechtigkeit zu verbinden, den will Nietzsche ehren. Implizit fordert er damit auch eine andere Politik, der es nach Gerechtigkeit verlangt. Was das allerdings sein soll, wenn er nach dem Überhistorischen und Ewigen schielt, das erscheint doch reichlich fragwürdig und kehrt eher in ein jüdisch-christliches Denken ein, dem es um ewige, d.h. seit Moses und Christus gleich bleibende ethische Orientierungen geht, wie es im 20 Jahrhundert beispielsweise Leo Strauss vertritt:. „Es ist für Aristoteles wie für Moses offensichtlich, dass Mord, Diebstahl, Ehebruch etc. unbedingt schlecht sind. Griechische Philosophie und die Bibel stimmen insoweit überein, dass der richtige Rahmen der Moral die patriarchalische Familie ist, die monogam ist oder dazu tendiert und die die Zelle der Gesellschaft formt, in der die freien erwachsenen Männer, und besonders die alten, vorherrschen. Was immer die Bibel und die Philosophie uns über die Vornehmheit gewisser Frauen erzählen mag, im Prinzip beruht beides auf der Dominanz des männlichen Geschlechts."[1] Wer die ethischen Werte verändert, zerstört sie: die gängige Klage über den Zerfall ethischer Werte im 20. Jahrhundert. Ganz so denkt sich Nietzsche das nicht, aber allzu fern auch nicht. Trotz der Suche nach neuen Werten, kehren traditionelle in seinem Denken ständig wieder. Und man muss natürlich fragen, wo bei diesem Verständnis von Objektivität, Wahrheit und Gerechtigkeit denn seine Genealogie bleibt.

In *Menschliches Allzumenschliches* entsteht Gerechtigkeit unter Umständen, wenn sich in etwa ähnlich Mächtige gegenüberstehen und sich nicht besiegen können. Dann müssen sie beginnen zu verhandeln. „Die Gerechtigkeit (Billigkeit) nimmt ihren Ursprung unter ungefähr *gleich Mächtigen* (. . .); wo es

---

[1] Leo Strauss, Progress or Return? (1952), 105

keine deutlich erkennbare Übergewalt gibt und ein Kampf zum erfolglosen gegenseitigen Schädigen würde, da entsteht der Gedanke sich zu verständigen und über die beiderseitigen Ansprüche zu verhandeln: der Charakter des *Tausches* ist der anfängliche Charakter der Gerechtigkeit.“[1] Gerechtigkeit verdankt sich einer Art Austausch, einer Abwägung. Damit verlässt Nietzsche die Position, dass sich Gerechtigkeit nur einer Art autoritärer Gewalt verdankt, die Recht erlässt, wie es in *Der griechische Staat* noch anklingt.

Doch daraus ergibt sich keineswegs ein egalitäres Recht, das sich demokratischen Prozessen verdanken würde. Nicht zwei gleich mächtige Klassen stehen sich gegenüber, sondern miteinander kämpfende Gemeinschaften, die von mehr oder weniger genialen Führern beherrscht werden. Im ersteren Fall ginge es um einen sozialen Ausgleich unterschiedlicher Klasseninteressen, in den untere Schichten eingebunden sein könnten. Im zweiten Fall einigen sich zwei Warlords auf gemeinsame Standards. „Gleichgewicht ist die Basis der Gerechtigkeit.“[2] Dann beruht Gerechtigkeit auf Gewalt, die das Recht herstellt, d.h. durchsetzt. Das hat aber nichts mehr mit Gerechtigkeit zu tun. Wie bemerkt bereits Montaigne: „Die Macht der Gesetze bleibt ja nicht deswegen unangetastet, weil sie gerecht, sondern weil sie Gesetze sind. Dies ist das mythische Fundament ihrer fortdauernden Geltung, ein andres haben sie nicht. (. . .) Wer ihnen gehorcht, weil er sie für gerecht hält, gehorcht ihnen nicht aus dem rechten Grund.“[3] Oder man bestimmt Gerechtigkeit wie Trasymachos, den Platon in der *Politeia* zu widerlegen trachtet, wenn ersterer behauptet, „das Gerechte sei nichts anderes als das dem Stärkeren Zuträgliche.“[4] Und wenn er auf

---

[1] Nietzsche, Menschliches, Allzumenschliches (1876-1880), KSA Bd. 2, 89

[2] Ebd. 556

[3] Michel de Montaigne, Über die Erfahrung, Essais, Drittes Buch (1572-1592), 451

[4] Platon, Politeia (ca. 374 v. Chr.), 338c, 81

einen anderen Starken stößt, dann kommt es zu einem Abgleich. Was Nietzsche geflissentlich bei seinen politischen Überlegungen ausblendet, ist die soziale Seite: auch Warlords müssen auf ihre Klientel Rücksicht nehmen. Aber wenn sie Genien sind, dann haben sie das für Nietzsche nicht nötig. Trotzdem beflügeln diese Ansätze einer Theorie der Gerechtigkeit spätere Denker, die an Nietzsche anschließen, um eine pluralistische Vision von Gesellschaft zu entwickeln. Die postmodernen Philosophen greifen bei der Frage nach der Gerechtigkeit allerdings eher selten auf Nietzsche zurück.

Zudem befreit er sich in *Menschliches Allzumenschliches* von Schopenhauer und Wagner: die Kunst vermag das Leben nicht zu gestalten. Künstler haben nicht nur der Macht gedient, sondern deren jeweilige Ideologie auch ernst genommen, ja für wahr gehalten. „Nicht ohne tiefen Schmerz gesteht man sich ein, dass die Künstler aller Zeiten in ihrem höchsten Aufschwunge gerade jene Vorstellung zu einer himmlischen Verklärung hinausgetragen haben, welche wir jetzt als falsch erkennen: sie sind die Verherrlicher der religiösen und philosophischen Irrtümer der Menschheit, und sie hätten dies nicht sein können ohne den Glauben an die absolute Wahrheit derselben"[1] Die Kunst lässt Nietzsche dabei aber nicht ganz hinter sich, ja er wird sich ihr nicht nur in der *Zarathustra*-„Dichtung" wieder hingeben. Aber sie wird von jetzt an im Dienst der Philosophie stehen – was Wagner genau umgekehrt gesehen hätte. Also nicht nur dass Nietzsche in den späten siebziger Jahren am politischen Konzept festhält, das er bereits in der *Geburt der Tragödie* entwickelt. Vielmehr erhält die Politik zunehmend einen Primat gegenüber Kunst und Philosophie, so dass man Nietzsche in der Tat als einen primär politischen Philosophen betrachten muss – finden sich auch bei Hobbes und Locke Wissenschaftslehren. Ethik und Politik hängen eng miteinander zusammen. Immerhin bewahrt die

---

[1] Nietzsche, Menschliches, Allzumenschliches (1876-1880), KSA Bd. 2, 180

Philosophie jenseits des Staates eine gewisse Autonomie, darf sie sich vom Staat nicht abhängig machen.

Dabei blitzt für Nietzsche – das wird er in der Vorrede zur Ausgabe 1886 erklären – bereits die spätere Umwertung der Werte aus *Zur Genealogie der Moral* auf, und zwar durchaus auf einer ontologischen Ebene, die über die normative hinausgeht: Alles, was als Wirklichkeit erscheint, erweist sich als unwirklich, als ein Schein, hinter dem sich aber keine Wahrheit mehr entbirgt. Insofern sind die Menschen ‚Betrogene‘, die notwendig selbst zum ‚Betrüger‘ werden. „Die Bedeutung der Sprache für die Entwicklung der Kultur liegt darin, dass in ihr der Mensch eine eigene Welt neben die andere stellte, einen Ort, welchen er für so fest hielt, um von ihm aus die übrige Welt aus den Angeln zu heben und sich zum Herren derselben zu machen. (. . .) er meinte wirklich in der Sprache die Erkenntnis der Welt zu haben. Der Sprachbildner war nicht so bescheiden, zu glauben, dass er den Dingen eben nur Bezeichnungen gebe, er drückte vielmehr, wie er wähnte, das höchste Wissen über die Dinge mit Worten aus."[1] Die Menschen glauben mit der Sprache wirklich die Welt zu erfassen, wie sie ist. Sie erkennen nicht, dass sie sich mit der Sprache die Welt nur anmenscheln.

Das bringen Deleuze und Guattari: gleich doppelt auf den Begriff: „Wenn tatsächlich der Wunsch Mangel des realen Objekts ist, so liegt seine Realität in einem das phantasierte Objekt erzeugenden ‚Wesen des Mangels‘. Der solchermaßen als Produktion, aber als Phantasieproduktion begriffene Wunsch (. . .) bedeutet auf der untersten Stufe der Interpretation, dass das reale Objekt, das dem Wunsch fehlt, seinerseits auf eine äußere natürliche und gesellschaftliche Produktion verweist, während der Wunsch innerlich ein Imaginäres produziert, das die Realität verdoppelt, gleichsam als ob ‚ein geträumtes Objekt hinter jedem realen Objekt‘ oder eine mentale

---

[1] Ebd. 180

63

Produktion hinter der realen Produktion existierte."[1] Nur dass Nietzsche selbst in seiner Beobachter-Perspektive seine eigene Wunschproduktion nicht zu verbergen vermag, ohne das selbst zu beobachten: Der Wille zur Macht ist nicht das Reale, sondern das Imaginäre, das sich das Reale einbildet in Form des Mangels, als Selbstbetrug, aber auch als Beziehung zur Umwelt, die just meint, in der Sprache das Reale abzubilden. Doch was dabei als Reales mitarbeitet und stört, das ist das Unbewusste. Das führt natürlich in der Umwelt wie bei Nietzsche in ein unendliches Scheitern, in dem sich das Begehren präsentiert. Sartre beschreibt das etwas hausbackener, aber keineswegs weniger treffend mit dem verdrehten Bewusstsein, der *mauvaise foi*, die zumeist mit Unaufrichtigkeit übersetzt wird. Sartre bemerkt eine Differenz im Bewusstsein des Seins, eine Bewegung, durch die eine bewusste Erfassung seiner selbst unmöglich wird. Er schreibt: „Die Möglichkeitsbedingung der Unaufrichtigkeit ist, dass die menschliche-Realität in ihrem unmittelbarsten Sein, in der Innenstruktur des präreflexiven Cogito das ist, was sie nicht ist, und nicht das ist, was sie ist."[2] Aber der Background dazu ist nicht der Freudsche Primärprozess, sondern gewissermaßen dessen Gegenteil, die Freiheit, die Fähigkeit, sein Leben auch entgegen der Umwelt zu gestalten, die just aus dieser Struktur entspringt. De Beauvoir bemerkt dazu: „Die Unaufrichtigkeit des ernsthaften Menschen rührt daher, dass er gezwungen ist, unaufhörlich diese Leugnung der Freiheit zu erneuern; er entscheidet sich dafür, in einer kindlichen Welt zu leben."[3] Im Sinn des *Anti-Ödipus* wäre das in der Tat die ödipale Papa-Mama-Struktur, in der man alle Verantwortung abschiebt.

---

[1] Gilles Deleuze, Félix Guattari, Anti-Ödipus – Kapitalismus und Schizophrenie (1972), 34

[2] Jean-Paul Sartre, Das Sein und das Nichts (1943), 153

[3] Simone de Beauvoir, Für eine Moral der Doppelsinnigkeit (1947),109

So weist Ivo Frenzel daraufhin, dass Nietzsche in *Menschliches Allzumenschliches* „die Verantwortung des Menschen für sein Handeln in einer an sich sinnlosen Welt leugnete (. . .)."[1] Sicher ist Nietzsche noch nicht so weit, wie in den späteren Werken, wenn die Verantwortung für die Welt von freien Geistern oder höheren Menschen getragen wird. Sie sollen damit eine Art Aufbruch sein und die Verantwortung übernehmen, die Nietzsche als Privileg versteht, das nur die wenigen, nicht die vielen haben, nicht die Untertanen, nur die leitenden Aristokraten und eigentlich auch diese nur, wenn sie geniale Gestalten sind, die sich nur von ihren Einfällen, aber nicht von der Rationalität, Staat und Gesellschaft leiten lassen. So heißt es in der *Genealogie der Moral*: „Das stolze Wissen um das außerordentliche Privilegium der *Verantwortlichkeit*, das Bewusstsein dieser seltenen Freiheit, dieser Macht über sich und das Geschick hat sich bei ihm bis in seine unterste Tiefe hinabgesenkt und ist zum Instinkt geworden, zum dominierenden Instinkt."[2] Dann sollen Handlungen nicht mehr nach ihren leitenden Prinzipien beurteilt werden, sondern nach ihren Folgen – was für Nietzsche eine Umwertung der Werte bedeutet und was in der Tat weit ins 20. Jahrhundert hinein wirkt, um dadurch eine Wende der Ethik einzuläuten: Nietzsche als der Wegbereiter der Verantwortungsethik – was Sartre und Lévinas betrifft zweifellos wider Willen, widersprechen deren Konzeptionen derjenigen Nietzsches strukturell. Diese Form der Verantwortung bemerkt als einer der ersten 1907 Georg Simmel: „Mit der Eigenart der Nietzscheschen Ideale ist (. . .) das Gefühl der *Verantwortlichkeit* als ein integrierender, absolut wesentlicher Bestandteil verbunden. Jede gute Aristokratie wird dem bloßen Genießen ihrer Prärogativen durch das Bewusstsein enthoben, verantwortlich zu sein – nicht anderen Menschen, nicht einem von außen gegebenen Gesetz gegen-

---

[1] Ivo Frenzel, Friedrich Nietzsche (1966), 100
[2] Nietzsche, Zur Genealogie der Moral (1887), KSA Bd. 5, 293

über, sondern sich selbst gegenüber."[1] Einerseits mangelt ein solches aristokratisches Selbstbewusstsein der Verantwortung den allermeisten Menschen. Aber wenn man diese Art der Verantwortung gegenüber sich selbst hat, ebnet das andererseits den Weg zur Verallgemeinerung der Verantwortung. Im Sinn von Sartre handelt es sich nicht um eine Wissens-, sondern um eine Bewusstseinsstruktur, nicht um Bildung, mit der man weniger Gebildete ausschließen kann. Nietzsche gibt damit einen Anstoß, den Max Weber kurz nach dem ersten Weltkrieg zunächst elitär weiter ausführt, wenn letzterer die Verantwortungsethik im Sinne Nietzsches als elitäre Haltung des führenden Politikers und Managers begründet. „Ehre des politischen Führers, also: des leitenden Staatsmannes, ist dagegen gerade die ausschließliche *Eigen*verantwortung für das, was er tut, die er nicht ablehnen oder abwälzen kann und darf."[2] Für Weber tragen die großen Staatsmänner nun mal die Verantwortung und nicht das niedere Volk. Es versteht sich von selbst, dass die gehorchende Masse Befehle befolgt, während für die Folgen dieses Tuns der Befehlende die Verantwortung trägt, nicht der Untergebene. Wenn er an die eigene Verantwortung denken müsste könnte er ja nicht blind gehorchen. Das ist denn auch das im 19. Jahrhundert gängige Verständnis, das bis in die zweite Hälfte des 20. dominiert. So schreibt Weber: „Ehre des Beamten ist die Fähigkeit, wenn – trotz seiner Vorstellungen – die ihm vorgesetzte Behörde auf einem ihm falsch erscheinenden Befehl beharrt, ihn auf Verantwortung des Befehlenden gewissenhaft und genau so auszuführen, als ob er seiner eigenen Überzeugung entspräche: ohne diese im höchsten Sinn sittliche Disziplin und Selbstverleugnung zerfiele der ganze Apparat."[3] Vorbild ist der militärische Gehorsam.

Um die Jahreswende 1887/88 antizipiert Nietzsche Webers Entmündigung des Untertan, zieht freilich bereits die Konse-

---

[1] Georg Simmel, Schopenhauer und Nietzsche (1907), 392
[2] Max Weber, Politik als Beruf (1919), 524
[3] Ebd. 524

quenzen, die bis in den Holocaust reichen werden und alle politischen und religiösen Systeme betreffen, die darauf beruhen, ihre Untertanen zu Grausamkeiten zu motivieren. So konstatiert Nietzsche: „Ihr habt alle nicht den Mut, einen Menschen zu töten oder auch nur zu peitschen (. . .) – aber der ungeheure Wahnsinn im Staat überwältigt den Einzelnen, so dass er die Verantwortlichkeit für das, was er tut, ablehnt (Gehorsam, Eid usw.) / – Alles, was ein Mensch im Dienste des Staates tut, geht wider seine Natur".[1] Fast schon ein freundliches Menschenbild, das Nietzsche schwerlich kritisch meint, aber nicht verhindern kann, dass es gefährlich ausartet. Denn die Konsequenzen führen in den verbreiteten Staatsterror lange vor dem 20. Jahrhundert. Nur dass Nietzsche damit nur insoweit ein Problem hat, wie der Staat seine Untertanen nicht mit höchster Grausamkeit unterwirft, so dass sie keine Chance zur Gegenwehr haben. Der Staat ist die „organisierte Unmoralität … inwendig: als Polizei, Strafrecht, Stände, Handel, Familie / auswendig: als Wille zur Macht, zum Krieg, zur Eroberung / wie wird es erreicht, dass er eine große Menge Dinge tut, zu denen der Einzelne sich nie verstehen würde? – durch Zerteilung der Verantwortlichkeit – des Befehlens und der Ausführung – durch Zwischenlegung der Tugenden des Gehorsams, der Pflicht, der Vaterlands- und Fürstenliebe / die Aufrechterhaltung des Stolzes, der Strenge, der Stärke, des Hasses, der Rache, (. . .) / Die Kunstgriffe, um Handlungen, Maßregeln, Affekte zu ermöglichen, welche, individuell gemessen, nicht mehr ,statthaft' sind, – auch nicht mehr ,schmackhaft' sind – / – die Kunst ,macht sie uns schmackhaft', die uns in solche ,entfremdete' Welten eintreten lässt."[2]

Nietzsche erkennt, dass der verantwortungslose Untertanengeist zu Taten führt, die niemand verantworten möchte und die sich in den Worten Arendts spiegeln: „Die Gaskammern des Dritten Reichs und die Konzentrationslager der Sowjetuni-

---

[1] Nietzsche, Nachlass, KSA Bd. 13, 97
[2] Ebd. 187

on haben die Kontinuität abendländischer Geschichte unterbrochen, weil niemand im Ernst die Verantwortung für sie übernehmen kann."[1] Der totalitäre Terror hebt jegliche individuelle Verantwortung auf und macht die Untertanen zu willigen Helfern, gleichgültig woran sie dabei teilnehmen. Das ist auch die Konsequenz von Webers Bemerkung über die Verantwortungslosigkeit des Untergebenen. Im Corona-Regime – aber auch schon zuvor – neigte der medizinisch politisch mediale Diskurs dazu, Gehorsam in Verantwortung umzubenennen: Wer die Maßnahmen befolgt, verhalte sich verantwortlich, was entweder Unsinn ist oder eine Metonymie, wird Verantwortung bald Gehorsam bedeuten, den praktisch alle Regime gerne herstellen möchten.

Damit kehrt man in die Gehorsamsstruktur des Klosterlebens zurück, wie sie zur Zeit der Patristik entwickelt wurde. So zitiert Foucault Johannes Cassianus: „Die Probe der *Unmittelbarkeit*. Ein erteilter Befehl muss sofort, ohne die geringste Verzögerung erfüllt werden. (. . .) Die Probe der *Nicht-Revolte*: Die Ungerechtigkeit eines Befehls, dass er zur Wahrheit oder zur Natur in Widerspruch stehen kann, darf niemals verhindern, dass er ausgeführt wird."[2] Doch dann wird auch der führende Politiker gar keine Verantwortung mehr tragen. Natürlich nicht, denn er folgt der christlichen Struktur des Gehorsams: „Der Heilige ist nicht der, der sich selbst ‚führt': sondern der, der sich von Gott führen lässt."[3]

Bei Nietzsche tritt an die Stelle Gottes der Wille zur Macht, d.h. das Begehren, der Todestrieb, im *Zarathustra* Nietzsche selbst, der sich am Ende seines Lebens zum Gott erklärt. Nietzsche meint das keineswegs kritisch, sondern affirmativ, was um so weniger zu verhindern vermag, dass sich dadurch die politi-

---

[1] Hannah Arendt, Elemente und Ursprünge totaler Herrschaft (1951), 946

[2] Zit. in: Michel Foucault, Die Geständnisse des Fleisches – Sexualität und Wahrheit 4 (1984 / 2018), 172

[3] Ebd. 167

sche Struktur und Funktion des Gehorsam entbirgt. Das hat Weber inspiriert, der zum ersten Mal Gesinnungs- und Verantwortungsethik unterscheidet, bei dem das Charisma gleichfalls eine dunkle treibende Rolle spielt. Ansonsten bleiben Nietzsches Bemerkungen zur Verantwortung randgängig. Die dabei entstehende Unmoral beklagt er jedenfalls nicht, im Gegenteil. Gegenintentional enthüllt der philosophische Text dann, was die Ideologien wie der Philosoph verschweigen – ein Topos, den Adorno für die Kunst verwendet und der sich in seinen Worten ausdrückt: „Denn wahr ist nur, was nicht in diese Welt passt."[1] Die Wahrheit entbirgt sich folglich nur in der Differenz zu dem, was alle Ontologien behaupten, im manque d'être.

Trotzdem wird der Begriff der Verantwortung, der bis dahin in der Ethik kaum eine Rolle spielt, die Wende der Ethik im 20. Jahrhundert einläuten, weg von einer allgemein begründeten Untertanenethik hin zu einer Ethik der individuellen Verantwortung, die sich nicht allgemein generiert, sondern individuell und zwischenmenschlich. Sartre begründet die Freiheit mit der Struktur des Bewusstsein, was dazu führt, dass man auch für alles, was man unternimmt, verantwortlich zeichnet: „In dem Maß also, wie ich mich mir selbst als verantwortlich für mein Sein enthülle, *beanspruche ich* dieses Sein, das ich bin; das heißt, dass ich es wiedergewinnen will, oder, genauer ausgedrückt, ich bin Entwurf einer Wiedergewinnung meines Seins."[2] Das betrifft nicht etwa nur führende Politiker, sondern alle Menschen, somit auch die Untertanen, die dadurch für das verantwortlich werden, was sie auf Befehl tun. Daraus folgt dann nach Sartre: „So bin ich absolut frei und für meine Situation verantwortlich. Doch deshalb bin ich frei *nur in Situation*."[3] Sartre schreibt damit die Philosophie des Widerstands, von der man in allen politischen Lagern nach dem Krieg nichts

---

[1] Theodor W. Adorno, Ästhetische Theorie (1970), 93

[2] Jean-Paul Sartre, Das Sein und das Nichts (1943), 639

[3] Ebd. 879

mehr wissen will. Arendt weist 1963 auf die Gedankenlosigkeit und mangelnde Vorstellungskraft der Untertanen hin, die sich weigerten sich vorzustellen, was sie anstellten, geschweige denn dass sie bereit gewesen wären ihre Verantwortlichkeit für die Folgen ihres Gehorsams zu übernehmen. Weil *Eichmann in Jerusalem* „den tiefsten Einblick in die *Totalität des moralischen Zusammenbruchs* gewährt, den die Nazis in allen, vor allem auch den höheren Schichten der Gesellschaft ganz Europas verursacht haben, nicht allein in Deutschland, sondern in fast allen Ländern, nicht allein unter den Verfolgern, sondern auch unter den Verfolgten"[1], wird Arendt von allen Seiten mit Kritik und Hass überschüttet.

Emmanuel Lévinas schreibt die individuelle Verantwortung 1961 fort, indem er die Ethik in der zwischenmenschlichen Beziehung entspringen lässt und nicht auf einer allgemeinen Ebene von Gesellschaft oder Vernunft. Er schreibt: „Das Andere aber, das absolut anders ist – der Andere – begrenzt nicht die Freiheit des Selben. Indem der Andere die Freiheit zur Verantwortung ruft, setzt er sie ein und rechtfertigt sie. Das Verhältnis zum Anderen als Antlitz heilt von der Allergie. Es ist Begehren, empfangene Unterweisung und friedlicher Gegensatz der Rede."[2] Indem man vom nackten Antlitz des Anderen in die Verantwortung gerufen wird – was bei einem Maskierten selbstredend nicht der Fall ist – just damit vollendet er die Wende der Ethik im 20. Jahrhundert weg von einer universell normativ begründeten hin zu einer individuell entspringenden Ethik. Diese wurde in der Medizin nie anerkannt. Vielmehr übernimmt sie nämlich ihrerseits die Verantwortung für jeden Menschen, gleichgültig ob er krank ist, d.h. sie raubt den Menschen ihre Selbstverantwortung, Mündigkeit und Freiheit. Damit verstößt sie gegen Menschenrechte.

---

[1] Hannah Arendt, Eichmann in Jerusalem - Ein Bericht von der Banalität des Bösen (1963), 219

[2] Emmanuel Lévinas, Totalität und Unendlichkeit (1961), 282

Nietzsche aber lässt zumindest die philosophische Vorstellung hinter sich, wie sie von Eric Voegelin vertreten wird, und die ein christlich konservatives, politisches Denken prägt, dass der Mensch, wie er sich in den letzten drei Jahrtausenden präsentiert, ein unveränderliches Wesen habe. Voegelin schreibt: „Ein Ding kann seine Natur nicht verändern; wer versucht, seine Natur zu ‚ändern‘, zerstört das Ding. Der Mensch kann sich nicht zum Übermenschen wandeln; der Versuch, den Übermenschen zu schaffen, ist der Versuch, den Menschen zu ermorden. *Auf den Gottesmord folgt im geschichtliche Prozess nicht der Übermensch, sondern der Menschenmord – auf das deicidium der gnostischen Theoretiker das homicidium der revolutionären Praktiker.*"[1] Wenn man zudem den Menschen als untertänigen Gläubigen versteht und den, der davon abfällt, letztlich als Unmenschen, dann heißt dem Menschen eine eigene Urteilskraft zu attestieren, den unmündigen zu desavouieren, ja zu töten. Aber genau in letzterem liegt Nietzsches Philosophie des Übergangs: die Wende der Ethik.

Für Voegelin aber können sich ethische Werte natürlich nicht ändern, hat die Ethik überhaupt einen hierarchisch autoritären Ursprung, keinen individuellen, so dass die Menschen von Natur aus nicht frei sind, keine natürlichen Rechte haben, sondern, wie es die Kirchenväter dem Christentum dekretierten, ihren Glauben durch Gehorsam beweisen müssen. So beruft sich Cassian auf den Spruch: „Die ohne Leitung leben, fallen ab wie die Blätter."[2] Das würde Nietzsche den Untertanen attestieren, während die genialen Obertanen verantwortlich zeichnen: Nietzsches Scheidung: der Übergang zum Untergang, der sich nicht nur in seinem Fall als Absturz realisiert: Verantwortlich für die Katastrophen zeichnen primär die Obertanen, wiewohl er davon die Genien ausnehmen würde.

---

[1] Eric Voegelin, Der Gottesmord - Zur Genese und Gestalt der modernen politischen Gnosis (1958), 98
[2] Zit. in: Michel Foucault, Die Geständnisse des Fleisches (1984 / 2018), 164

3. DIE WIEDERKUNFTSLEHRE ALS GEFÄHR-
LICHES UND GEFÄHRDETES DENKEN

Anders als die *Unzeitgemäßen Betrachtungen* und *Menschliches Allzumenschliches* entfaltet Nietzsche ab der *Morgenröte* 1881 seine wesentlichen Ideen programmatisch. Einerseits entwickelt Nietzsche in ihr ein radikal individualistisches Programm: „Dem Individuum sofern es sein Glück will, soll man keine Vorschriften über den Weg zum Glück geben: denn das individuelle Glück quillt aus eigenen, jedermann unbekannten Gesetzen, es kann mit Vorschriften von außen her nur verhindert, gehemmt werden."[1] Das Glück wird traditionell durch Gehorsam gegenüber den Eltern, durch Familie und Kinder sowie ökonomischen Fleiß bestimmt. Das ist alles andere als individuell, zerstört folglich das individuelle Glück. Daher lässt sich auch kein Glück der Menschheit bestimmen bzw. ein allgemeines Glück. „Nur wenn die Menschheit ein allgemein anerkanntes *Ziel* hätte, könnte man vorschlagen ‚so und so *soll* gehandelt werden': einstweilen gibt es kein solches Ziel. Also soll man die Forderungen der Moral nicht in Beziehung zur Menschheit setzen, es ist dies Unvernunft und Spielerei."[2]

Das hat freilich weniger einen individuellen Sinne, dass sich jeder sein Glück selber erfinden muss. Die Masse ordnet sich vielmehr einem vermeintlich allgemeinen Glück unter, das es aber gar nicht gibt, das vielmehr erfunden wurde. Ähnliches gilt für Ziele der Menschheit, die der Masse vermeintlich religiös oder politisch vorgegeben werden. Beides aber sind religi-

---

[1] Nietzsche, Morgenröte (1880/81), KSA Bd. 3, 108
[2] Ebd.

öse oder politische Einbildungen. Denn man kann sie weder aus der Religion noch aus der politischen Geschichte nehmen, kann man sie dort schlicht nicht finden – „einstweilen" nicht finden. Ergo muss sie ein Genie jenseits rationaler Erwägungen erfinden. Nietzsche schreibt weiter: „Der Menschheit ein Ziel *anempfehlen* ist etwas ganz Anderes: dann ist das Ziel als Etwas gedacht, das *in unserem Belieben ist*; gesetzt, es beliebte der Menschheit so wie vorgeschlagen wird, so könnte sie sich daraufhin auch ein Moralgesetz *geben*, ebenfalls aus ihrem Belieben heraus. Aber bisher sollte das Moralgesetz *über* dem Belieben stehen: man wollte dies Gesetz sich nicht eigentlich *geben*, sondern es irgendwoher *nehmen* oder irgendwo es *auffinden* oder irgendwoher es *sich befehlen lassen.*" Wenn man Moralgesetze nur konstruieren kann, dann verlieren sie jegliche Notwendigkeit, obliegen de facto vielmehr der jeweiligen Beliebigkeit. Aber Religionen, Staaten und Gesellschaften geben sie als begründet aus. Dem entspricht die Bemerkung von Charles Taylor: „das Subjekt selbst kann in der Frage, ob es selbst frei ist, nicht die letzte Autorität sein, denn es kann nicht die oberste Autorität sein in der Frage, ob seine Bedürfnisse authentisch sind oder nicht, ob sie seine Zwecke zunichte machen oder nicht."[1]

Das sieht Nietzsche just an der entscheidenden Stelle anders, wenn es sich nämlich um den Willen eines Genies, eines großen historischen Menschen handelt. Weil die Zwecke von den großen Systemen letztlich auch nur willkürlich begründet werden, ist das Genie dazu auch in der Lage, und zwar aus eigener Herrlichkeit. So entsteht für Nietzsche Glück: aus dem Willen zur Macht des Genius, folglich aus seinem Begehren wie aus seinem Unbewussten. Nietzsches Text enthüllt, was er verschweigen will.

Das unterscheidet sich daher von Hegels welthistorischem Individuum, der diese Welthistorizität deshalb erhält, weil er die allgemeine Idee des Rechts weiter vorantreibt, obwohl ihm

---

[1] Charles Taylor, Negative Freiheit (1985), 125

das subjektiv gar kein Anliegen sein mag. Hegel bestimmt: „An der Spitze aller Handlungen, somit auch der welthistorischen, stehen *Individuen* als die das Substantielle verwirklichenden Subjektivitäten."[1] Napoleon ist für Hegel deswegen ein welthistorisches Individuum, weil er mit dem Code Napoleon die Menschenrechte in Europa verbreitete. Dass es ihm dabei primär um machtpolitische Ziele ging, ändert an dieser nachträglichen Interpretation nichts. Für Nietzsche dagegen wäre Napoleon deswegen ein historisches Genie, weil er gerade aus eigener Herrlichkeit, also aus individueller Willkür heraus das politische und damit das historische Geschehen bestimmt, es nicht bloß fortsetzt.

Napoleon befördert damit auch keinen Fortschritt der Vernunft wie bei Hegel. Die Vernunft ruht nicht in sich selbst, sondern verdankt sich einer Moral. Man hält die Aufklärung für vernünftig, weil sie die Menschenrechte befördert. Darauf beruht die Vernunft, nicht darauf dass sie die wahre Einsicht in die Natur ermöglicht. Aber die Moral ist nun mal gerade zweifelhaft geworden, die religiöse allemal, auch die Moral des Vaterlandes, der Nation, die im 19. Jahrhundert ja dominant wird. Denn es ist nicht die Moral eines verschärften Klassenkampfes von Oben gegen Unten, die denen Unten zeigt, dass sie nichts sind, wenn sie denen Oben nicht blind dienen. Auch die Moral der Herrschenden hat sich der Moral der Masse angepasst und ist damit nicht eine Moral der Stärke, die allein vom großen Genie ausgeht. Dann handelt es sich auch um keinen Klassenkampf Oben gegen Unten, denn die Genien sind einzelne Individuen und bilden keine Gruppe. Das wird in einer seiner allerletzten Bemerkungen wieder auftauchen.

Damit ist Nietzsche Feind aller moralischen Traditionen, die er als europäischen Feminismus bezeichnet: die Frau, die idealistisch in der Fürsorge aufgeht. So benimmt sich der Idealismus wie das ewig Weibliche, wenn Kant den Menschen als

---

[1] G.W.F. Hegel, Grundlinien der Philosophie des Rechts (1820), § 348, 506

75

Zweck an sich selbst beschreibt, hat er sich doch dem Genius zu unterwerfen. Trotzdem versteht sich Nietzsche als Teil dieser Tradition, die er nicht verlässt, sondern an ihr festhält, wenn er sie kritisiert. Derjenige, der keinen Illusionen nachhängen will, macht das aus moralischen Gründen: und zwar will er das Leben und die Stärke realisieren als die wahren moralischen Triebfedern: der gängige naturalistische Fehlschuss.

Mit der *Morgenröte* konsolidiert sich Nietzsches Denken. Grundlage ist eine Moral- und Vernunftkritik, die die Fortschrittskonzeptionen ausschließt, wie sie von Bacon, Galilei, Kant, Hegel und Marx entworfen werden, die kulturellen Fortschritt auf Vernunft gründen, so dass sich dieser Fortschritt der Kooperation der Menschen bzw. der Gesellschaften verdankt. Dadurch dass sich ein sehr großer Teil der Menschen aktiv daran beteiligt, gelingt es, die Natur immer besser zu beherrschen und die Gesellschaften besser zu organisieren. Das Eigeninteresse der Menschen gelangt zu einer Übereinstimmung mit dem Gesamtinteresse einer Gesellschaft, einer Nation, gar je nach Denker mit der gesamten Menschheit.

Für Nietzsche verdankt sich die Kultur aber nicht dieser großen Kooperation, sondern diese wird erzwungen von großen Individuen, die ihrem eigenen Willen, ihren eigenen Vorstellungen folgen und sich dabei gerade nicht in ein großes Ganzes einfügen. Sie folgen keiner kommunikativen Logik. Dann – soweit denkt Nietzsche nur ansatzweise, aber das folgt aus seiner eigenen Logik – verdanken sich kulturelle Entwicklungen individuellen Zufällen, die Neues hervorbringen. Daraus ergibt sich keine Kontinuität, vielmehr bleiben diese Entwicklungen extrem diskontinuierlich. Gelegentlich bestimmt ein großer Geist die Geschicke und das Geschehen und lenkt die Unteren gewaltsam, ohne auf diese Rücksicht zu nehmen und egal wohin – auch in den Untergang. Und das kehrt immer wieder – ohne interne Logik. Das ist also kein Fortschritt mehr, sondern die Wiederkehr großer Geister und der gewaltsamen Unterwerfung der Menschen: auch wenn die Übermenschen untergehen, indem sie zu den Unteren vom Berg herabsteigen und selbst wenn sie wie Nietzsche grandios scheitern, schaffen sie Übergänge: der Kern von Nietzsches politischer Philosophie des Genius. Aber der Übergang führt wie in der antiken Tragödie immer wieder in den wüsten Untergang.

Auch zwei Gedichte in *Die fröhliche Wissenschaft* legen den Schluss nahe, dass Nietzsche nicht nur die Gewalt verherrlicht, sondern vor allem den Menschen, der sich rücksichtslos der Gewalt bedient, der andere zu seinem Mittel macht, was Kant und die Aufklärung verboten haben. „Spruch des Gewaltmenschen. / Bitte nie! Lass dies Gewimmer! / Nimm, ich bitte dich, nimm immer!"[1] Im anderen „Meine Härte" heißt es: „Ich muss weg über hundert Stufen, / Ich muss empor und hör euch rufen: / ‚Hart bis du; Sind wir denn von Stein?' — / Ich muss weg über hundert Stufen, / Und Niemand möchte Stufe sein."[2] Man kann die Ironie goutieren, wenn Nietzsche überhaupt ironische Intentionen entwickelt, wenn man sich nicht an der Gewalt orientieren möchte, die in diesen Gedichten gefeiert wird und die er wiederum gegenintentional enthüllt. So heißt es in „Höhere Menschen": Der steigt empor – ihn soll man loben! / Doch Jener kommt allzeit von Oben! / Der lebt dem Lobe selbst enthoben, / Der *ist* von Droben!"[3]

Nietzsche beschreibt in diesen Gedichten keine herrschende Elitenstruktur, sondern er fahndet nach Menschen, die sich anderer bedienen sollen, um ihre geniale Größe zu entfalten, nicht um die Welt in eine bessere Zukunft zu führen. Und wer ‚von droben' ‚ist', muss sich nicht legitimieren, braucht kein Gottesgnadentum, keine Unfehlbarkeitslehre, ‚ist' vielmehr unfehlbar. Das ist aber die zu verbergende Seite der gängigen Elitenstruktur, die von dieser fleißig dementiert wird. Insofern erweist sich Nietzsche als ein enthüllender Denker wider Willen: der Subtext des Unbewussten oder der Wunschproduktion.

---

[1] Nietzsche, Die fröhliche Wissenschaft (1881-82), KSA Bd. 3, 356
[2] Ebd. 358
[3] Ebd. 366

So finden auch in einem seiner philosophischen Hauptwerke, die Nietzsche primär in der pluralistisch und ethisch orientierten postmodernen Philosophie populär gemacht haben, Ansätze eines politischen Programms, das sich aus den rechtlichen und moralischen Traditionen des Abendlandes verabschieden will. Die Nazis, die genau derartiges predigten, weil sie ihre Gewalt durch keine Normen einschränken lassen wollten, konnten sich also selbst von diesem Buch inspirieren lassen.

Gegen das wissenschaftliche Fortschrittsdenken des 18. wie des 19. Jahrhunderts entwickelt Nietzsche die ewige Wiederkunft des Gleichen, die er im *Nachlass* mit einer dramatischen Szene einführt: Im August 1881 bei einer Wanderung am See von Silvaplana in der Nähe von Sils-Maria entdeckt Nietzsche nach eigenen Angaben „das neue Schwergewicht: die ewige Wiederkunft des Gleichen"[1]. Unter der Überschrift *Der europäische Nihilismus* das *Lenzer Heide Fragment* vom 10.6.1887 schreibt er ähnlich pathetisch: „Denken wir den Gedanken in seiner furchtbarsten Form: das Dasein, so wie es ist, ohne Sinn und Ziel, aber unvermeidlich wiederkehrend, ohne ein Finale ins Nichts: ‚die ewige Wiederkehr'. Das ist die extremste Form des Nihilismus: das Nichts (das ‚Sinnlose') ewig! (. . .) Es ist die *wissenschaftlichste* aller möglichen Hypothesen."[2] Der notorisch wiederkehrende Untergang des Genius.

Doch mit der sich auch schon in der *Morgenröte* andeutenden Idee der ewigen Wiederkunft erhält Nietzsches Denken eine Art universelles Fundament, das dann noch durch den Willen zur Macht ergänzt werden wird. Er entwirft dazu eine Metaphysik der Physik, wenn er die Welt durch Kräfte bestimmt sieht, die keinen Stillstand kennen, kein Gleichgewicht, keine Ruhe, die vielmehr immer dieselbe Größe haben sollen und sich immer wiederholen. Er beruft sich dabei auf den ersten Satz der Thermodynamik, nach dem die Energie erhalten bleibt. Dass sie auch verfällt, also den zweiten Satz der Ther-

---

[1] Nietzsche, Nachlass, KSA Bd. 9, 494
[2] Ebd. KSA Bd. 12, 213

modynamik, dass sie entropisch niedergeht, das schiebt er geflissentlich beiseite, so dass er sich dieser naturwissenschaftlichen Stütze seiner Idee wieder beraubt. So soll sich jeder Augenblick unendlich wiederholen und die Kräfte behalten dabei ihre Verteilung. Das ist eine wüste Spekulation, die Nietzsche als einem ansonsten scharfsichtigen Kritiker moderner Naturwissenschaft gar nicht würdig ist. Er selbst ahnt von dieser Schwäche, wie er gelegentlich zugibt.

Zumindest folgt er dabei einer positivistischen Hypothese, nämlich dass man wissenschaftlich dem Universum keinerlei Sinn attestieren kann, auch nicht irgendeinen zukünftigen. Das Universum wird immer sinnlos bleiben – für den Positivismus, für den Nihilismus. Und es wird bestehen bleiben, wird sich nicht in ein ‚Nichts' auflösen. Derart werden auch immer dieselben Prozesse stattfinden, also gleichfalls wiederkehren. Soweit das in der Tat für einen wissenschaftlichen Standpunkt nicht so absurd klingt, verdankt es sich aber einem wissenschaftlichen Blick, den Nietzsche seinerseits mit seiner Idee gerade meiden möchte. Wer immer das Universum versucht zu beschreiben, entdeckt dieselben Prozesse. Aber das ist eben der begriffliche wissenschaftliche Blick. Und er gibt das auch noch zu.

Man könnte umgekehrt auch behaupten, dass sich kein einziger Prozess wiederholt, sondern jeder Vorgang ein einzigartiges Ereignis ist und nur unter einem wissenschaftlichen Blick angeglichen wird. So bemerkt Alfred North Whitehead in seiner Kritik am Materie-Begriff von Albert Einstein: „Die Natur ist in unserer Erfahrung als ein Komplex vorübergehender Ereignisse bekannt."[1] Deleuze verlängert diesen Ansatz, wenn er schreibt: „Besteht das Paradox der Wiederholung nicht darin, dass man von Wiederholung nur auf Grund der Differenz oder Veränderung sprechen kann, die sie in den Geist einführt, der sie betrachtet? Auf Grund einer Differenz, die der Geist der

---

[1] Alfred North Whitehead, Der Begriff der Natur (1919), 126

79

Wiederholung entlockt?"[1] Dann kann eine Wiederkehr niemals dasselbe sein, sondern doch immer etwas anderes als der wiederholte Vorgang. Gut, dasselbe ist nicht das Gleiche. Aber das Wiederholende ist nicht mal das Gleiche des Wiederholten, beruht es vielmehr auf der Differenz. Wiederholungen wären dann immer neue Ereignisse. Dagegen ist die Wiederkunft, noch dazu die ewige, des Gleichen eine hausbackene Metaphysik.

Andererseits, wenn man Nietzsches pseudo-naturwissenschaftliche Erklärungen der ewigen Wiederkehr beiseite lässt, werden durch diese Struktur von Wiederkehr und Zufall, der in der Wiederkehr als notwendig erscheint, jedenfalls alle metaphysischen Hoffnungen auf eine helle diesseitige oder jenseitige Zukunft obsolet – so Nietzsche in *Die fröhliche Wissenschaft*, in der er den Gedanken der Wiederkehr 1882 veröffentlicht. Es gibt nichts mehr zu verehren, letztlich nicht mal das Genie, das macht, was es will und dem man trotzdem bereitwillig folgen muss wie die Nachbarn, man also mit den Wölfen heulen und untergehen muss. Denn das, was geschieht, das leiten weder Vernunft noch Liebe. Die Geschichte läuft auf keinen ewigen Frieden hinaus. Auch dabei werden sich ohne Ende Krieg und Frieden abwechseln. Diese Gedanken muss man aushalten, auf alle Ruhe verzichten. Das ist eine Form der Entsagung. Nietzsche interpretiert das Ende von metaphysischen Hoffnungen also nicht als Befreiung, sondern als Verlust, als Bruch, als Diskontinuität, hapert das Unbewusste, spricht hier wieder das Begehren, ein Mangel an Sein, treibt die Ewigkeit. Wie schreibt Lacan: „Es ist also Diskontinuität die wesentliche Form, in der das Unbewusste sich uns zuerst zeigt – in der Diskontinuität manifestiert sich etwas als ein Flimmern, Schwanken. Müssen wir aber die Diskontinuität, die auf dem Weg der Freudschen Entdeckung diesen absolut inaugurierenden Charakter hat, vor dem Hintergrund einer Totalität sehen – wozu die Analytiker der Folgezeit in der Tat Neigung

---

[1] Gilles Deleuze, Differenz und Wiederholung (1968), 99

bekundet haben? Ist das *Eine#le un* vor der Diskontinuität? (. . .) Ist's die Abwesenheit <der Diskontinuität>? Wohl nicht. Bruch, Spalt, Zug der Öffnung lassen die Abwesenheit erst entstehen – so wie der Schrei nicht vom Grund der Stille sich abhebt, sondern die Stille erst entstehen lässt."[1] Die Wiederkunftslehre verdeckt, was Nietzsche verdrängen muss, weil es der Ewigkeit widerspricht. Denn alle Lust will gerade keine Ewigkeit, wie Lacan diese Bemerkung einleitet: „Das beste Bild, das wir im Mythos zum Verhältnis Analytiker-Orpheus und Unbewusstes finden können, ist das Bild der zweimal verlorenen Eurydike. Das Unbewusste sieht sich da, (. . .) auf der Seite, die der Eigenart der Liebe strikt entgegengesetzt ist, denn die Liebe ist, wie jedermann weiß, stets ein Einmaliges, was gut zum Ausdruck gebracht ist in der Formel *Eine verloren, zehn gewonnen.*" Nur dass letzteres lebensgeschichtlich für Nietzsche nicht zutrifft, wie sein Streben nach dem Ewigen eine sentimentale Replik auf Religion und Metaphysik ist, erträgt er die Ironie der Moderne nicht, die das Leben leicht nimmt und nicht mehr schwer, weil sie sich mit Scheitern abfindet, jeden Tag eine neue Liebe liebt wie sie jeden Tag einer anderen Religion huldigt und sich dessen bewusst ist. Wie bemerkt doch Vladimir Jankélévitch: „Der Ironiker will nicht tiefsinnig sein; der Ironiker will nicht an etwas haften noch es abwägen; (. . .); als Liebender liebt er, (. . .), nur mit einem kleinen Teil seiner Seele; wenn er böse wird, ist es sozusagen widerwillig."[2] Eine ewige Lust würde den Ironiker langweilen, nicht nur den, jeden: jeden Tag die schöne Eva eine Ewigkeit lang; jeden Tag derselbe Heiland. Nein, lieber ständig umdrehen und Eurydike schon wieder verlieren.

Die ewige Wiederkunft überträgt Nietzsche vor allem aber auf das menschliche Leben und gibt als ‚Hauptgedanke' eine weitreichende Devise aus. Er entwickelt den vermeintlich dämonischen Gedanken der ewigen Wiederkunft zunächst als

---

[1] Jacques Lacan, Die vier Grundbegriffe der Psychoanalyse (1964), 32
[2] Vladimir Jankélévitch, Die Ironie (1964), 35

individuelles Drama: „Wie, wenn dir eines Tages oder Nachts, ein Dämon in deine einsamste Einsamkeit nachschliche und dir sagte: ‚Dieses Leben, wie du es jetzt lebst und gelebt hast, wirst du noch einmal und noch unzählige Male leben müssen; und es wird nichts Neues daran sein, sondern jeder Schmerz und jede Lust und jeder Gedanke und Seufzer und alles unsäglich Kleine und Große deines Leben muss dir wiederkommen, und Alles in der selben Reihe und Folge – und ebenso diese Spinne und dieses Mondlicht zwischen den Bäumen, und ebenso dieser Augenblick und ich selber. Die ewige Sanduhr des Daseins wird immer wieder umgedreht – und du mit ihr, Stäubchen vom Staube!‘ Würdest du dich nicht niederwerfen und mit den Zähnen knirschen und den Dämon verfluchen, der so redete?“[1] Ja, als dann ewig verkanntes Genie, das nie um seine spätere Popularität wissen wird! Andererseits aber könnte man eine solche Vision auch bejubeln; denn jedes Mal ist Eurydike so faszinierend neu, wie bei den unzähligen Leben zuvor. Daraus ergibt sich die Konsequenz, dass man sein Leben so leben soll, dass man es wiederholen, ja unendlich wiederholen möchte. Dagegen erscheint das natürlich im Fall eines schlechten Lebens als schrecklich. Diese individuelle Dimension muss man vor dem Hintergrund von Nietzsches eigenem Leben betrachten, das ihm selbst ziemlich einsam und schrecklich vorkam. Verallgemeinert ebnet das zwar einer individualistischen Perspektive den Weg. Aber wer wird sich im 20. Jahrhundert schon auf die ewige Wiederkunft berufen!

Aber Nietzsche gibt im *Nachlass* dazu noch eine andere Devise aus, die sehr populär wurde: Wie man ein Kunstwerk immer wieder betrachten will, so soll man sein eigenes Leben führen, nein nicht als Kunstwerk, wie es gerne interpretiert wurde, sondern schlicht so, dass man es mit allen seinen Facetten wiederholen möchte, und zwar unendlich: „Wir wollen ein Kunstwerk immer wieder erleben! So soll man sein Leben gestalten, dass man vor seinen einzelnen Teilen denselben

---

[1] Nietzsche, Die fröhliche Wissenschaft (1881-82), KSA Bd. 3, 570

Wunsch hat! Dies der Hauptgedanke! Erst am Ende wird dann die Lehre von der Wiederholung alles Dagewesenen vorgetragen, nachdem die Tendenz zuerst eingepflanzt ist, etwas zu schaffen, welches unter dem Sonnenschein dieser Lehre hundertfach kräftiger gedeihen kann!"[1] Man soll sein Schicksal lieben, dessen Notwendigkeit und Unabänderlichkeit, und zwar mit totalem Engagement und mit Galanterie. Das bezeichnet Nietzsche als seine Moral. Dabei soll man die ‚schreckliche' Vergangenheit gar nicht vergessen, sondern ihrer eingedenk sein und sie in das Schicksal integrieren. Eigentlich hasst das verkannte Genie sein Leben. Um das zu verschleiern, erfindet Nietzsche die Wiederkunftslehre: manque d'être! Der Schrecken des Begehrens, der das Genie sich enthemmt in einen wüsten Untergang stürzen lässt! Nur enthüllt sich damit nicht nur des Genies Armut an Geist, sondern auch diejenige der Politiker und ihrer willigen intellektuellen Helfer, die dasselbe wünschen wie der untergehende Genius am Ende seines Übergangs.

Nietzsche wird sich selbst mit der Figur des Zarathustra literarisieren, somit in der Tat sein Leben als Kunstwerk dramatisieren, also genau das Gegenteil von dem was sein Leben war und was er propagiert. Natürlich denkt er dabei nicht an die breite Masse der Menschen, sondern immer nur an wenige, denen solche Erleuchtung widerfährt, eigentlich nur seine Jünger. Dafür stehen zudem die großen historischen Genies, die aus der Historie indes eine Sammlung von Zufällen machen, die derart unendlich wiederkehren, wie der Unsterbliche in de Beauvoirs Roman *Tous les hommes sont mortels* die Generationen kommen und gehen sieht und von sich sagen muss: „Ein Mensch von nirgendwoher, ohne Vergangenheit, ohne Zukunft und ohne Gegenwart. Ich wollte nichts, ich war niemand."[2] Das wären dann aber keine Zufälle mehr – was Nietzsche nicht reflektiert. Oder eben seine Hoffnung auf einen Bund höherer

---

[1] Nietzsche, Nachlass, KSA Bd. 9, 505
[2] Simone de Beauvoir, Alle Menschen sind sterblich (1946), 307

Menschen, die in der Lage sind, ihr Leben so zu betrachten. „Ich will einen neuen Stand schaffen:" – propagiert er 1884 – „einen Ordensbund höherer Menschen, bei denen sich bedrängte Geister und Gewissen Rats erholen können; welche gleich mir nicht nur jenseits der politischen und religiösen Glaubenslehren zu leben wissen, sondern auch die Moral überwunden haben."[1]

Richard Rorty, der die Politik primär als Produkt von Zufällen begreift, umschreibt treffend, dass Nietzsche eine Philosophie für wenige Individualisten, für Künstler und vielleicht politische Genies entwickelt, während Kant mit seinem allgemeinen Moralgesetz, dem kategorischen Imperativ, fordert, die Maxime, denen man folgt, so auszurichten, dass sie für alle gelten können. Damit entwirft er die Philosophie des normalen Menschen. Letztlich hat sich Kant in der professionellen Philosophie gegen Nietzsche bis heute behauptet, schreibt doch Rorty: „Der Geist des Spielerischen, der sich um Neunzehnhundert anschickte, in die Philosophie einzutreten, wurde jedoch im Keim erstickt. Wie die Mathematik Platon zur Erfindung des ‚philosophischen Denkens' inspiriert hatte, so wandten sich ernsthafte Philosophen der mathematischen Logik zu, um sich von der übermütigen Satire ihrer Kritiker zu befreien."[2]

Nietzsche konnte nicht ahnen, dass sich im Laufe der bis heute folgenden knappen anderthalb Jahrhunderte jenseits der Universitätsphilosophie ziemlich viele Menschen vom Gedanken beeindrucken ließen, das eigene Leben mit einem Kunstwerk zu vergleichen, es so zu führen, dass man es wiederholen will, was letztlich heißt, dass man sein Leben bejaht. Wahrscheinlich ist das Nietzsches wirkungsmächtigster und sicher auch am häufigsten missverstandener Gedanke. Denn für viele heißt das schlicht, aus dem Leben ein Kunstwerk machen. Trotzdem heißt das, es sich nicht von der Familie und der Tra-

---

[1] Nietzsche, Nachlass, Bd. 11, 195
[2] Richard Rorty, Der Spiegel der Natur (1979), 186

dition vorgeben zu lassen, stattdessen Mündigkeit zu beanspruchen und folglich sein Leben selber zu entwerfen, sich zu emanzipieren und keinem Gott, keinem Staat, keiner Familie, schon gar keinem höheren Genie mehr zu dienen. Simone de Beauvoir und Sartre, keine Universitätsphilosophinnen, avancierten dazu als Vorbilder. Joseph Beuys erklärt gar jeden Menschen zum Künstler, somit für autonom, mündig und kreativ. Das ist alles andere als eine einfache Angelegenheit, bei der man es sich bequem machen könnte, wahrscheinlich allemal nicht die Philosophie des normalen Menschen. Aber viele wollen heute gar nicht mehr normal sein, Untertan sein, nichts Besonderes sein. Die normalen Menschen beruhigt die Regenbogenpressse damit, dass Mitglieder des Königshauses dort Urlaub machen, wo sie sich als normale Menschen bewegen können. Wer's glaubt . . . der normale Mensch? Aber mit Corona ist er zuhauf wiedergekehrt: die gefährliche ewige Wiederkehr des gleichen Untertanen.

Charles Taylor, der solchem Individualismus kritisch gegenüber steht, erklärt Nietzsche zum Sprachrohr jener Außenseiter im 19. Jahrhundert, die sich gegenüber dem kulturellen Druck einer militarisierten Gesellschaft zu Wehr zu setzen versuchen: „Gegen Ende des neunzehnten Jahrhunderts setzte eine breitere Reaktion gegen die evangelikale Moral ein, von der behauptet wurde, sie frustriere die Menschen, unterdrücke Freiheit und Selbstentfaltung, bewirke Uniformität, leugne das Schöne und so fort. Von Autoren wie Shaw, Ibsen und Nietzsche ist die Reaktion eindringlich artikuliert worden, (. . .)."[1] Bohemiens, Intellektuelle und Künstler haben Nietzsche in diesem Sinn gelesen.

Nach Taylor wurde aus Nietzsches Ethik eines authentischen Lebens für wenige nach der Mitte des 20. Jahrhunderts sogar eine Art Massenbewegung, die sich längst nicht auf Intellektuelle und Künstler beschränkt. Das hätte sich Nietzsche nicht träumen lassen und das hätte er bestimmt nicht goutiert,

---

[1] Charles Taylor, Ein säkulares Zeitalter (2007), 822

weil damit seine Idee des Genies demokratisiert wurde, plötzlich viele von sich behaupten Genies zu sein oder zumindest ein authentisches Leben führen zu wollen, oder näher zu Nietzsche eines, das sie aus sich selbst heraus erfinden.

Dann wäre der Übermensch, wie er ihn im *Zarathustra* propagiert, längst realisiert, nicht aber von den Nazis, den Kommunisten oder politisch gemäßigten Kreisen, die von einem Primat der Gemeinschaft gegenüber dem Individuum ausgehen, eine Gemeinschaft die von einer erleuchteten Elite gelenkt wird. Nein, die vielen Individualisten wären das gewesen, die ab der Mitte des 20. Jahrhunderts die Sozialbewegungen konstituieren und heute die Zivilgesellschaft. Sie setzen sich durchaus für andere ein, dienen diesen aber nicht bloß, sondern verfolgen eigene Zwecke. Wie schreibt Ulrich Beck 1997: „Der Vulkan politischer Freiheit ist keineswegs erloschen. Wir haben es nicht nur mit einem Zusammenbruch bisheriger Gewissheiten, sondern mit einem Aufbruch in neue Freiheitsräume zu tun und damit in Felder vorbildloser Fragen."[1] Freilich – und das gibt Nietzsche zumindest teilweise recht – darf man angesichts der Unterwürfigkeit der meisten Intellektuellen vor allem an Universitäten gegenüber der Corona-Politik bezweifeln, dass diese Einstellungsänderung seit den 1960er Jahren bis heute nachhaltig wirkte.

In einer Nachlassnotiz 1886/87 heißt es, dass alle, denen es schlecht geht, die Lehre von der ewigen Wiederkunft entsetzen wird. Dann geht es ihnen schließlich auf ewig schlecht. Dabei denkt Nietzsche weniger politisch als medizinisch. Diejenigen, denen es schlecht geht, leben ungesund, haben keine gute körperliche Verfassung, werden ständig von Krankheiten heimgesucht. Unter ihnen gedeiht der Nihilismus, der die Welt ablehnt und diese daher zu medizinisieren versucht. Faktisch gehört Nietzsche dazu, wiewohl er dem gelegentlich entkommt, indem er dergleichen scharf kritisiert.

---

[1] Ulrich Beck, Ursprung als Utopie: Politische Freiheit als Sinnquelle der Moderne, 1997, 384

Ansonsten denkt er an eine Langeweile in der Wiederholung nicht. Nein, das muss er verdrängen. Dabei soll man sich das auch noch wünschen, weil es de facto der Fall sein soll, was eine wüste metaphysische Spekulation darstellt. Eigentlich kann man diese Metaphysik nicht ernst nehmen. Wenn sich alles ewig wiederholt, müsste die Zeit still stehen: anders lässt sich die Ewigkeit auch nicht denken, jedenfalls nicht als unendliche Zeit, in der jede Wiederholung sich allein schon zeitlich unterscheiden würde. Eine gewisse Spannung gewinnt der Gedanke der ewigen Wiederkunft als fröhlichen Widerspruch im Sinne der *Fröhlichen Wissenschaft* gegenüber dem allzu optimistischen Fortschrittsdenken im 19. Jahrhundert, was sich auf den Transhumanismus und die KI-Gläubigen im angebrochenen Jahrtausend leicht übertragen lässt. Dessen Ernst muss man sich nicht mehr unterordnen, kann man dann mit dem Denken wie dem Wissen fröhlich spielen, was Nietzsche selbst auf die Medizin und die Krankheit bezieht, wiewohl er das selbst nicht zu leben vermochte.

Bereits in der *Morgenröte* bezweifelt Nietzsche, dass Handeln wirklich das ist, wie es bisher verstanden wurde: „Die Handlungen sind *niemals* Das, als was sie uns erscheinen! Wir haben so viel Mühe gehabt, zu lernen, dass die äußeren Dinge nicht so sind, wie sie uns erscheinen, nun wohlan! Mit der inneren Welt steht es ebenso!"[1] Seit Sokrates glaubte man, dass man Einsicht in die Welt brauche, um daraus abzuleiten, was man tun soll. Aus der richtigen Einsicht muss auch das richtige Handeln folgen – so Aristoteles. Aber das ist eine sokratische Illusion. Wie das Handeln zustande kommt, bleibt dabei im Grunde dunkel.

Denn Einsicht in die Welt gelingt in der Regel dadurch, dass man Zusammenhänge entdeckt, die ursächlich miteinander verbunden sind. Ursache und Wirkung, also das Kausalprinzip, das aller abendländischen Vernunft zu Grunde liegt, erklärt für Nietzsche jedoch gerade nichts. Es soll zwei Ereig-

---

[1] Nietzsche, Morgenröte (1880/81), KSA Bd. 3, 109

nisse, die aufeinander folgen notwendig verbinden. Bloß diese Notwendigkeit wird damit nur konstruiert. Im naturwissenschaftlichen Experiment klappt das meistens, weil man dort die Bedingungen künstlich herstellt und sich Prozesse ziemlich genau wiederholen lassen. In der Realität ist das aber nicht der Fall. Da hängen die beiden Ereignisse von vielen anderen Einflüssen ab. In der Natur lassen sich trotzdem zukünftige Ereignisse häufig relativ gut vorhersehen, in der Gesellschaft indes eigentlich gar nicht, was auch daran liegen kann, dass man die Ereignisse in der Natur quasi von außen nicht genau genug betrachten kann und als gleiche zumeist nach Schemata interpretiert, die Experten vorgeben und diesen nur selten individuelle Interpretationen entgegenstellt. Daher scheint die Natur aus eindeutigen Tatsachen zu bestehen. Dagegen reflektieren und interpretieren praktische alle Zeitgenossinnen soziale Prozesse, so dass es keine Tatsachen geben kann. Nietzsche schreibt: „,Erklärung' nennen wir's: aber ‚Beschreibung' ist es, was uns vor älteren Stufen der Erkenntnis und Wissenschaft auszeichnet. Wir beschreiben besser – wir erklären ebenso wenig wie alle Früheren."[1] Man müsste Nietzsche hier mit Thomas S. Kuhn widersprechen, für den wissenschaftliche Revolutionen nur Paradigmenwechsel sind, die die Welt in ein anderes Licht tauchen. Er schreibt: „Es ist fast, als wäre die Fachgemeinschaft plötzlich auf einen anderen Planeten versetzt worden, wo vertraute Gegenstände in einem neuen Licht erscheinen und auch unbekannte sich hinzugesellen. (. . .) Paradigmawechsel veranlassen die Wissenschaftler tatsächlich, die Welt ihres Forschungsbereichs anders zu sehen."[2]

Dann funktioniert die Zweck-Mittel-Operation nicht, die den Kern des Handelns darstellt, beruht der Handlungsbegriff schließlich seinerseits darauf, dass Mittel Ursachen sind, die gezielte Wirkungen erreichen, d.h. Zwecke realisieren. Wenn

---

[1] Nietzsche, Die fröhliche Wissenschaft (1881-82), KSA Bd. 3, 472
[2] Thomas S. Kuhn, Die Struktur wissenschaftlicher Revolutionen (1961), 123

aber aus der Einsicht in die Welt gar kein bestimmtes Handeln notwendig folgt, bzw. wenn sich solche Einsichten selbst bereits bestimmten moralischen Vorstellungen verdanken, dann stehen viele ethische wie epistemologische Philosophien in Frage, die praktische Probleme durch richtige Einsicht und daraus abgeleitet richtiges Handeln lösen wollen.

Wenn Nietzsche den gängigen Handlungsbegriff hinterfragt, so hat das einen politischen Hintergedanken. Nach Aristoteles, der das Grundmuster des abendländischen Handlungsverständnisses entfaltet, braucht man Erfahrung, um richtig handeln zu können. Handeln bezieht sich allein auf die Polis als das Handeln für die Polis, damit das politische Handeln. Der Politiker handelt, wenn er sich überlegt, wie es um die Polis Athen steht, was für sie nötig ist, um dann diese Einsicht in eine entsprechende Handlung umzusetzen, indem er sich die richtigen Mittel auszudenkt. Das ist das seither gängige Verständnis politischen Handelns, das sich auf die vernünftige Einsicht und damit auf die Vernunft als ganze stützt.

Nietzsche setzt diesem rationalen Begriff des politischen Handelns den großen politischen Führer entgegen, der nicht aus Vernunfteinsicht vorgeht, sondern der instinktiv genialisch, aus Eingebungen heraus, getrieben von seinem Machtstreben, also seinem Willen zur Macht den Staat und die niedere Bevölkerung mit sich nimmt und dionysisch gemeinschaftlichen Lebenssinn stiftet. Auch wenn sich Nietzsche von den in Deutschland herrschenden politischen Eliten abwendet und auf einen Bund höherer Menschen als freien Geistern hofft, die das Denken der ewigen Wiederkunft verbreiten, dann folgen diese auch keinem rationalen Begriff des politischen Handelns, sondern einem instinktiven, bei dem sich eine Tätigkeit innerer Erleuchtungen und Visionen wie dem Machttrieb verdankt, die den Betroffenen zwingen, aus sich heraus etwas über sich hinaus kreativ und genialisch zu schaffen. Dabei folgen sie keinem rationalen Kalkül, handeln sie im rationalen Sinn gar nicht und stützen sich bei ihren Aktivitäten nicht auf die Vernunft. Aus der Perspektive des rationalen Handlungsbegriffs würden sie nur reagieren oder Getriebene ihrer Wahnvorstellungen sein, oder im Sinn von Lacan ihres Begehrens, was freilich für die Rationalisten gleichfalls gilt.

Doch die Vernunft entspringt nach Nietzsche gerade nicht sich selbst, sondern ihrem anderen, also der Unvernunft, genauer der Moral bzw. der Herdenmoral: „Wie die Vernunft in die Welt gekommen ist? Wie billig, auf eine unvernünftige Weise, durch Zufall. Man wird ihn erraten müssen, wie ein Rätsel."[1] Damit argumentiert Nietzsche auch in der *Morgenröte* bereits genealogisch und nicht erst in *Zur Genealogie der Moral*. Dann hat die Vernunft nur Prinzipien, die aus der Erfahrung stammen. Sie verdanken sich immer dem Prozess, in den die Vernunft selbst verwickelt ist, nicht aber in einem objektiven, sondern in einem konstruierenden Sinn, also doch wiederum in einem radikal subjektiven. Ein solches Subjekt hat jedoch keine Moral und ist nicht Herr des Seins, sondern nur ein Knoten im Labyrinth der Sprache.

Was Handeln ist, weiß man eigentlich nicht. Dann ist auch das handelnde Ich nur ein Konstrukt dieser Herdenmoral mit ihrer Herdenvernunft. Denn dadurch bilden wir uns ein entsprechendes vernünftiges und moralisches Ich ein, das dann unser Verständnis von uns selbst prägt. „*Die unbekannte Welt des ,Subjekts'.* – Das, was den Menschen so schwer zu begreifen fällt, ist ihre Unwissenheit über sich selbst, von den ältesten Zeiten bis jetzt! Nicht nur in Bezug auf gut und böse, sondern in Bezug auf viel Wesentlicheres! Noch immer lebt der uralte Wahn, dass man wisse, ganz genau wisse, wie *das menschliche Handeln zu Stande komme*, in jedem Falle."[2]

Allerdings wirkt diese Kritik auch auf die Mächtigkeit des Genies zurück. Wann ein Genie ein Genie ist, kann es Nietzsche höchstens im Nachhinein, also historisch beschreiben: Napoleon! Kriterien dafür kann er keine angeben. Das wäre ja auch schon wieder rational. Wenn die Menschen anfangen

---

[1] Nietzsche, Morgenröte (1880/81), KSA Bd. 3, 116
[2] Ebd. 108

darüber nachzudenken, werden sie den genialen Führern auch nicht mehr folgen. Das müssen sie unwissend bzw. blind machen. Wie bemerkt doch Hegel: „Für einen Kammerdiener gibt es keinen Helden (. . .) nicht aber darum, weil dieser kein Held, sondern weil jener der Kammerdiener ist.“[1] Freilich stellt sich dann die Frage, ob Foucaults Hinweis auf die Gefährlichkeit des Denkens nicht nur für Nietzsches Philosophie gilt, sondern dass sie sich durch das Denken selbst als gefährdet betrachten muss. Foucault schreibt: „Noch bevor es vorschreibt, eine Zukunft skizziert, sagt, was man tun muss, noch bevor es ermahnt oder Alarm schlägt, ist das Denken auf der einfachen Ebene seiner Existenz, vor seiner frühesten Form an, in sich selbst eine Aktion, ein gefährlicher Akt. De Sade, Nietzsche, Artaud und Bataille haben es im Gegensatz zu allen denen gewusst, die es ignorieren wollten. Aber es ist sicher, dass auch Hegel, Marx und Freud es wussten.“[2] Warum soll Nietzsches Denken gefährlich sein? Weil es Illusionen entlarvt? Oder ist es gefährlich, weil es Angelegenheiten verrät, die es verschweigen will? Dann wäre es auch gefährdet. Oder weil es ein Genie von allen rationalen, technischen, sittlichen Rationalitäten freisetzt, die es einschränken können, ihm somit eine Art totalitäre Macht eröffnet?

Jedenfalls bleibt für Nietzsche das Subjekt dem Menschen selbst unbekannt. Auch das Subjekt ist nichts anderes als ein Konstrukt, das man sich einbildet, das man in Wirklichkeit nicht kennt. Nietzsche hinterfragt damit die Selbstverständlichkeiten sowohl der Philosophie wie der Wissenschaften und ebnet just durch diese Schwächung des aufklärerischen Denkens dem politischen Genius den Weg. Vernunft und Moral lassen sich rational nicht begründen: ergo kann an ihre Stellt das Genie treten.

---

[1] G.W.F. Hegel, Vorlesungen über die Philosophie der Geschichte (1822-32), 48
[2] Michel Foucault, Die Ordnung der Dinge (1966), 396

Die Strafe beispielsweise, die seit der Aufklärung mit einem pädagogischen Sinn versehen wurde, die die Straftat einerseits wiedergutmachen und die andererseits den Täter zur Einsicht bringen und damit bessern soll, begreift Nietzsche daher nur als eine Art der Disziplinierung, indem man beispielsweise die Arbeitskraft des Täters ausbeutet. Just diese Einsicht wird sich Foucault zum Maßstab nehmen, um die Disziplinierungsprozesse des 19. Jahrhunderts zu analysieren: „Im alten System wurde der Körper des Verurteilten zur Sache des Königs, welcher der Souverän sein Brandmal eindrückte und an welcher er seine Macht ausließ. Jetzt ist er eher ein gesellschaftliches Eigentum, Gegenstand einer kollektiven und nutzbringenden Aneignung. Darum haben die Reformer fast immer die öffentlichen Arbeiten als eine der besten möglichen Strafen vorgeschlagen, . . .“[1]

In der Schärfe, mit der Nietzsche seine Thesen formuliert, sind sie provokant. Aber es handelt sich letztlich doch nur um eine Radikalisierung der Subjektphilosophie. Absolut neu sind sie nicht, sondern nur gut neu erzählt. Freilich haben sie unter den postmodernen Philosophen und ihren Randgängern große Popularität geerntet. So spricht Jean-François Lyotard vom Ende der großen Erzählungen von der Vernunft, vom Subjekt, vom Handeln und verschärft damit die Kritik von Nietzsche: „Die große Erzählung hat ihre Glaubwürdigkeit verloren, welche Weise der Vereinheitlichung ihr auch immer zugeordnet wird: Spekulative Erzählung oder Erzählung der Emanzipation.“[2] Und Judith Butler schließt ihre provokante These, dass das biologische Geschlecht ein Konstrukt ist und dass es daher keine natürlich bedingte, sondern eben nur eine biologisch konstruierte Geschlechtsidentität gibt, ebenfalls an Nietzsche an, wenn sie 1990 schreibt: „Innerhalb des überlieferten Diskurses der Metaphysik der Substanz erweist sich also die Ge-

---

[1] Michel Foucault, Überwachen und Strafen (1975), 140

[2] Jean-François Lyotard, Das postmoderne Wissen (La condition postmoderne 1979), 112

schlechtsidentität als perfomativ, d.h. sie selbst konstituiert die Identität, die sie angeblich ist. In diesem Sinne ist die Geschlechtsidentität ein Tun wenn auch nicht das Tun eines Subjekts, von dem sich sagen ließe, dass es der Tat vorangeht. Die Forderung, die Kategorie der Geschlechtsidentität außerhalb der Metaphysik der Substanz neu zu überdenken, muss auch die Tragweite von Nietzsches These in Betracht ziehen, dass es kein Seiendes hinter dem Tun gibt, dass die ,Täter' also bloß eine Fiktion, die Tat dagegen alles ist. Entsprechend können wir in einem weitergehenden Schritt, den Nietzsche übrigens weder vorhergesehen hat noch geduldet hätte, sagen: Hinter den Äußerungen der Geschlechtsidentität liegt keine geschlechtlich bestimmte Identität. Vielmehr wird diese Identität gerade performativ durch diese ,Äußerungen' konstituiert, die angeblich ihr Resultat sind."[1] Bei den rationalistischen Philosophen stoßen Nietzsches Ideen dagegen auf harsche Ablehnung.

Anstatt sich von seiner Vernunft leiten zu lassen, bleibt der Mensch dabei im Gefängnis seiner Sinne. Nur das kann er wahrnehmen und es nach den Mustern seines Verständnisses verarbeiten, was ihm seine Sinne liefern. „Wir sind in unserem Netze, wir Spinnen, und was wir auch darin fangen, wir können gar Nichts fangen, als was sich eben in *unserem* Netze fangen lässt."[2] Nietzsche will damit den Subjektivismus der Aufklärung überwinden, heißt für ihn Subjekt letztlich moralisches Subjekt, das er auf ein rein empfindendes reduziert, eben kein vernünftiges oder moralisches. Doch er radikalisiert den Subjektivismus nur.

Auch *Die fröhliche Wissenschaft* hinterfragt das epistemologische Grundmuster der Kausalität. Eigentlich ist er Kant gar nicht so fern. Aber während für Kant die Kausalität zwar a priori ist, also sich der Denkstruktur verdankt und nicht wie bei David Hume aus der Erfahrung gewonnen wird, aber doch eine

---

[1] Judith Butler, Das Unbehagen der Geschlechter (1990), 49
[2] Nietzsche, Morgenröte (1880/81), KSA Bd. 3, 110

Aussagekraft besitzt, sind für Nietzsche auch die apriorischen Begriffe der Geometrie reine Erfindungen, die gerade keine Erklärungen leisten, die vielmehr nur helfen, etwas zu beschreiben. „Wie könnten wir auch erklären! Wir operieren mit lauter Dingen, die es nicht gibt, mit Linien, Flächen, Körpern, Atomen, teilbaren Zeiten, teilbaren Räumen –, wie soll Erklärung auch nur möglich sein, wenn wir Alles erst zum *Bilde* machen, zu unserem Bilde!"[1] In der Natur, überhaupt da draußen, gibt es keine geraden Linien, Punkte oder Flächen. Nietzsche insistiert darauf, dass die Modernen nur besser beschreiben können, nicht aber besser erklären. Dann braucht der Genius keine Angst vor Mathematikern zu haben.

Nietzsche greift damit die Grundidee Galileis an, dass man mit der Mathematik die Welt erfasst, wie sie wirklich ist, dass man mit der Geometrie in der Natur alles genau messen kann. Indes bereits der Subjektivismus von Descartes und Kant stellt zumindest indirekt dergleichen in Frage. Aber für Kant ist die dadurch erfasste Realität objektiv, was letztlich subjektiv heißt, durch die subjektiven Denkstrukturen bedingt. Auch damit setzt Nietzsche den Subjektivismus der Aufklärung fort, indem er ihn verschärft. Dadurch wird er zum Wegbereiter des radikalen Konstruktivismus in der zweiten Hälfte des 20. Jahrhunderts, der davon ausgeht, dass alle Lebewesen Selbststeuerungsmechanismen sind und nur gemäß ihrer inneren Strukturen auf ihre Umwelt reagieren.

Nietzsche lehnt solche metaphysischen Erklärungen ab, die umso weniger Erklärungen sein können. Ergo hält er sie für strukturell oberflächlich und gerade nicht für tiefschürfend. Am Grunde des Bewusstseins sind weder die Vernunft noch die Moral, schon gar keine religiösen Erlebnisse oder gar jenseitige Eingebungen, sondern ein ständiges Interpretieren von Körperfunktionen, Regungen des Gemüts und nur ganz entfernt und nur durch diese Interpretationen hindurch eine Bearbeitung von Umweltdaten. So haben denn auch die Erlebnisse des Men-

---

[1] Nietzsche, Die fröhliche Wissenschaft (1881-82), KSA Bd. 3, 472

schen weniger einen essentiellen Gehalt, der von der Umwelt bestimmt würde, als dass sie Interpretationen, letztlich Konstruktionen sind. Man interpretiert wahrgenommene Geschehnisse als Erlebnisse. „Was sind denn unsere Erlebnisse? Viel *mehr* Das, was wir hineinlegen, als Das, was darin liegt! Oder muss es gar heißen: an sich liegt Nichts darin? Erleben ist ein Erdichten?"[1]

Wie er es schon in der *Morgenröte* andeutet, geschieht das im Wachen wie im Träumen gleichermaßen. Daher gibt es für Nietzsche zwischen beiden keinen qualitativen Unterschied. So beschreibt ein zentraler Gedanke in *Die fröhliche Wissenschaft* das Leben als Traum, um den man freilich weiß, und den man trotzdem weiter träumen muss: eben Weiterträumen im Bewusstsein zu träumen, wie es Gianni Vattimo interpretiert, nämlich als „einer wirklichen Erfahrung von Individualität als Vielfalt".[2] Es gibt keinen Ausweg aus dem Traum in eine Nichttraumwelt. Eine solche vermeintliche Realität ist selbst ein Traum, eben einer, um den man weiß. Das ist deshalb der Fall, weil auch gerade weder Kausalität noch Geometrie die Welt liefern, wie sie jenseits des Traumes ist, sondern selbst eine Traumwelt schaffen.

So hat das der Begründer der subjektiven Philosophie René Descartes natürlich nicht gemeint, als er „erwog (. . .), dass uns genau die gleichen Vorstellungen, die wir im Wachen haben, auch im Schlafe kommen können, ohne dass in diesem Falle eine davon wahr wäre, und <ich> entschloss mich daher zu der Fiktion, dass nichts, was mir jemals in den Kopf gekommen, wahrer wäre als die Trugbilder meiner Träume."[3] Alle Erfahrung könnte nur ein Traum sein, was das Wissen skeptisch in Frage stellt. Nach Paul Ricœur schließt Nietzsche daran an: „Dadurch, dass er die Kritik auf die sogenannte ‚innere Erfah-

---

[1] Nietzsche, Morgenröte (1880/81), KSA Bd. 3, München, Berlin, New York 1999, 114

[2] Gianni Vattimo, Jenseits vom Subjekt (1980), 63

[3] René Descartes, Discours de la Méthode (1637), 53

rung' ausweitet, zerstört Nietzsche von Grund auf die Ausnahmestellung des Cogito gegenüber dem Zweifel, eine Ausnahmestellung, die Descartes gegen die Unterscheidung zwischen Traumwelt und Welt des Wachbewusstseins ins Feld führte."[1] Auch bei dieser hübschen Erzählung Nietzsches gibt es also einen Vorläufer.

Die fröhliche Wissenschaft beherbergt eine Reihe von Gedichten, darunter auch Nietzsches schönstes, nämlich „Sils-Maria": „Hier saß ich, wartend, wartend, – doch auf Nichts, / Jenseits von Gut und Böse, bald des Lichts / Genießend, bald des Schattens, ganz nur Spiel, / Ganz See, ganz Mittag, ganz Zeit ohne Ziel. / Da, plötzlich, Freundin! wurde Eins zu Zwei – /– Und Zarathustra ging an mir vorbei . . ."[2] Weniger, dass er hier schon sein literarisches Hauptwerk ankündigt. Vielmehr ebnet er dem Gedanken damit den Weg, der ihn am Ende wohl besonders berühmt machte, sowohl bei den Bezweiflern als auch bei den Verteidigern jeglicher Gottesidee. Nicht nur dass er versunken und auf nichts wartend den Augenblick genießt, spielerisch das fahle Treiben von überwältigender Helle und schmalem Dunkel auf sich einwirken lässt, wenn die Sonne am höchsten steht. Er betrachtet die Welt nicht rational, auch nicht moralisch, verfolgt keine Zwecke, ja hebt alle Rationalität auf. Es deutet sich dabei eine Art Wahn an, der auf den tollen Menschen verweist, mit dem Nietzsche in der *Fröhlichen Wissenschaft* den Tod Gottes verkündet, noch bevor er dergleichen ausführlicher in *Also sprach Zarathustra* formuliert: der Übergang in die Welt der höheren Menschen. Aber den Tod Gottes wird der ‚tolle' Nietzsche in seinen letzten Bemerkungen bei seinem wüsten Untergang wiederholen, wenn die Wunschproduktion in die Realität übergeht.

[1] Paul Ricœur, Das Selbst als ein Anderer (1990), 25
[2] Nietzsche, Die fröhliche Wissenschaft (1881-82), KSA Bd. 3, 649

4. DER ÜBERGANG DES LETZTEN MEN-
SCHEN ZUM ÜBERMENSCHEN

So viel Neues, wie Nietzsche selbst behauptet, gibt es inhaltlich bzw. philosophisch im *Zarathustra* nicht. Aber neu ist
freilich der wegweisende Gedanke des Übermenschen. Das
Konzept der ewigen Wiederkunft präsentiert er bereits in der
Fröhlichen Wissenschaft. Aber Nietzsche gelingt ein Gesamt-
kunstwerk, das sicher mehr Dichtung als Philosophie ist, das
aber trotzdem zwischenzeitlich auch als philosophisches Werk
weitgehende Anerkennung gefunden hat.

Nicht nur dass Nietzsche dabei ständig mit Gleichnissen
operiert. Vielmehr inszeniert er das Geschehen vom Anfang bis
zum Ende im Stile der biblischen Evangelien bzw. der Handlungen des Jesus von Nazareth. Zarathustra präsentiert sich
anfänglich als Menschenfischer. Er hält eine Rede nach der
anderen – eine Predigt? –, die dann aber nicht mehr alle situiert
bzw. inszeniert werden, als hätte Nietzsche die Lust daran
verloren oder erkannt, dass sich durch Inszenierung die philosophischen Aussagen ja nicht wirklich beschweren lassen.
Philosophisch kommt es eben nicht darauf an, wie man etwas
sagt, sondern was man sagt. Das darf holprig sein.

Bereits in der *Fröhlichen Wissenschaft* entwickelt er unter
dem Stichwort ‚Der tolle Mensch‘ den Gedanken vom Tode
Gottes, den er dann am Anfang des *Zarathustra* mit dem Konzept des Übermenschen verbindet. „Der tolle Mensch sprang
mitten unter sie und durchbohrte sie mit seinen Blicken. ‚Wohin ist Gott?‘ rief er, ‚ich will es euch sagen! *Wir haben ihn
getötet*, – ihr und ich! Wir Alle sind seine Mörder! Aber wie
haben wir dies gemacht? Wie vermochten wir das Meer auszu-

trinken? Wer gab uns den Schwamm, um den ganzen Horizont wegzuwischen? Was taten wir, als wir diese Erde von ihrer Sonne losketteten?‘“[1] Der Tod Gottes ist keine Aussage darüber, ob Gott existiert. Gott stirbt in dem Augenblick, wenn sich die Menschen von ihm abwenden, wenn sie sich primär an anderen Dingen orientieren, besonders materiellen.

Aus dem Tode Gottes schließt Nietzsche auf eine kosmische Einsamkeit der Menschen, die sich von jetzt an auf einem trudelnden Himmelskörper befinden, auf dem jegliche Horizonte und Orientierungen verschwimmen. Durch den Verlust an ethischen Orientierungen haben die Menschen Gott ermordet, was für Nietzsche eine gewaltige Tat darstellt, die seine Zeitgenossen noch längst nicht zu verantworten vermögen. Ein entsprechendes Selbstverständnis geht ihnen jedenfalls ab, das diese Sachlage ertragen ließe. Insofern verstehen sie gar nicht, was passiert ist. Nietzsche nennt sie daher die letzten Menschen. Im Zarathustra heißt es: „Seht! Ich zeige euch *den letzten Menschen*. ‚Was ist Liebe? Was ist Schöpfung? Was ist Sehnsucht? Was ist Stern?‘ – so fragt der letzte Mensch und blinzelt. Die Erde ist dann klein geworden, und auf ihr hüpft der letzte Mensch, der Alles klein macht. Sein Geschlecht ist unaustilgbar, wie der Erdfloh; der letzte Mensch lebt am längsten.“[2] Just sie haben Gott ermordet, nicht die Kritiker des Glaubens wie Nietzsche selbst, der implizit doch weniger Gott sucht, als dass er eine viel tiefere Frömmigkeit fordert, als diejenige die damals in den großen Kirchen üblich war und damit Sören Kierkegaard durchaus ähnlich, wenn dieser schreibt: „Die Christenheit hat das Christentum abgeschafft, ohne es selber richtig zu merken; folglich muss man, wenn man etwas ausrichten will, versuchen, das Christentum wieder in die Christenheit einzuführen.“[3]

---

[1] Nietzsche, Die fröhliche Wissenschaft (1881-82), KSA Bd. 3, 480
[2] Nietzsche, Also sprach Zarathustra (1882-84), KSA Bd. 4, 19
[3] Sören Kierkegaard, Einübung im Christentum (1850), 33

Das heißt jedenfalls nicht, dass die letzten Menschen bald von der Erdoberfläche verschwinden würden. Die Widersprüchlichkeit seines Denkens erkennt Nietzsche selbst bei einer der zentralen Konzeption auch des *Zarathustra*, nämlich wiederum der ewigen Wiederkunft. Zwangsläufig müssen dann auch jene wiederkehren, die er verachtet, nämlich die letzten Menschen. Das führt seine Hoffnung auf eine geniale politische Führerschaft ad absurdum, was er selbst aber offenbar nicht bemerkt. Trotz der Entstehung einer Zivilgesellschaft und diversen Emanzipationsbewegungen seit den 1960er Jahren herrschen in der westlichen Welt jedoch heute wieder die Untertanen, damit allemal diese letzten Menschen – über China schweigt unhöflich des Autors Höflichkeit.

Im Herbst 1883 und primär in Bezug auf den dritten Teil des *Zarathustras* äußert Nietzsche im *Nachlass* „Furcht vor den Folgen der Lehre: die besten Naturen gehen vielleicht daran zu Grunde? Die schlechtesten nehmen sie an?"[1] Womöglich sind sogar die letzten Menschen problemlos dazu in der Lage, diese Lehre zu übernehmen. So ist es denn wirklich nicht gekommen: Die ewige Wiederkunft des Gleichen wurde nicht die große Attraktion, die Nietzsche populär gemacht hätte, wiewohl sie sicher wiederkehrende Verwunderung produziert. Aber die letzten Menschen denken einfach nicht genug, trifft auf sie zu, was Arendt über Eichmann schrieb: „Eichmann war nicht Jago und nicht Macbeth, und nichts hätte ihm ferner gelegen, als mit Richard III. zu beschließen, ‚ein Bösewicht zu werden'. (. . .) Er hat sich nur, um in der Alltagssprache zu bleiben, *niemals vorgestellt, was er eigentlich anstellte.* (. . .) Es war gewissermaßen schiere Gedankenlosigkeit – etwas, was mit Dummheit keineswegs identisch ist –, die ihn dafür prädisponierte, zu einem der größten Verbrecher jener Zeit zu werden."[2]

---

[1] Nietzsche, Nachlass, KSA Bd. 10, 521

[2] Hannah Arendt, Eichmann in Jerusalem – Ein Bericht von der Banalität des Bösen (1963), 56

Die Zeitgenossinnen seit der Aufklärung haben die Jenseitsorientierung zwar vielerorts aufgelassen, sind aber banale Materialistinnen geworden, denen es um ihre eigenen diesseitigen Vorteile geht, die die religiösen Werte nicht mehr achten, aber keine neuen entwickeln, wie es Nietzsche für geboten hält. Damit haben sie nicht nur die Metaphysik, sondern auch die Ethik aufgegeben, waren diese ethischen Werte ja jene christlichen Werte, die sich auf ein Jenseits bezogen.

Aber wo ist das Problem? Warum sollen die Zeitgenossinnen keine Materialistinnen sein? Auch im *Zarathustra* spürt man, dass Nietzsche diesen Prozess als Verlust begreift. Alle Hasstiraden, die Nietzsche gegen das Christentum abfeuert, legen ja den Schluss nahe, dass man diesen christlichen Werten nicht nachtrauern muss. Hier bleibt Nietzsche gespalten. Warum bettet er im *Zarathustra* seinen Appell für neue ethische Werte denn in ein religiös erscheinendes Szenario ein? Zumindest bedient er damit die romantisierenden Neigungen vieler Zeitgenossen. Das hat ihm langfristig eine große Popularität just unter denen beschert, die die Moderne als Verlust an romantischen Gefühlen begreifen. Ironischerweise zählt er dadurch selbst zu jenen Menschen, die er vehement verachtet, jenen letzten Menschen mit Verlustängsten und dem Gefühl der Einsamkeit. Nur sein Wahn wird ihm bei seinem wüsten Abgang darüber hinweg helfen, wenn bei seinen letzten Texten die Wunschproduktion dominiert.

Wenn sich die letzten Menschen in die Knechtschaft fügen und es vermeiden, selbst etwas zu wollen, dann könnte man in diesen Kontext den unter Nazis populären und von Nietzsche gleichfalls bejubelten Spruch einordnen: „Gelobt sei, was hart macht." Aber es handelt sich zugleich um eine Form des Selbsthasses, nämlich des kranken Nietzsche: manque d'être. Das haben die Nazis geflissentlich überlesen, sollten sie überhaupt gelesen haben. Ein intellektuelles Potential gibt es im rechten Lager nicht.

So sind die letzten Menschen stolz auf ihre Bildung, Nietzsche auf die seine gerade nicht. Und doch war er hochgebildet und hatte es zum Professor gebracht. Aber seine gebildeten Mitmenschen machen alles auf der Welt klein, machen die Welt selbst klein, gehen ihnen große Visionen ab, beschränken sie sich auf ihren kleinlichen Vorteil, sind sie genügsam und geizig, ängstlich und unterwürfig. Er reiht sich damit in die Kritiker des bürgerlichen Bildungssalons ein. Freilich kritisiert er diesen nicht im Sinne von Jürgen Habermas, der die freie Rede im Salon des 18. Jahrhunderts lobt: „ihrer Idee nach verlangt eine aus der Kraft des besseren Arguments geborene öffentliche Meinung jene moralisch prätentiöse Rationalität, die das Rechte und das Richtige in einem zu treffen sucht."[1] Für Habermas spielt das im Bildungssalon des 19. Jahrhunderts kaum noch eine Rolle spielt. Nietzsche kritisiert denselben Salon, allerdings aus anderen Motiven.

Denn Nietzsche will nicht den Bildungsgedanken des 18. Jahrhunderts wiederbeleben. Ironischerweise predigt er bildungsphilosophisch damit den Autodidakten – nein, so stellt er sich sein Genie nicht vor –, der sich mit der angebotenen Bildung nicht zufrieden gibt. Er selbst ist in philosophischer Hinsicht auch ein Autodidakt. Aber das ist schwerlich seine Intention. Er will stattdessen ein Genius sein. Nietzsche fordert ja eine neu organisierte allgemeine Bildung, anders als sie betrieben wird, die das Genie – ihn – fördert und nicht das Fachmenschentum der Altphilologen. Aber wie wäre die Geschichte verlaufen, wenn diese ihn als Star anerkannt hätten? Er wäre als Leutnant der Reserve, was man in Preußen sein musste, wenn man gesellschaftliche Anerkennung suchte, vielleicht ein philosophierender Altphilologe geworden, der sogar noch eine Frau gefunden hätte. Der *Zarathustra*, der sich in gewisser Hinsicht der Ablehnung durch von Salomé verdankt, wäre uns entgangen oder erspart geblieben.

Den Gedanken des Übermenschen formuliert Nietzsche genauer, philosophischer, weniger poetisch in der Vorrede des *Zarathustra*. Er stellt diesem den letzten Menschen gegenüber,

---

[1] Jürgen Habermas, Strukturwandel der Öffentlichkeit (1962), 73

seine Zeitgenossinnen. Dabei ist ihm klar, dass sich der Mensch nicht so schnell verändern wird. Aber er fordert dazu auf, mit einer solchen Veränderung wenigstens anzufangen, die den Weg zum Übermenschen ebnen soll. „*Ich lehre euch den Übermenschen.* Der Mensch ist Etwas, das überwunden werden soll. Was habt ihr getan, ihn zu überwinden? Alle Wesen bisher schufen Etwas über sich hinaus und ihr wollt die Ebbe dieser großen Flut sein und lieber noch zum Tiere zurückgehen, als den Menschen überwinden? Was ist der Affe für den Menschen? Ein Gelächter oder eine schmerzliche Scham. Und ebendas soll der Mensch für den Übermenschen sein: ein Gelächter oder eine schmerzliche Scham."[1] Aber immer mehr Zeitgenossinnen werdem Veganerinnen.

War der christliche Mensch an der jenseitigen Welt orientiert, erklärt Nietzsche dagegen den Übermenschen zum Sinn der Erde und fordert seine Zeitgenossinnen auf, sich auf den Weg zu diesem Sinn der Erde zu machen, sich also keinesfalls mehr um religiösen oder metaphysischen Trost zu bemühen, der ja auch gar keiner mehr sein kann. Der neue Sinn heißt Übermensch, dem seine Freunde den Weg bereiten sollen, um den Menschen zu überwinden. „Der Übermensch ist der Sinn der Erde. Euer Wille sage: der Übermensch sei der Sinn der Erde! / Ich beschwöre euch, meine Brüder, bleibt der Erde treu und glaubt denen nicht, welche euch von überirdischen Hoffnungen reden! Giftmischer sind es, ob sie es wissen oder nicht. / Verächter des Lebens sind es, Absterbende und selber Vergiftete, deren die Erde müde ist: so mögen sie dahinfahren! / Einst war der Frevel an Gott der größte Frevel, aber Gott starb, und damit starben auch diese Frevelhaften. An der Erde zu freveln ist jetzt das Furchtbarste und die Eingeweide des Unerforschlichen höher zu achten, als den Sinn der Erde!"[2] Der Weg in das ökologische Denken, wiewohl sich Nietzsche das so bestimmt nicht gedacht hat.

---

[1] Nietzsche, Also sprach Zarathustra (1882-84), KSA Bd. 4, 14
[2] Ebd. 13

Man soll dabei nicht nach Wegen fragen, eine Frage, die das Christentum schnell beantworten würde mit: Jesus ist der Weg, die Liebe und das Leben. Man soll vielmehr seinen eigenen Weg entwickeln, denn es gibt nicht den einen richtigen Weg, wie man es ja religiös propagiert. „Der Mensch ist ein Seil, geknüpft zwischen Thier und Übermensch, – ein Seil über einem Abgrunde. Ein gefährliches Hinüber, ein gefährliches Auf-dem-Wege, ein gefährliches Zurückblicken, ein gefährliches Schaudern und Stehenbleiben. Was groß ist am Menschen, das ist, dass er eine Brücke und kein Zweck ist: was geliebt werden kann am Menschen, das ist, dass er ein *Übergang* und ein *Untergang* ist. Ich liebe Die, welche nicht zu leben wissen, es sei denn als Untergehende, denn es sind die Hinübergehenden."[1] Als Untergang löst der letzte Mensch sich selbst auf und bereitet dadurch den Übergang zum Übermenschen vor. Nur kann die Bemühung um den Übergang auch in den Untergang jener führen, die wie Nietzsche dem Übermenschen den Weg bereiten wollen. So werden bei Nietzsche Übergang und Untergang gerade politisch zusammenfallen und dabei auch nicht erst in den wüsten letzten Bemerkungen Unbewusstes entbergen.

Dabei gibt es keine Geländer für das Denken mehr. „Oh meine Brüder, ist *jetzt* nicht Alles im *Flusse*? Sind nicht alle Geländer und Stege in's Wasser gefallen? Wer *hielte* sich noch an ‚Gut' und ‚Böse'?"[2] Man kann sich auf solchen metaphysischen Komfort nicht mehr stützen. Also bleibt nur, seine eigenen Wege zu erfinden und mit Hannah Arendt im Anschluss an Nietzsche muss man „ohne Geländer denken"[3]

Damit befindet man sich *Jenseits von Gut und Böse*, jenseits der aufgelassenen traditionellen, Werte. Die Freiheit, die sich daraus ergibt, reicht indes Nietzsche keineswegs. Es

---

[1] Ebd.16

[2] Ebd. 252

[3] Hannah Arendt, Diskussion auf einer Tagung in Toronto im November 1972, 113

kommt vielmehr darauf, was man jetzt aus dieser Freiheit macht, welche Gedanken man entwickelt, zu welchen Leitgedanken man gelangt. Nietzsche verkündet also keine leere Freiheit, sondern Freiheit als Voraussetzung, um sich selber zu gestalten bzw. sein eigenes Denken zu entwickeln – Sartre wird die Freiheit in einem ähnlichen Sinn verstehen: Man ist nicht frei, um einfach frei zu sein, sondern um sich engagieren: „Der Mensch ist ständig außerhalb seiner selbst; indem er sich entwirft und verliert außerhalb seiner selbst, bringt er den Menschen zur Existenz (. . .)."[1]

Nach Nietzsche soll man sich folglich um wirklich Neues bemühen, das sich aus dem Leben selbst wie der Natur heraus ergibt: „Wo ist Unschuld? Wo der Wille zur Zeugung ist. Und wer über sich hinaus schaffen will, der hat mir den reinsten Willen."[2] Denn wenn es sich um wirklich Neues handeln soll, kann man natürlich nicht bloße Fort- oder Umschreibung des Vergangenen betreiben. Man kann das Neue gerade nicht ableiten, aus der Vergangenheit heraus entwickeln. Nur wenn das Alte, das Vergangene untergeht, wenn man nicht mehr aus diesem heraus denkt, dann verändern sich ethische Werte, entsteht im Übergang etwas ethisch Neues. Das kommentiert Otfried Höffe: „Für Nietzsche darf man allerdings nicht dessen Ziel der Umwertung vergessen. Während andere nur eine destruktive Moralkritik üben, ist sie bei Nietzsche letztlich konstruktiv. Denn wie der Begriff der Umwertung anzeigt, bereitet die entlarvende Genealogie den Weg für eine bessere Fundierung der Moral. An die Stelle der Moral jenseitiger Werte tritt nicht jener Nihilismus, der alle Verbindlichkeiten leugnet, sondern eine Selbstbejahung und zugleich Steigerung des Lebens, ein ‚Instinkt der Freiheit', den Nietzsche auch den Willen zur Macht nennt."[3]

---

[1] Jean-Paul Sartre, Der Existentialismus ist ein Humanismus (1945), 141

[2] Nietzsche, Also sprach Zarathustra (1882-84), KSA Bd. 4, 157

[3] Otfried Höffe, Lebenskunst oder Moral, 2007, 43

Dabei soll man nach Nietzsche durchaus zum Raubtier werden. Andererseits bemerkt Mazzino Montinari: „Der Übermensch ist (. . .) kein ästhetisierender Athlet, der vor Gesundheit strotzt oder gar, was das schlimmste wäre, der Prototyp einer ‚Herrenrasse‘,"[1] In der Tat wird in Zarathustras erster Rede über „die drei Verwandlungen" der Übermensch mit dem Kind verglichen, avanciert der Übermensch zum ziellosen Spieler, der weltverloren zur Erde Ja sagt: „Unschuld ist das Kind und Vergessen, ein Neubeginnen, ein Spiel, ein aus sich rollendes Rad, eine erste Bewegung, ein heiliges Ja-sagen. Ja, zum Spiele des Schaffens, meine Brüder, bedarf es eines heiligen Ja-sagens: *seinen* Willen will nun der Geist, *seine* Welt gewinnt sich der Weltverlorene."[2] Herrenmenschentum sieht zunächst anders aus. Hans Blumenberg sieht denn auch eine andere Perspektive: „Für Nietzsche ist vielmehr die Zerstörung des beruhigten Weltvertrauens die Voraussetzung für die schöpferische Steigerung und Selbstentfaltung des Menschen."[3] Vom Untergang in den Übergang! Nur dass sich der Übergang selbst in den Untergang verwandeln kann.

Doch es lässt sich auch eine gegenläufige Tendenz eruieren: In der Tat verknüpft Nietzsche Schaffen und Wollen. Dann ist auch das Kind keineswegs frei vom Willen zur Macht. Im Gegenteil es braucht diesen Willen, der beim Kind noch einen spielerischen Charakter zu haben scheint, was aber eine ziemlich naive Interpretation des Kindes darstellt, das nun mal noch nicht moralisch gezügelt den eigenen Machtwillen einfach brutal auslebt. Doch das wäre für Nietzsche gar keine abwegige Vorstellung. Wenn bei Rousseau das Kind der Natur noch nahe ist, kann dieser bemerken: „Wie man die Vernunft eines jeden Menschen nicht zum einzigen Schiedsrichter seiner Pflichten macht, so darf man um so weniger die Erziehung ihrer Kinder

---

[1] Mazzino Montinari, Friedrich Nietzsche (1975), 92

[2] Nietzsche, Also sprach Zarathustra (1882-84), KSA Bd. 4, 31

[3] Hans Blumenberg, Geistesgeschichte der Technik (zwischen 1956-1966), 35

den Einsichten und Vorurteilen der Väter überlassen, da sie für den Staat noch wichtiger ist als für die Väter."[1] Ähnlich lebt für Nietzsche das Kind den Willen zur Macht naturnah und nicht gesellschaftlich verbildet aus, woran sich das politische Genie durchaus orientieren könnte. Das ist die einzige Stelle, an der Nietzsche etwas über die Struktur des Genius äußert, über die er ansonsten schweigen muss, würde sie dann nämlich bereits rational erfasst. Denn wie schreibt Hegel: „Was vernünftig ist, das ist wirklich; und was wirklich ist, das ist vernünftig."[2] Wirklich ist nur, was vernünftig bzw. begrifflich erfasst ist. Wenn das aber nach Lacan das Symbolische ist, dann ist der Wunsch nach dem Genius, nach dem Übermenschen gar das Reale, folglich das Unbewusste oder das Begehren: manque d'être, eben der Übergang zum Untergang, die Wegbereitung zum Übermenschen, die dem letzten Menschen den Garaus macht, aber die Übergängigen genauso mit dem Untergang bedroht, womöglich mit einem wüsten wie Nietzsche. Ergo: „Niemals Politik machen"[3], fordert Foucault.

Kreativität soll für Nietzsche nicht nur den Sinn der Erde schaffen. Daraus ergibt sich erst ein neuer ethischer Horizont, werden neue Tugenden erfunden, die die Vertreter der traditionellen Ethik hassen und als Verbrechen qualifizieren, eben wenn man sich weigert, sich in die Tradition einzufügen, wenn man eigene Gedanken hat. So insistiert Alasdair MacIntyre darauf: „Denn nach dieser Tradition bedeutet ein Mensch zu sein, eine Vielzahl Rollen einzunehmen, die alle ihr Ziel und ihren Zweck haben: Familienmitglied, Bürger, Soldat, Philosoph, Diener Gottes"[4] Der Übergang in den Untergang!

---

[1] Jean-Jacques Rousseau, Abhandlung über die Politische Ökonomie (1755), 35

[2] G.W.F. Hegel, Grundlinien der Philosophie des Rechts (1820), 24

[3] Michel Foucault, Geschichte der Gouvernementalität I (1977-1978),17

[4] Alasdair MacIntyre, Verlust der Tugend – Zur moralischen Krise der Gegenwart (1981), 85

5. ADLIGE AUSSTEIGERINNEN, TÄNZERIN-
NEN, *JULIETTE*, RASKOLNIKOW

Nietzsche weist diese aristotelisch thomistische Tradition zurück, in die MacIntyre eintaucht. *Also sprach Zarathustra*:
„Dort, wo der Staat aufhört, da beginnt erst der Mensch, der
nicht überflüssig ist: da beginnt das Lied des Notwendigen, die
einmalige und unersetzliche Weise. Dort wo der Staat *aufhört*,
– so seht mir doch hin, meine Brüder! Seht ihr ihn nicht, den
Regenbogen und die Brücken des Übermenschen?"[1] Der
Übermensch fügt sich nicht in die traditionell vorgegebenen
Rollen, wie es MacIntyre fordert. Übermensch ist kein funktio-
naler Begriff, wie MacIntyre den Menschen bestimmt. Das
könnte Nietzsche und allen Zeitgenossinnen, die sich der traditionellen Rollen verweigern, zum Verhängnis werden, wenn
ein solcher Übergang in den Untergang führt. Historische Beispiele gibt es dazu gerade heute zuhauf.

Den monarchisch bürokratischen Staat lehnt Nietzsche ab.
Aber die Brücken des Übermenschen beschreiten nicht die
Demokraten, sondern allein die Genien, die höheren Menschen.
So kennzeichnen den Menschen, der die Brücken zum Übermenschen beschreitet, Erfindungsgeist und Erkenntnis. Seine
höchsten Tugenden sollen Schenken und Freundschaft sein, zu
der die wenigsten aber fähig sind, Frauen schon gar nicht. Allerdings weist Jacques Derrida darauf hin, dass Nietzsche die
Frauen zur Freundschaft „noch" nicht in der Lage sieht, was
sich folglich auch ändern könnte. Und für die Männer gilt das
Gleiche. „Der Sklave und der Tyrann haben weder Freund

---

[1] Nietzsche, Also sprach Zarathustra (1882-84), KSA Bd. 4, 63

noch Feind. Sie sind dafür nicht frei und nicht ‚gleich' genug. Diese politische Schlussfolgerung führt Zarathustra zur Frau. Sie ist Sklave und Tyrann zugleich, und darum ist sie der Freundschaft (noch) nicht fähig, kennt sie nur die Liebe."[1] Aber wenn der Weg zur Freundschaft zu lang ist, dann nützt das ‚noch' wenig. Außerdem darf man Derrida entgegenhalten, dass sich Nietzsche an so vielen Stellen über Frauen negativ äußert, so dass sich bezweifeln lässt, ob Nietzsche das von Derrida hochgelobte ‚noch' nicht eher aus Versehen – das Hapern des Unbewussten – in seinen Text hineinschrieb. Oder hoffte er dabei unbewusst auf die Wiederkunft der von Salomé? Fällt er gleich doppelt auf sie herein? Die ihn lockte und dann abwies? Typisch Weib eben! Hofft er trotzdem auf die ewige Wiederkehr des Weiblichen in der Inkarnation der von Salomé, was sich im ‚noch' fixiert?

Oder kapituliert er vor der Frau, wenn er in *Jenseits von Gut und Böse* schreibt: „Vorausgesetzt, dass die Wahrheit ein Weib ist –, wie? ist der Verdacht nicht gegründet, dass alle Philosophen, sofern sie Dogmatiker waren, sich schlecht auf Weiber verstanden? dass der schauerliche Ernst, die linkische Zudringlichkeit, mit der sie bisher auf die Wahrheit zuzugehen pflegten, ungeschickte und unschickliche Mittel waren, um gerade ein Frauenzimmer für sich einzunehmen? Gewiss ist, dass sie sich nicht hat einnehmen lassen."[2] Ist Nietzsche nicht selbst Dogmatiker, d.h. Metaphysiker? Auf Frauen verstand er sich schlecht, hatte jedenfalls kein Glück in der Liebe. Wenn man metonymisch jedoch die Metapher auf den zu metaphorisierenden Gegenstand rückbezieht, dann muss man Nietzsche zu den Dogmatikern zählen, weil er just bei Weibern auch keinen Erfolg hatte. Denn dann ließe sich mit zwei Syllogismen folgendermaßen schließen: Wenn sich kein Dogmatiker auf die Wahrheit versteht, alle Wahrheit aber ein Weib ist, dann versteht sich der Dogmatiker auch nicht auf Weiber.

---

[1] Jacques Derrida, Politik der Freundschaft (1994), 377
[2] Nietzsche, Jenseits von Gut und Böse (1884-85), KSA Bd. 5, 11

Wenn also alle Wahrheit ein Weib ist, Nietzsche sich aber nicht auf Weiber versteht, dann versteht er sich auch nicht auf die Wahrheit. Wenn man also probeweise – was logisch unzulässig ist – von der Metapher ‚Weib‘ auf den metaphorisierten Gegenstand ‚Wahrheit‘ rückschließt, dann ergibt sich just das Bild, dass Nietzsche es mit der Wahrheit auch nicht verstand. Er erklärte sie ja auch zu einer Illusion. So hadert er mit der Wahrheit. Aber vielleicht ist das ja die richtige Haltung. Wie bemerkt Bataille: „Nietzsches Grundsatz: ‚Und falsch heiße uns jede Wahrheit, bei der es nicht Ein Gelächter gab!‘ ist mit dem Lachen zugleich dem *ekstatischen Erkenntnisverlust* verpflichtet.“[1] Oder bedeutet das nicht mehr, als gedankenlos durch die Welt rasen: *Easy Rider* (USA 1969)! Oder hat der Rausch mit Denken zu tun, bei dem man nach Arendt von der Welt absehen soll? ‚Am Morgen einen Joint . . .‘

Allerdings gestehen die wenigsten solche Unfähigkeiten ein, sich selbst am seltensten. Schuld sind doch zumeist die anderen. Zarathustras – also Nietzsches – Äußerungen legen eine solche Unfähigkeit der Selbstreflexion nahe. Stellenweise hatte er sicherlich richtige Einsichten in philosophische Zusammenhänge der Wahrheit, aber insgesamt bemühte er sich doch unzulänglich, d.h. nicht reflektiert genug um die Wahrheit. Nicht nur philosophische Bemerkungen enthüllen manchmal jene Intention ihres Autors, die er gerade verbergen möchte. Das muss allerdings nicht so weit gehen, dass man nun Nietzsche zu den Dogmatikern zählt. Vielleicht verstand er sich ja gut mit den Weibern, hat er mindestens zweimal stundenlang mit einer Frau unter vier Augen gesprochen. Wäre im 19. Jahrhundert viel mehr möglich gewesen? Er hatte Pech mit der Ehe, bei der es sowieso nicht um Liebe geht.

Seine Zeitgenossinnen kritisiert Nietzsche im *Zarathustra*, dass sie nur bescheiden und klein denken würden. Dabei werden die Tugenden beschworen, seien es jene der Erbauung oder

---

[1] Georges Bataille, Die Freundschaft und Das Halleluja (Atheologische Summe II) (1961), 90

solche der Demut. Alle behaupten sich auszukennen, was gut und was böse ist. Das ist Nietzsche indes zu wenig. Dann soll man sogar lieber böse sein – denn man ist ja nur böse für die traditionellen Werte, die man hinter sich lassen will. Solcherart Bosheit hat sich denn auch seither unter Intellektuellen und Künstlern fleißig verbreitet. So verkörpern die *Rolling Stones* in den sechziger und siebziger Jahren die Bad Boys der Rockszene, wird von fundamentalistischen Christen die Rockmusik insgesamt als teuflisch taxiert, weil sie sexuelle Instinkte befeuert, was ja richtig ist. Später sollen die *Stones* indes sogar Kontakt zu Mitgliedern der *Royal Family* gehabt haben: „The Times They Are a-Changin." Aber der Adel hat sich früher nie an die christliche Ehe-Moral gehalten.

Daraus folgt ein Relativismus. Die Werte können nicht absolut oder überzeitlich gelten. Ein Absolutismus der neuen, noch zu erfindenden Werte ist damit ausgeschlossen, wiewohl Nietzsche manchmal anders klingt, nämlich so, als würden seine Wegbereiter des Übermenschen ihrerseits absolute Werte schaffen: z.B. das Leben und die Erde. Dieser Eindruck entsteht nicht zuletzt durch die religiöse Inszenierung im *Zarathustra*. Und wenn der geniale Führer Werte setzt, dann gelten sie Kraft seines Charisma für die Untertanen als absolut: Schmitts Unfehlbarkeit der Souveränität im Ausnahmezustand wie die Corona-Maßnahmen.

Man könnte Nietzsches Inszenierung im *Zarathustra* als Ironisierung des Christentums und der Bibel verstehen. Aber leider propagiert er mit viel zu viel Pathos und großem Ernst seine Idee der Erfindung ethischer Werte, die er ja auch fleißig schon selber betreibt. Die Ironisierung würde darauf negativ rückwirken. Also sieht es eher so aus, als verleiht Nietzsche dem Übermenschen eine religiöse Weihe. Sein Verkünder ist ja auch Zarathustra, womit er sich auf Zoroaster, einen iranischen Religionsstifter beruft. Schließlich gipfelt das Szenario im vierten Teil des *Zarathustra* gar in einer Art Abendmahl, das an das letzte Abendmahl Christi erinnert und nicht unbedingt an das realistische von Leonardo da Vinci. Dadurch verlieren seine neuen Werte zunehmend ihren relativen Charakter. Folglich sind Zweifel berechtigt, dass er sich dabei gerade im *Zarathustra* der Form nach um die Säkularisierung der religiösen Werte bemüht, weil der *Zarathustra* in einem religiösen Muster verharrt. Nietzsche hegt auch gewisse Sympathien mit dem Buddhismus, einer Religion, die keinen Gott kennt. „Der Buddhismus ist hundert Mal realistischer als das Christentum, er hat die Erbschaft des objektiven und kühlen Probleme-Stellens im Leibe, er kommt nach einer Hunderte von Jahren dauernden philosophischen Bewegung, der Begriff ‚Gott' ist bereits abgetan, als er kommt."[1]

Man könnte beinahe meinen, dass Nietzsche mit der Forderung, neue Werte zu schöpfen, die sozialen Bewegungen in der zweiten Hälfte des 20. Jahrhunderts inspiriert. Doch das ist nicht direkt der Fall, nur indirekt, findet Nietzsche in den sozialen Bewegungen wenig Beachtung, obwohl er das, was dabei passiert, bereits entworfen hat. Warum das so ist, dafür gibt es viele Gründe. Soziale Bewegungen wollen konkret etwas verändern, was mit ethischen Bewertungen zusammenhängt, die durch die geforderten Veränderungen verschoben werden. Sie deklarieren nicht, dass sie neue Werte erfinden wollen, zumeist berufen sie sich auf vorhandene.

Die Forderung Nietzsches, neue Werte zu erfinden, hebt sich indes selbst auf. Denn sie sagt nicht, um welche Werte es konkret geht. Es ist gar keine Aufforderung, sondern sie beschreibt höchstens, was passiert, wenn soziale Bewegungen gewisse Erfolge haben. Zwar liefert Nietzsche viele Beispiele für konkrete Verschiebungen von ethischen Werten. Aber er konnte natürlich nicht ahnen, welche Forderungen 100 Jahre später in einer Situation erhoben werden, die er strukturell zwar umreißt, aber nicht inhaltlich. Insofern bleibt auch die Popularität des Übermenschen blass. Nicht mal für die Nazis war das der richtige Begriff. Die Verfechter der Evolutionstheorie möchten nicht unbedingt ein Szenario entwerfen, bei dem es

---

[1] Nietzsche, Der Antichrist (1888), KSA Bd. 6, 20

entwickeltere und weniger entwickeltere Menschen gibt, was die Propagandisten des Kolonialismus wie des Rassismus unverhohlen behaupten, möglichst ohne an Evolution zu denken.

Neue Werte zu erfinden, ist dagegen für Nietzsche ein kreativer Akt derjenigen, die dem Übermenschen den Weg ebnen wollen, was nicht nur schwierig ist, wenn nicht gar logisch unmöglich. Um diese Schwierigkeiten zu überwinden, unterbreitet Nietzsche diverse Vorschläge: Beispielsweise soll man von der Glückssuche absehen, der bis heute die meisten Menschen aufsitzen. Denn die Glückssuche endet normalerweise in der Ehe mit Kindern. Statt die eigenen Träume zu verfolgen, muss man sich um die Kinder kümmern: Wie gerne hätte das Nietzsche selbst gehabt, von Salomé indes nicht. Ist der folgende Satz doch eine Ausrede? „Was liegt am Glücke! (. . .) ich trachte lange nicht mehr nach Glücke, ich trachte nach meinem Werke."[1] Dieses Werk findet aber nicht die Beachtung, die er erwartet. In seinen letzten Texten seines wüsten Untergangs träumt er sich einen wahnsinnigen Erfolg herbei. Das Werk verkörpert seinen Willen zur Macht, sein Begehren, hapert in ihm ständig das Unbewusste.

Allemal sollten sich der Übermensch oder seine Wegbereiter keinen fremden Ideen opfern, nur denjenigen Nietzsches. Außerdem propagiert er die Selbstsucht als Tugend – Selbstverwirklichung ohne Kinder –, was gar nicht zur Naziideologie noch zu den sonstigen umfassenden Lehren passt, die alle die Opferbereitschaft und den Dienst am Nächsten fordern oder wenigstens empfehlen und die der Mutterliebe huldigen. Nietzsche verbindet die Selbstsucht mit der Selbstlust und zwar wiederum in einem körperlichen Sinn, der aber nicht im Krieger, sondern im Tänzer seinen Prototypen hat. Dieser befiehlt auch nicht, sondern überredet durch seinen Körper. „Und damals geschah es auch, – und wahrlich, es geschah zum ersten Male! – dass sein Wort die *Selbstsucht* selig pries, die heile, gesunde Selbstsucht, die aus mächtiger Seele quillt: – / aus

---

[1] Nietzsche, Also sprach Zarathustra (1882-84), KSA Bd. 4, 295

mächtiger Seele, zu welcher der hohe Leib gehört, der schöne, sieghafte, erquickliche, um den herum jedwedes Ding Spiegel wird: / der geschmeidige überredende Leib, der Tänzer, dessen Gleichnis und Auszug die selbst-lustige Seele ist. Solcher Leiber und Seelen Selbst-Lust heißt sich selber: ,Tugend'."[1] Die Ambivalenz bleibt bestehen. Zum Tänzer war Nietzsche nicht geeignet, wiewohl berichtet wird, dass er während seines wüsten Untergangs nackt getanzt habe – was in Turin das Zimmermädchen durchs Schlüsselloch beobachtete. Aber dass der schöne Körper wichtiger als die Seele wird, damit antizipiert er die Konsumgesellschaft seit 1950, die freilich kein politisches Verständnis zum Freund hat.

Jedenfalls propagiert Nietzsche damit, dass sich die Zeiten im Wandel befinden, den allerdings nur wenige in dieser Form bemerkt hätten – erst viel später Bob Dylan. Nietzsche behauptet: „Nicht um die Erfinder von neuem Lärme: um die Erfinder von neuen Werten dreht sich die Welt; *unhörbar* dreht sie sich."[2] Freilich steigert sich dieser Lärm medial bis heute eminent. Und befindet sich die Welt heute trotzdem nicht längst im Wertewandel, den Nietzsche in dieser Form indes kaum geschätzt hätte; denn die Aristokratie spielt dabei keine Rolle mehr! Oder befindet sie sich längst im Rollback zu autoritären medizinischen Werten als neue Ethik? Ob das Nietzsche eher goutieren könnte?

Mit dem Übermenschen entwickelt Nietzsche eine ferne Vorform von evolutionärer Theorie, die sich gegen das religiöse Verständnis eines von Gott geschaffenen, immer gleichbleibenden Menschen richtet. Aber wenn der Mensch nicht gleich bleibt, dann kehrt er auch nicht wieder. Da der Übermensch erst entwickelt werden muss, impliziert das eine Veränderung, die man unter Berücksichtigung evolutionärer Ansätze als einen fortlaufenden Prozess verstehen kann. Nur Metaphysiker bilden sich einen Menschen ein, der in deren Himmel der Ideen

---

[1] Ebd.238
[2] Ebd. 169

113

und nirgendwo sonst gleich bleibt. So schreibt Voegelin: „Der Sinn des anthropologischen Prinzips muss daher qualifiziert werden durch die Einsicht, dass nicht eine willkürliche Idee vom Menschen als einem welt-immanenten Wesen zum Instrument gesellschaftlicher Kritik wird, sondern die Idee des Menschen, der seine wahre Natur entdeckt hat durch die Entdeckung seiner wahren Beziehung zu Gott."[1]

Doch der Übermensch birgt auch elitär aristokratische Züge. Tanzen ist nicht jedermanns Sache, eher noch jeder Frau. Frauen sind dem Übermenschen näher, wenn sie sich dem Gebärzwang entziehen und sich der Kindererziehung verweigern – der Adel und die Reichen überlassen dergleichen den Domestiken, können sich daher Kinder schlicht leisten. Und Nietzsche denkt bestimmt nicht daran, dass sich die von ihm so benannte ‚Masse Mensch' zu Übermenschen wandeln könnte, schon gar nicht die Frauen, denen er zwar Tanzlust bescheinigt, genauso wie Lachlust, was sie schon wieder abwertet. Lachen ist Nietzsches Stärke auch nicht, Jesus' auch nicht. Frauen sollen den Übermenschen gebären, mehr nicht. Sie verkörpern für ihn zwar ewiges Werden, aber gerade keine Höherentwicklung: Warum hat er der biederen Trampebach einen Heiratsantrag geschrieben? Und von Salomé lässt ihn einfach sitzen. Nein, die Frauen müssen zur Masse gehören, Typus letzte Menschen. Wie die meisten Männer sind auch viele Frauen einfach spießig, bieder und angepasst.

Andererseits aber zeichnen den Übermenschen künstlerische, individualistische und sogar Aussteiger-Neigungen aus, die niemanden von vornherein ausschließen, die den Aristokratismus vielmehr von innen aushöhlen, ihn quasi demokratisieren. Nietzsches Idee des Genies bleibt trotzdem haltlos. Es braucht – wie Nietzsche – die Anerkennung, die noch abhängiger von jenen macht, die der politische Genius einfach unterwerfen soll. Aber dann ist deren Anerkennung nichts mehr wert. Eine Aristokratie der Genies kann es daher nicht geben,

---

[1] Eric Voegelin, Die Neue Wissenschaft der Politik, (1951), 104

114

bleibt doch nur eine familiäre, die auf Verwandtschaft beruht, wie ihn Nietzsche auch erlebt und den er als solchen ablehnt, andererseits aber idealisiert zum Vorbild nimmt. In seiner späten Schrift *Ecce Homo* erhebt er Cesare Borgia zum Modell für den Übermenschen: Intelligent, gebildet, gutaussehend und machtbesessen; Sohn des Papstes Alexander VI. Die ethischen Pflichten gelten nur für die Untertanen, nicht für die Herrschenden, schon gar nicht für ein Genie. Freilich sollte man das auch richtig abschätzen und es sich nicht bloß einbilden wie Dostojewskis Raskolnikow und die Umwelt, die das anders sieht, für böse halten – im Grunde Nietzsches Haltung seit seinen Anfängen bis zu seinem wüsten Übergang, nur dass er niemanden umbrachte.

Zudem besteht im 19. Jahrhundert zwischen Aussteigertum und Aristokratismus nicht unbedingt ein Gegensatz, waren viele, die sich darum bemühten, vermögende Aristokraten, die aber ihre politische Funktion längst verloren hatten und die unter dem sich verbreitenden bürgerlichen Moralismus selber litten, war der Adel solchen Moralismus schließlich gar nicht gewöhnt. De Sade erlebt das selbst und entlarvt dessen Verbrechen.

Beispielsweise gehört dazu Nietzsches Freundin Malwida von Meysenbug, die mit ihrer Familie gebrochen hatte und sich für die Demokratie stark macht. Sie teilt mit Wagner das Engagement für die gescheiterte Revolution von 1848. Sie erlebt mit ihm die Aussichtslosigkeit aller politischen Hoffnungen durch die folgende brutale reaktionäre Politik, die beide empfänglich für die resignative Philosophie Schopenhauers macht, der selbst indes ein entschiedener Gegner der 1848er Revolution war und der seine republikanisch selbstbewusste Mutter verachtete, weil diese nach dem Tod des Vaters ein eigenes Leben führte und nicht nur die auf den Tod wartende Witwe spielte. Nietzsche konnte mit einer solchen Mutter nicht aufwarten. Eine späte Bekannte Nietzsches in Sils-Maria in den letzten Jahren, Meta von Salis-Marschlins, hatte ebenfalls mit ihrer Familie gebrochen. Doch von sie ist Aristokratin geblieben, die

Nietzsche gerade ob dessen aristokratischer Gedanken schätzte. Zu diesen Aristokraten gehörte in gewisser Hinsicht auch von Salomé, deren Vater vom russischen Zaren in den Adelsstand erhoben worden war. Oder z.B. die letzte Geliebte Max Webers, Else von Richthofen-Jaffé, die vier Kinder von vier verschiedenen Männern bekam und häufiger Gast auf der alternativen Künstlerkolonie Monte Verità in Ascona war, wo man neben nackter Gartenarbeit sich auch in freier Liebe übte. Alternative oder unkonventionelle Lebensformen entstammten adligem und bürgerlichem Aussteigertum, nicht der proletarischen Sozialbewegung, die sich vielmehr um Arbeiterbildung bemühte, nicht zuletzt um die ungehobelten Arbeiter politikfähig zu machen, die dann aber eine biedere moralistische Einstellung entwickeln. Pier Paolo Pasolini weiß um diese Tragik und lässt seinen wilden verbrecherischen Helden in seinem Bildungsroman *Vita violenta* aus dem Jahr 1959 rechtzeitig sterben, nachdem er ihm zunächst noch einige moralische Taten zutraut.

Nietzsche ist dabei allerdings klar, dass ihm auf diesem Weg nur wenige folgen werden, weil in seiner Zeit dazu nur wenige in der Lage sind. „Ich sage euch: man muss noch Chaos in sich haben, um einen tanzenden Stern gebären zu können. Ich sage euch: ihr habt noch Chaos in euch." [1] Ohne es zu wollen oder zu ahnen, vor allem aber wenn er seine Zeitgenossinnen auffordert – natürlich nicht die Frauen, die das wahrscheinlich besser konnten –, Chaos zu produzieren, Chaos in sich zu haben, wenn er sie zum Wahnsinn auffordert und dazu, lieber Narr zu sein, als sich einem Gott anheimzugeben, dann avanciert Nietzsche wider Willen wirklich zum Sprachrohr jener kleinen Gruppe von Außenseitern, Intellektuellen, Bohemiens, die sich im 19. Jahrhundert gegen den sozialen Disziplinierungsdruck der militarisierten Gesellschaft wehren. Wenn Nietzsche Mädchen mit Katzen vergleicht und von Töchtern der Wüste spricht, wenn er Huren für geschäftstüchtig, absto-

---

[1] Nietzsche, Also sprach Zarathustra (1882-84), KSA Bd. 4, 19

ßend und anziehend findet, dann wären das ja genau jene, die Chaos produzieren und offenbar Narreteien betreiben. Weil sie ihn aber abwiesen, können sie doch nicht zu seinen Jüngern zählen. Dann muss er selber einen chaotischen Untergang hinlegen.

Dagegen wird sich Otto Weininger auf ihn berufen als Verkünder einer neuen Welt, dabei antisemitische und frauenfeindliche Thesen vertreten, aber die Bisexualität fordern. Nietzsche, so schreibt er, „fühlt sich als erkorenen Sendboten von Sonne, Mond und Sternen und horcht nur, um deren Sprache so ganz zu verstehen, wie er es als seine Pflicht fühlt."[1] Doch er bringt sich 1903 – kurz nach Nietzsches Tod – mit 23 Jahren um, scheitert also genauso wie Nietzsche an dieser Welt. Max Schelers Schwester bringt sich mit 16 Jahren zusammen mit ihrem Verlobten um. Claire Goll, eine Verwandte Schelers wird in zwei Romanen mit den bezeichnenden Titeln *Ich verzeihe keinem* und *Der gestohlene Himmel* mit dem familiären Klima abrechnen. Vor einem solchen Hintergrund bleibt auch Carlos Michelstaedter nichts anderes als zu konstatieren: „Alle Fortschritte der Gesellschaft sind Rückschritte des Individuums."[2] Er begeht im Oktober 1910 ebenfalls mit 23 Jahren Selbstmord, etwas zu früh, um das noch zu erleben, was Virginia Woolf konstatiert: „Ungefähr im Dezember 1910 änderte sich die menschliche Natur."[3] Damit beginnt sich Nietzsches Programm im frühen 20. Jahrhundert umzusetzen, freilich nicht in seinem Sinne weniger erleuchteter Genien. Denn Taylor stellt fest: „erst in der Zeit nach dem Zweiten Weltkrieg beginnt diese Ethik der Authentizität die allgemeine Einstellung der Gesellschaft zu prägen. Es wird gang und gäbe, die ‚eigenen Angelegenheiten' selbst erledigen zu wollen"[4] Immerhin,

---

[1] Otto Weininger, Die Einsinnigkeit der Zeit; in: ders., Über die letzten Dinge (Aufsätze), Wien 1904, 81

[2] Carlo Michelstaedter: Überzeugung und Rhetorik (1913), 109

[3] Zit. in: Charles Taylor, Ein säkulares Zeitalter (2007), 792

[4] Ebd. 792

gegenüber der Ehe drückt Nietzsche seine Distanz aus. Wie heißt es im *Zarathustra*: „So sprach mir ein Weib: ‚wohl brach ich die Ehe, aber zuerst brach die Ehe – mich!'"[1]

So hätte er kaum Sprachrohr dieser aristokratischen Aussteiger aus einer Welt sein wollen, die er selbst gar nicht völlig ablehnt, ist er gerne Soldat und stolz darauf, es zum Reserveoffizier gebracht zu haben. Aber eine andere Peergroup blieb ihm wohl auch nicht, so dass man annehmen darf, dass er doch an diese zumeist aristokratischen Aussteiger dachte, wenn er anfängt nach Anhängern Ausschau zu halten. Trotzdem beruht das auf einem großen Missverständnis. Man muss ja Nietzsche auch nicht nur in seinem Sinne lesen – Danto ist dafür das Vorbild. Jedenfalls propagiert Nietzsche den Wertewandel, der im nächsten Jahrhundert ein verbreitetes Phänomen wird. Außerdem ist der Autor nicht Herr über die Interpretationen seines Werkes. Eine Interpretation gemäß den Intentionen seines Autors macht die Interpretation nicht authentischer, sondern fragwürdiger. Solider beschränkt man sich auf die vorliegenden Texte, genealogisch auf die begehrenden Subtexte und vor allem auf diejenigen aus dem Untergang.

So setzt der *Zarathustra* die Widersprüchlichkeiten im Denken Nietzsche ungebrochen fort: auf der einen Seite eine individualistische Tendenz fern des Staates und des Volks: „Staat, wo der langsame Selbstmord Aller – ‚das Leben' heißt."[2] Andererseits eine militaristische Neigung, soll die Erziehung aus dem Mann einen Krieger machen, der sich am ‚Weib' vergnügt, die darin auch ihren Lebenssinn attestiert bekommt, nämlich dem Mann Vergnügen zu bereiten. Ja, dann hätte Nietzsche auch gerne die Peitsche eingesetzt, als von Salomé nicht spurte. Schläge in der Ehe waren wahrscheinlich anerkannter als heute. Er lässt das perfider Weise von einem alten ‚Weiblein' sagen, die damit aus ihrer Erfahrung sprechen soll. Die adligen Vergewaltiger de Sades lassen sich von den

---

[1] Nietzsche, Also sprach Zarathustra (1882-84), KSA Bd. 4, 264

[2] Ebd. 62

wilden Erfahrungen alter Huren zu ihren Verbrechen anregen. Aber soweit war das 19. Jahrhundert schon zivilisiert, dass die Peitsche jedenfalls in den bürgerlichen Kreisen nicht zur Eheanbahnung eingesetzt werden konnte, was Nietzsche wiederum als dekadent kritisiert, sollen die Familien ihre Kinder zwangsverheiraten und die Männer ihre Frauen gewaltsam unterwerfen. Die Institution Familie beruht nicht etwa auf Einsicht und Vernunft – gar Liebe –, sondern für Nietzsche auf patriarchalischer Gewalt, wie es der Adel jahrhundertelang vormachte. Sonst wären Familien nicht über Generationen stabil, was wahrscheinlich auch nicht allzu häufig vorkam.

Damit hat Nietzsche aber gar nicht mal so Unrecht; denn Einsicht kann man verweigern, sich unvernünftiger Weise emanzipieren und sich frech scheiden lassen, wie es ja dann die Geschichte seit den 1970er Jahren demonstriert. Werden die Leute zwangsverheiratet, geht das alles nicht, sollte auch die Scheidung nicht möglich sein. So verheiratete der welfische Fürst Anton Ulrich von Braunschweig seine erst 13jährige Enkelin gegen ihren protestantisch geprägten Willen mit Zar Peter dem Großen, der noch dazu als Wüstling bekannt war. Zur Not werden auch untreue Prinzessinnen einfach aus dem Verkehr gezogen und in ein Schloss gesperrt, ihre Liebhaber beseitigt, wie es Leibniz 1694 in Hannover erleben durfte: „Die Kurprinzessin wurde im ländlichen Palais zu Ahlden eingesperrt und durfte ihre Kinder nie mehr sehen. Diese Strafe für eine romantische, ausschweifende Liebe wirkt umso grausamer, als der Kurprinz Georg Ludwig sich ungeniert Mätressen hielt. Den Zeitgenossen erschien die völlige Ungleichbehandlung des einen und des anderen Ehebruchs damals ganz gerechtfertigt."[1] Außerdem zwingt der Fürst manchmal seinen Ministerpräsidenten, des Fürsten Mätresse zu heiraten, so unter anderem in Hannover der Mutter Sophie geschehen wie am Hof des ersten preußischen Königs um 1700 deren Tochter Charlotte Sophie. Sie zog sich nach Lietzenburg zurück, dem

---

[1] Eike Christian Hirsch, Der berühmte Herr Leibniz, 2016, 290

heutigen Charlottenburg. Das ist wohl noch der Adel, von dem Nietzsche träumt.

Gerade wenn Nietzsche die Militarisierung der bürgerlichen Gesellschaft im 19. Jahrhundert nicht weit genug geht, wenn er deren strenge Moral und Gefühlsduseleien genauso aufs Korn nimmt, wie deren Utilitarismus, hat er trotzdem diese Militarisierung gedanklich und akklamierend durch sein Begehren und seine Träume von einem wirklich souveränen aristokratischen Genius befeuert. Mit diesen Träumen und Wünschen prägt Nietzsche das Denken vieler Menschen, die sich von solchem Begehren treiben lassen. Im *Anti-Ödipus* heißt es dementsprechend: „So der Wunsch produziert, produziert er Wirkliches. So er Produzent ist, kann er nur einer in und von Wirklichkeit sein. (. . .) Dem Wunsch fehlt nichts, auch nicht der Gegenstand. Vielmehr ist es das Subjekt, das den Wunsch verfehlt, oder diesem fehlt ein feststehendes Subjekt; denn ein solches existiert nur kraft Repression. Der Wunsch und sein Gegenstand sind eins in der Maschine als Maschine der Maschine. (. . .) Das objektive Sein des Wunsches ist das Reale an sich."[1] Nach Deleuze und Guattari ist das Reale nicht wie für Lacan im Unbewussten verborgen, sondern präsentiert sich in den Anschlüssen der Menschen an die gesellschaftlichen Systeme, was sie nämlich selber wünschen. Weil es bei Nietzsche eher negativ erscheint, wird es um so drängender und somit realer, bis es in seinen allerletzten Texten aus dem Dunkel des Begehrens wie des Unbewussten heraustritt.

So träumt er von einem militärischen Adel des Mittelalters, der in seine Feudalgesellschaft indes stärker eingebunden war als der viel spätere Absolutismus. Es klingt ein wenig nach *Lettre de Cachet*, mit denen man im Frankreich Ludwigs XVI. Menschen hinter Gefängnismauern einfach verschwinden lassen konnte, wenn sie beispielsweise anders leben wollten, als es ihre Familien duldeten – wie es de Sade in *Juliette oder Die*

---

[1] Gilles Deleuze, Félix Guattari, Anti-Ödipus – Kapitalismus und Schizophrenie, Bd. 1 (1972), 36

120

Vorteile des Lasters beschreibt: „O mein Herr, opfern wir einige Unschuldige; dieser Gedanke verwirrt mich vollständig.' Zugleich rieb ich sein Glied. – ‚Warten Sie', rief er, indem er ein Papier aus seiner Brieftasche zog, ‚ich brauche nur zu unterschreiben, um morgen ein hübsches Ding, das ihre Familie nur wegen Unzucht mit Frauen einsperren ließ, dem Tode zu weihen. Ich sah sie; sie ist reizend; am nächsten Tag vergnügte ich mich mit ihr'."[1] Ein Verwandter des aus altem provenzalischen Adel stammenden Marquis erschoss von seiner Kutsche in Paris mal einen Passanten, ohne das er dafür belangt worden wäre. Das war aber gar nicht der Stil des Marquis.

Was Machtmissbrauch und Grausamkeit betrifft, klingen Nietzsches gelegentliche Äußerungen denen de Sades nicht fern. Nur dass der Marquis seine Gesellschaft kritisierte, was für Nietzsche ein Lob gewesen wäre. Aber natürlich hätte Nietzsche nie zugegeben, in de Sades *Justine oder Vom Missgeschick der Tugend* (1791) auch nur hineingeschaut zu haben. Die Peitsche wird da fleißig gebraucht und natürlich nur bei Frauen, im Grunde wie es Nietzsche empfiehlt. Wenn er diese Empfehlung einer älteren Frau in den Mund legt, unterstellt Nietzsche Frauen Masochismus, der die männliche Gewalt gegen Frauen als von diesen gewünscht legitimiert.

---

[1] Marquis de Sade, Juliette oder Die Vorteile des Lasters (1796), 54

6. DIE PHILOSOPHISCHE WIEDERKUNFT DER BÖSEN HEILIGEN DREI KÖNIGE

Wiederkunftslehre und Übermensch passen in historischer Perspektive nicht zusammen. Nietzsche findet auch nur eine banale Vermittlung, die aber der Wiederkunftslehre genauso widerspricht wie dem Übermenschen. Das Leben erhebt sich in sich selbst und durch sich selbst dadurch, dass es gelebt wird und sich verlebt, dass es sich also opfert.

Hier klingt wieder das Militärische und das Opfer des Soldaten durch. Aber wenn das Leben der Menschheit keinen anderen Sinn hat, als dass sich einige wenige Erleuchtete ausleben dürfen, indem alle anderen diesen dienen und sich ihnen hingeben, erfindet Nietzsche einen Sinn in der Geschichte, den er sich durch *Die Geburt der Tragödie* und mit Hilfe von Burckhardt zusammenbastelt. Aber einen Sinn in der Geschichte will er mit der Wiederkunftslehre gerade dementieren.

Mit Darwins Evolutionslehre hat das freilich nichts mehr zu tun, nach der sich das einzelne Lebewesen für sich selbst optimiert und dabei den Bestand der Art fördert – beinahe ein liberaler Gedanke, der gar nicht im Sinne Nietzsches sein kann. Alle unterwerfen sich vielmehr dem militärischen Genius, der für den Bestand eines Staates sorgen soll und ihn historisch betrachtet mindestens genauso häufig ruiniert, wie ihn erhält. Womöglich geht die Menschheit gerade daran zugrunde, weil evolutionär betrachtet just das nicht funktionieren kann. Es lassen sich evolutionär keine universellen Ebenen entwickeln – es sei denn man attestiert im Stile Platons Einzelnen Erleuchtung und geniale Schlauheit, die solche Universalität erfindet, aber natürlich nicht rational begründen darf. Das unterstellt zudem, dass man die Welt erkennen kann, wie sie wirklich ist, was wiederum nur eine autopoietische Erfindung ist. Aber nicht zuletzt kehrt dieser Gedanke adäquater Einsicht in die Natur und universeller richtiger Handlungsanweisungen in der ökologischen Debatte wieder. Hans Jonas unterstellt 1979 „die Sorge des wahren Staatsmanns."[1], der die ökologische Wende durchsetzen soll. Peter Sloterdijk erwartet zeitgeistmäßig Ähnliches heute im Hinblick auf die Klimarettung: „Atmosphären-Management wird darum zum ersten Kriterium der von jetzt an zu postulierenden Steuerungskunst für das integrale Raumschiff."[2]

Dass man außerdem sein Leben unendlich so wiederholen soll, wie man es gelebt hat, das passt zu keiner Steigerung. Und umgekehrt kann man den Übermenschen einfach nicht als Wiederkunft verstehen. Es sei denn, es hat ihn immer schon gegeben, beispielsweise in den diversen historischen Heroen. Dann wäre der Übermensch nur eine wiederkehrende geniale Figur. Aber dann klingen die Aufforderung, sich auf die Brücken des Übermenschen zu begeben, oder dass der Affe so weit entfernt sei vom Menschen wie dieser vom Übermenschen schlicht unverständlich oder eben genial. Kann man ein Genie verstehen? Nein!

Oder man lässt den Gedanken fallen, dass Philosophie oder Theoriegebäude keine Widersprüche in sich bergen dürfen. Denn der Komplexität des Lebens lässt sich nun mal schwerlich mit Konsequentialismus gerecht werden. Dann könnte man sagen, dass Nietzsche mit beiden Konzeptionen an verschiedenen Fronten kämpft. Die Wiederkunftslehre richtet sich gegen das zu jener Zeit weit verbreitete und dominante historische Denken. Die entscheidende Einsicht daraus, die Hegel mit dem Historismus teilt, lautet dann, dass man aus der Geschichte nicht auf die Zukunft schließen kann.

---

[1] Hans Jonas, Das Prinzip Verantwortung – Versuch einer Ethik für die technologische Zivilisation (1979), 190

[2] Peter Sloterdijk, Was geschah im 20. Jahrhundert? 2016, 24

Marx dagegen möchte die Zukunft prognostizieren. Ironischerweise folgt Nietzsche mit seiner Wiederkunftslehre der Marxschen Konzeption. Denn Nietzsche schließt gerade auf die Zukunft, aber auf eine, die keine mehr ist, weil sie notorisch der Vergangenheit gleicht, die man aber hinter sich lassen soll – so seine Kritik an der Historie. Nichtsdestotrotz ist in beiden Fällen die Zukunft als Vergangenheit prognostiziert: Ähnlich Marx' Geschichte von Klassenkämpfen, die dann erst in ferner kommunistischer Zukunft enden sollen. Das gibt es bei Nietzsche natürlich nicht. Aber grundsätzlich – das könnte man auch als Quintessenz der Wiederkunftslehre verstehen – ist jede Prognose nur eine Übertragung der Vergangenheit auf die Zukunft, die dadurch der Vergangenheit angeglichen wird. Jedenfalls – und das ist das Beste an der Wiederkunftslehre – kann man mit ihr nicht auf die Zukunft schließen.

Doch selbst kehrt Nietzsche in ein hybrides historisches Bewusstsein ein, ist er so stolz auf seinen *Zarathustra*, dass er nach Luther und Goethe das Deutsche damit auf eine neue, eine notwendige dritte Stufe gehoben haben möchte, wie er in einem Brief an Erwin Rohde im Februar 1884 betont – bereits eine massive Hybris, die derjenigen zu Zeiten seines wüsten Untergangs kaum nachsteht bzw. diese in ein weniger bizarres Licht taucht: die Hybris des Untergangs beseelt ihn schon vorher. Zudem sitzt er damit entweder der Trinität, der Zahlenmystik oder der Dialektik auf. Und er versteht nicht, dass die Geschichte nicht von den Akteuren, sondern den Beobachtern geschrieben wird. Das gilt auch für die Kunst und die Philosophie. Neue Formen des Sprechens kann man erst viel später feststellen und wenn Nietzsche etwas misslungen ist, dann just dem Deutschen eine neue Form verliehen zu haben.

Neben dem Nihilismus-Komplex, der ewigen Wiederkunft des Gleichen und dem Übermenschen ist der Wille zur Macht die vierte große Idee, die Nietzsches Werke durchzieht. Im *Zarathustra* erscheint der Wille zur Macht als ein lebendiger Trieb, dem es um das Zeugen und damit auch um das Schöpfen geht, also eine biologisch angedachte Kreativität: „wo Leben ist, da ist auch Wille: aber nicht Wille zum Leben, sondern – so lehre ich's dich – Wille zur Macht!"[1] Er steckt nicht nur hinter dem Willen zum Herrschen, sondern auch hinter dem Willen zum Dienen, der seinerseits ebenfalls danach strebt zu herrschen.

Das erfasst natürlich auch den Willen zur Wahrheit, den Nietzsche bei den Vertretern des Geistes diagnostiziert. Doch dieser will gerade nicht das Leben realisieren, sondern dieses derart erfassen, dass es für den Geist beherrschbar wird. Damit entspricht der Geist nicht dem Leben, sondern unterwirft das Leben seinem Verständnis davon. Das wird dann jenen vorgegaukelt, die sich außerhalb dieser geistigen Welt befinden und denen dadurch ein entsprechendes Verständnis von der Welt vermittelt wird, das sich wiederum gegen das Lebendige richtet. Letztlich bemüht sich diese Geistestätigkeit nur darum, das Leben zu erhalten.

Nietzsche aber will das Leben produktiv übersteigen. Also Leben ist immer Wille zur Macht, entweder wie bei seinen Zeitgenossen ob geistig orientiert oder bloß auf die Bändigung des Lebens gerichtet, während Nietzsche dagegen fordert, dass sich das Leben entfesseln muss. Im *Nachlass* heißt es: „*Diese Welt ist der Wille zur Macht – und nichts außerdem*! Und auch ihr selber seid dieser Wille zur Macht – und nichts außerdem!"[2]

Aber wo übersteigt sich das Leben selbst? Nun, der Wille zur Macht erscheint nicht nur als körperlicher Trieb. Als geistiges Geschehen trägt er wesentlich dazu bei, das Leben einzuschätzen. Das aber treibt das Leben von der geistigen Seite aus an: Eine Angelegenheit zu verstehen, heißt sich die Angelegenheit zu eigen zu machen: Allein schon wenn man etwas benennt, dann hat man diese Angelegenheit bestimmt. Wer die Macht hat, die Welt mit Namen zu versehen, der beherrscht sie. Wer die Medien dazu bringen kann, Corona nicht Grippe zu nennen, beherrscht den Diskurs und hat damit die Macht, zeigt

---

[1] Nietzsche, Also sprach Zarathustra (1882-84), KSA Bd. 4, 149
[2] Nietzsche, Nachlass, KSA Bd. 11, 611

sich in diesen Ereignissen der Wille zur Macht der Medizin. Der Wille zur Macht – das ist der Grundgedanke Nietzsches – ist Interpretation. Es ist letztlich die Macht über das Weltbild, das im Mittelalter von der katholischen Kirche bestimmt wurde und das nach Hobbes der Staat bestimmen soll – was er, wie man gerade jüngst sieht, freilich zu einem großen Teil an die Medizin abgetreten hat.

Nietzsches Neuinterpretation der Welt, bzw. der christlichen Traditionen führt plastisch der vierte Teil des *Zarathustra* vor Augen, in dem er das letzte Abendmahl Christi in eine Feierstunde mit Jüngern, mit verschiedenen aus der Alltagswelt auf Zarathustras Berg Geflohenen und mit diversen Tieren verdreht: Nietzsche oder der Wille zur Macht interpretiert die Weltgeschichte um, die im letzten Abendmahl christlich als Heilsgeschichte bestimmt wird. So lässt er einen letzten Papst auftreten, der Gott sterben sah: „Du dientest ihm bis zuletzt, fragte Zarathustra nachdenklich, nach einem tiefen Schweigen, du weißt, wie er starb? Ist es wahr, was man spricht, dass ihn das Mitleiden erwürgte, / – dass er es sah, wie der Mensch am Kreuze hing, und es nicht ertrug, dass die Liebe zum Menschen seine Hölle und zuletzt sein Tod wurde?"[1] Die Konsequenz, die Nietzsche daraus zieht, ist eher religiös als atheistisch, da er sich ja als den Genius sieht, der selbstredend mit Gott konkurriert. Das folgende betrifft nicht die Zeitgenossinnen: „Lieber keinen Gott, lieber auf eigne Faust Schicksal machen, lieber Narr sein, lieber selber Gott sein!"[2] Beides wird er in seinen letzten Texten bei seinem wüsten Übergang betreiben. Dann kehrt mit Nietzsche die Religion wieder und endet nicht. Freilich wird sie vom Genius neu ausgestaltet.

So lässt sich Nietzsches Botschaft mit der christlichen Offenbarung vergleichen, was er offensichtlich beabsichtigt. An die Stelle des Gottessohnes, der Gott bezeugt, tritt *Zarathustra* als Verkünder des Übermenschen. Der christliche Glaube wird

---

[1] Nietzsche, Also sprach Zarathustra (1882-84), KSA Bd. 4, 323

[2] Ebd. 325

durch die Vision der ewigen Wiederkehr des Gleichen ersetzt, was nicht mal so abwegig ist, glaubt der Christ ja an einen beständigen, unveränderlichen, einen ewigen Gott, der nichts anderes als die ewige Wiederkehr des Gleichen bedeutet, der sein Sein so begehrt, dass er es ständig wiederholt. Und eine Aversion gegen die Reichen teilt Nietzsche auch mit den frühen Christen. Ein König, der mit anderen an die heiligen drei erinnert, bemerkt: „Den guten Sitten? Entgegnete unwillig und bitter der andre König: wem laufen wir denn aus dem Wege? Ist es nicht den ‚guten Sitten‘? Unsrer ‚guten Gesellschaft‘?"[1] Und so kommt Landlust auf: „Lieber, wahrlich unter Einsiedlern und Ziegenhirten als mit unserm vergoldeten falschen überschminkten Pöbel leben, – ob er sich schon ‚gute Gesellschaft‘ heißt."[2] Eine Art ‚Zurück zur Natur‘, das Rousseau gerade von sich weist – „Muss man (. . .) zu einem Leben mit den Bären im Walde zurückkehren? Das ist eine Folgerung in der Art meiner Gegner."[3] – präsentiert sich im *Zarathustra* quasi als Forderung. Der Held lebt in einer Höhle auf dem Berg im Wald, zeigt sich mal in der Gesellschaft, kehrt dann aber zur finalen Party, dem letzten Abendmahl zurück. Zwischendrin klaut er Bienen genial den Honig.

Die Liebe, die die Welt als Nächstenliebe gestalten soll, offenbart sich dabei genealogisch als Wille zur Macht, denn die Nächstenliebe ist ja christliche Triebfeder, die alle überwältigt, die sich ihr entziehen wollen: man muss sich lieben lassen und sich verhalten, wie es diese Liebe will. Dagegen dreht Max Scheler in den ersten Dekaden des 20. Jahrhunderts den Spieß um und wirft Nietzsche ein Ressentiment gegenüber dem Christentum vor: „Es ist recht eigentlich der *Sklavenaufstand in der Welt des Intellektuellen*, den wir hier vor uns haben und der mit dem gleichen Aufstand des Niederen gegen das Höhere im

---

[1] Nietzsche, Also sprach Zarathustra (1882-84), KSA Bd. 4, 304

[2] Ebd. 305

[3] Jean-Jacques Rousseau, Über den Ursprung der Ungleichheit unter den Menschen (1755: Zweiter Discours), 125

Ethos (Erhebung des singularistischen Individualismus gegen das Solidaritätsprinzip (. . .)), in den Institutionen (Erhebung zuerst des Staates gegen die Kirche, (. . .) eine eng zusammengehörige *Symptomatik* eben jenes Gesamtumsturzes der Werte bildet."[1] Angesichts von Nietzsches Hasstiraden gegenüber dem Christentum liegt er gar nicht so falsch. In der Welt herrscht für Scheler aber nicht der Wille zur Macht, sondern die Ordnung der Liebe, die im Heiligen gipfelt. Aber was ist eine Ordnung anderes als der Ausdruck eines Machtwillens? So darf man fragen, ob der Wille zur Macht, den Zarathustra überall im ‚Lebendigen fand', nicht eher eine entlarvende Kritik an der christlichen Liebe darstellt, als dass er gar militärischer Brutalität das Wort reden würde. Die christliche Liebe, die Liebe Christi, die Liebe Gottes, die Nächstenliebe, alles erscheint als Wille zur Macht. Propagieren die Christen denn nicht auch ständig, dass die Liebe herrschen soll? Und haben sie sich dazu historisch betrachtet nicht fleißig der Grausamkeit bedient?

Nietzsche dagegen transformiert die christliche Hoffnung auf das jenseitige Paradies in ein Ja sagen zum Leben. Völlig vorbehaltlos kann das nicht geschehen, wird ja die Welt vom letzten Menschen beherrscht, dessen Abtreten auch keineswegs in Sicht ist. „Zu lange hat man ihnen Recht gegeben, diesen kleinen Leuten: so gab man ihnen endlich auch die Macht – nun lehren sie: ‚gut ist nur, was kleine Leute gut heißen.'"[2] Damit das Leben vorbehaltlos bejaht werden könnte, muss es durch die Erfindung neuer ethischer Orientierungen erst noch neu gestaltet werden, freilich im Hier bzw. in der Zukunft, die ja auch Vergangenheit ist, jedenfalls nicht in einem Jenseits des Seins. Angesichts der Herrschaft der letzten Menschen bleibt dann für Zarathustra nichts anderes: „Ich liebe die großen Ver-

---

[1] Max Scheler, Vom Wesen der Philosophie (1921), 74

[2] Nietzsche, Also sprach Zarathustra (1882-84), KSA Bd. 4, 330

achtenden. Der Mensch aber ist Etwas, das überwunden werden muss."[1] Der Übergang zum Untergang!

Dieses Hier lässt sich sogar geographisch lokalisieren: es sind die Alpen um Sils-Maria und die gebirgige Landschaft von Portofino an der Riviera. Die Zukunft präsentiert sich wie bei Marx gerade nicht als Utopie, wenn man – wie dieser es den utopischen Sozialisten vorwirft – zwar hübsche Ideen von dieser Zukunft hat, aber nicht weiß, wie man sie umsetzen soll. Nein, Nietzsche weiß es: man muss nur neue ethische Werte erfinden und dazu wird es schon Erleuchtete geben, die derart dem Übermenschen den Weg bereiten, was die letzten Menschen zwangsläufig und langfristig in den Hintergrund treten lässt, während sich das menschliche Leben auf einer höheren Stufe entwickelt. Macht der Leninismus etwas anderes? Und von Gewalt spricht Nietzsche auch.

Der Wille zur Macht ist natürlich das Konzept, das ihn vermittelt durch seine Schwester vor allem bei den Nazis populär gemacht hat und zwar unter dem Motto: Man kann den dynamischen Demokratisierungs- und Pluralisierungsprozessen der Moderne nur mit massiver Gewalt begegnen, wenn man sie final stoppen will, was momentan längst zu einer weltweiten politischen und staatlichen Tendenz wurde. Wie bemerkt Emmanuel Lévinas schon 1934: „Nietzsches Wille zur Macht, den das heutige Deutschland wiederentdeckt und glorifiziert, ist nicht nur ein neues Ideal; es ist ein Ideal, das seine eigene Form der Universalisierung gleich mitliefert: nämlich den Krieg und die Eroberung."[2]

Dass Nietzsche die Kirche für verlogen hält, das wird wenig verwundern. Aber der Bewunderer des griechischen Staates avanciert auch zum Kritiker des modernen, den er parallel zur Kirche für genauso verlogen erachtet. Wie die Kirche generiert sich der Staat durch eine Vielzahl von Mythen, von denen er

---

[1] Nietzsche, Also sprach Zarathustra (1882-84), KSA Bd. 4, 332
[2] Emmanuel Lévinas, Einige Betrachtungen zur Philosophie des Hitlerismus (1934), 33

erklärt, sie würden der Welt nicht nur entsprechen, sondern sich dieser auch noch verdanken. Der Staat verklärt sich zu einem absoluten Wesen wie die Kirche. Er behauptet gar von sich, die wichtigste Angelegenheit der Welt zu sein. „Staat heißt das kälteste aller kalten Ungeheuer." *Also sprach Zarathustra.* „Kalt lügt es auch; und diese Lüge kriecht aus seinem Munde: ‚Ich der Staat, bin das Volk.'"[1] Ohne den Staat ist der einzelne nichts, eine These, die noch Carl Schmitt nachbeten wird, lange bevor er selber Nazi wird, aber mit solchen Thesen der konservativen Revolution den Weg bereitet, ohne die der Erfolg der Nazis kaum zu denken ist.

Nietzsche ist hier trotzdem Staatskritiker. Aber was der Staat nicht darf, dürfen die höheren Menschen, die dem Übermenschen den Weg bereiten. Sie sind nicht nur wichtiger als der Staat, ist dieser dazu gar nicht in der Lage. Aber wer anders als die höheren Menschen sollte am Ende den Staat lenken, auch wenn das bedeutet, ihn abzubauen: wie die Anarchisten, die Kommunisten, die Faschisten, die Liberalen. Denn die Nazis sahen das sehr ähnlich wie Nietzsche und wollten den Staat zugunsten ihrer Elite beschneiden, was vor allem die SS unternahm, indem sie einen ökonomisch-militärischen Komplex jenseits des Staates auch mit Hilfe der Konzentrationslager aufbaute. Wenn sie im *Zarathustra* die Bemerkung lasen: „Geht *eure* Wege! Und lasst Volk und Völker die ihren gehen! – dunkle Wege wahrlich, auf denen auch nicht Eine Hoffnung mehr wetterleuchtet!"[2] Dann konnten die Schwester und ihre Mitstreiter sie damit beruhigen, dass es sich schließlich um ein schlafendes Volk handelt, das erwachen soll – natürlich als brave, so unkritische wie widerstandslose Nazi-Untertanen, also als von den Nazis daraus konstruiertes Volk, wobei sich in dieser Hinsicht im radikal rechten politischen Spektrum bis heute nicht viel geändert hat, vor allem dass sie das völkische Volk erst erfinden müssen.

---

[1] Nietzsche, Also sprach Zarathustra (1882-84), KSA Bd. 4, 61
[2] Ebd. 262

Für Nietzsche tarnt sich die staatliche Tyrannei mit der Gleichheit, und behauptet auf diese Weise eine Tugend zu realisieren, also selber tugendhaft zu sein. Mag das zunächst als eine seltsame Kritik klingen. Aber ein allgemeines gleiches Recht bringt bereits Friedrich II. von Preußen um 1750 auf den Weg: das *allgemeine preußische Landrecht*. Damit verschärft sich der Prozess der Verrechtlichung aller Lebensverhältnisse, der bis heute ungebrochen anhält. Aber radikaler als Friedrich der Große betreibt dergleichen Napoleon, der den Code Napoleon und damit die Menschenrechte in Europa verbreitet. Sind das für Nietzsche wirklich Tyrannen? Oder bewundert er sie nicht doch insgeheim just ob deren Tyrannei? Aber unabhängig von diesen beiden Herrschern ist das Thema Gleichheit seit der Aufklärung ein zentrales Thema in der Politik geworden, obwohl erst im 19. Jahrhundert auch die soziale Gleichheit als Frage aufgeworfen wird. Just das ist Nietzsche ein Dorn im Auge, werden die Nazis die Gleichheit aller Menschen generell in Frage stellen, damit Menschenrechte etc. die für Nietzsche nur romantische Illusionen sind.

Dass die athenische Demokratie in ihrer Hochphase zu Zeiten des Perikles auch auf einer Form der Gleichheit beruht, beschleunigt für Nietzsche nur deren Niedergang. Aber zumindest wird er in einer Hinsicht Recht behalten, dass Gleichheit zu einer Ideologie des modernen Staates avanciert. Selbst die Nazis konnten davon nicht ganz lassen, wiewohl sie diese auf einen bestimmten Menschentypus beschränkten, deren Angehörige indes hierarchisch einordneten. Gleichheit gaukelten die Nazis dann simpel mit einem Eintopftag vor, an dem auch die Reichen teilnehmen sollten. Die rechtliche Gleichheit ist als solche heute nicht mehr umstritten, höchstens inwieweit sie realisiert ist, die soziale natürlich weiterhin.

Dem hält Nietzsche entgegen, dass die Menschen weder gleich sind noch gleich gemacht werden sollten. Er wirft damit einen Blick auf die dunkle Seite des Aufklärungsdenkens: Nicht nur dass Gleichheit gerade vor dem Recht beispielsweise nicht durch Reichtum überspielt werden sollte. Aber das wäre nicht Nietzsches Problem. Dass die Menschen ungleich sind, diese Sachlage persönlicher Originalität bezieht er nur auf die höheren Menschen, nicht auf die letzten, denen es an unterscheidender Persönlichkeit mangelt.

In einem weiteren Schritt bezieht er dann Gerechtigkeit auch nicht auf die Gleichheit: Jedem steht wie bei Platon das Seine zu. Aber das ist in jedem Fall etwas anderes, keinesfalls das bei allen Gleiche, sondern das jeweils Besondere. Letztlich handelt es sich aber um ein Scheingefecht. Die Gleichheit vor dem Recht hat damit gar nichts zu tun, dass jede einzelne Lage einer Person immer etwas Eigenartiges bleibt. Gegenüber dem Individuum kommt es zweifellos darauf an, diesem in seiner Besonderheit gerecht zu werden. Aber es darf mehr als bezweifelt werden, dass Nietzsche das gegenüber den letzten Menschen, also der Masse Mensch wirklich geltend machen würde, als vielmehr nur gegenüber den höheren Menschen beim Übergang zum Übermenschen.

Zudem ist der Übermensch ja mit den Menschen nicht gleich. Dann gibt es mindesten zwei ungleiche Menschentypen. Zwar proklamiert *Zarathustra*, dass der Übermensch das Meer sei, in dem diese Menge Menschen aufgehen werde, was immer der Dichter uns damit sagen mag. Hat der Übermensch ein so weites christliches Herz? Oder werden die Übermenschen die Menschen vernichten? Besser einfach unterwerfen! Denn wer sind sonst die Sklaven in der übermenschlichen Kultur, beruht für Nietzsche jede Kultur auf Sklaverei? Nun ja, allzu empirisch scheinen diese Thesen nicht gemeint. Hier entwickelt Nietzsche denn doch keine evolutionäre Theorie. Dann lässt sich das Thema Ungleichheit auch nicht zukünftig aufheben, sondern wird nach Nietzsche bestehen bleiben. Und das soll es auch. Ansonsten macht man sich in der Philosophie zumeist darüber Gedanken, wie man die Ungleichheit mildern könnte. Für Nietzsche ist das ein Fehler.

Den Predigern des Übermenschen wünscht Nietzsche, dass sie sich auf dem Weg zu diesem nicht nur drängeln, sondern dass sie, die Ungleichen, dabei miteinander in den Krieg geraten. Nun, Nietzsche war in der Tat ein Kriegsfreund. Aber meint er in diesem Fall wirklichen Krieg. Sollen die Verkünder des Übermenschen miteinander Krieg führen. Das ist nicht so widersinnig, wie es scheint, wenn es Übermenschen an unterschiedlichen Orten gibt. Nietzsche verschiebt politisch das Konzept des griechischen Staates. So insistiert er zwar darauf, dass das Leben den Krieg, die Folter und die Hinrichtung nötig habe, man könnte auch sagen: das Verbrechen. Das klingt beinahe noch aristokratisch, wie es de Sade seinen Standesgenossen in den Mund legt.

Aber dann fordert er doch arg überraschend: Es brauche vor allem das ‚Gesindel'. Derart sprach man in königlichen Kreisen von Aufständischen. Er wendet sich nur vom ‚Gesindel' ab, mit dem sich die Herrschenden um die Macht streiten. Aber er eröffnet die Option, dass das ‚Gesindel' für das Leben nötig sein könnte. Und er selber möchte sich offenbar nicht vor den Karren der Mächtigen spannen lassen, beschimpft er vielmehr jene, die sich das gefallen lassen, als Esel. „Und mancher Mächtige, der gut fahren wollte mit dem Volke, spannte vor seine Rosse noch – ein Eselein, einen berühmten Weisen."[1] Aber ein kleiner Esel ist noch mehr Esel als ein großer. In der Tat stehen die Intellektuellen traditionell auf der Seite der Herrschaft. Antonio Gramsci möchte diesen Block auflösen, um dem Proletariat zur Macht zu verhelfen. Er schreibt in den 1930er Jahren im Gefängnis: „Aber ebenso wichtig und nützlich ist es, dass es in der Masse der Intellektuellen zu einem geschichtlich bestimmten Bruch organischen Charakters kommt, dass sich eine linke Strömung im modernen Sinne des Wortes als Massenformation herausbildet, eine Strömung also, die sich auf das revolutionäre Proletariat orientiert."[2] So gibt es eine gewisse Parallele zu Nietzsche, wird Gramsci heute auch von der neuen Rechten rezipiert

---

[1] Nietzsche, Also sprach Zarathustra (1882-84), KSA Bd. 4, 132

[2] Antonio Gramsci – vergessener Humanist? – Eine Anthologie (Gli Intellettuali), Berlin 1991, 67

Als beinharten Etatisten kann man den Autor des *Zarathustra* jedenfalls nicht mehr bezeichnen. Dazu wehrt er sich an viel zu vielen Stellen gegen den Staat, aber eben den zeitgenössischen. Dieser Staat erklärt den fortschreitenden Suizid seiner Bürger als das lebendige Leben. Als wenn Nietzsche die Schlachtfelder des ersten und des zweiten Weltkriegs erahnen würde. Und sicherlich hatte er als Sanitätshelfer im deutsch-französischen Krieg 1870-71 einiges Schreckliche gesehen. Nein, so ist es nicht gemeint.

Dabei wendet sich Nietzsche auch gegen märtyrerhafte Ideologen, die sich bereit erklären, ihr Leben, genauer ihr Blut, für ihre Wahrheit hinzugeben. „Aber Blut ist der schlechteste Zeuge der Wahrheit; Blut vergiftet die reinste Lehre noch zu Wahn und Hass der Herzen. / Und wenn Einer durch's Feuer geht für seine Lehre, – was beweist dies! Mehr ist's wahrlich, dass aus eignem Brande die eigne Lehre kommt!"[1] Das ist sicher keine Metapher für Rassismus, sondern eine für das Opfer. Aber weder für eine Ideologie, für den Staat, noch für das Volk soll man Blutopfer bringen, was just alle Ideologien des 19. und 20. Jahrhunderts fordern, um sich mit Gewalt durchsetzen zu können. Vor allem aber besagt das Selbstopfer nichts, bewahrheitet allemal nicht die Lehre, für die es erbracht wird.

Trotzdem kann man Nietzsche hier nicht zum Pazifisten erklären. Dazu ist die Sprache des *Zarathustra* viel zu gewaltverliebt, lobt er ja trotzdem Krieg und Gewalt. Aber als Vordenker des militarisierten Staates des 19. Jahrhunderts taugt er unmittelbar auch nicht, aber als dessen Kritiker, der ihn vom Ballast der Moderne befreien möchte, um ihn für das Genie tauglich zu gestalten. Somit glättet er immerhin das geistige Umfeld wenn auch wider Willen für diesen Staat und für dessen Auswüchse im 20. Jahrhundert. Einerseits geht ihm Macht und Gewalt des zeitgenössischen Staates nicht weit genug. Und andererseits hat er die Hoffnung aufgegeben, dass sich die Staaten an seinen

---

[1] Nietzsche, Also sprach Zarathustra (1882-84), KSA Bd. 4, 119

Ideen des Übermenschen, der Wiederkehr und des Machtwillens zu orientieren bereit wären.

So lehnt er auch den in politischen und religiösen Ideologien verbreiteten Gedanken der Rache, der Revanche ab, um jemand etwas heimzuzahlen, um jemanden diskriminieren zu können. Just davon aber will sich Nietzsche verabschieden, soll man die Rachegelüste hinter sich lassen. Der Übermensch wird sich weder der Rache bedienen, noch sich auf sie stützen. Das hat er natürlich nicht nötig. Der ,Regenbogen', der Brücke und Hoffnung gleichermaßen verkörpert, tritt an die Stelle der Rache. Wie weit sich Nietzsche damit von allen Formen traditioneller Politik, bzw. politischer Ideologien, letztlich auch von diskriminierenden Politikverständnissen, verabschiedet, so dass er für Naziideologien gar nicht mehr taugt, muss man offen lassen. Gerade borniert Ideologien – und längst nicht nur diese – sind Meister im Überlesen. Für welche Texte auch immer – ob die Bibel oder selbst Gesetzestexte – gibt es keine Autoritäten, die vorschreiben könnten, wie diese zu verstehen sind, wiewohl es natürlich viele versuchen und zwar nicht mit der Interpretation selbst, also nicht mit der Sprache, sondern mit Gewalt, indem man beispielsweise mit drohenden beruflichen Nachteilen jene diskriminiert, die eine Sprachregelung nicht mitmachen. Mit rein sprachlicher Argumentation lässt sich keine Sprachregelung durchdrücken. Denn wie bemerkt Wittgenstein: „Die Philosophie darf den tatsächlichen Gebrauch der Sprache in keiner Weise antasten, sie kann ihn am Ende also nur beschreiben. Denn sie kann ihn auch nicht begründen. Sie lässt alles wie es ist."[1] Es gibt keinen zwanglosen Zwang – ein Widerspruch in sich – eines besseren Arguments, der sich allein auf die Sprache stützen könnte. So ist Sprachphilosophie originär politisch, wie ich es 2017 aufzuzeigen versuchte.[2]

---

[1] Ludwig Wittgenstein, Philosophische Untersuchungen (1953), Nr. 124, 69

[2] Vgl. Schönherr-Mann, Das Blau des Sprachspiels – Wittgenstein und die politische Philosophie, 2017

Jenseits seines Hangs zum genialen Führer lebt für Nietzsche das Individuum gerade nicht im Staat. Denn dort ist es überflüssig, austauschbar, ersetzbar, beliebig. Notwendig wird der Mensch erst dort, wo er vom Staat frei ist. Dort ist er unersetzbar, wichtig, ist er lebendiger Mensch. Die Wege zum Übermenschen, die Nietzsche als ‚Brücken‘ bezeichnet, werden nicht vom Staat geebnet, finden nicht im Staat selber statt, sondern dort wo der Staat endet und der Genius wirkt. Daher stehen Staat und Übermensch in einem Gegensatz zueinander, auch wenn Nietzsche an anderen Stellen von Herrenmenschen, Aristokraten oder höheren Menschen spricht. Denn der bürokratische Staat, wie er sich zu seinen Lebzeiten aufführt, fördert die Entwicklung der höheren Menschen nicht, sondern behindert sie. Daher müssen die höheren Menschen für ihre Entwicklung, Weiterentwicklung, Höherentwicklung selber sorgen. Nur auf diese Weise denkt Nietzsche verquert evolutionär.

Dass sich diese Entwicklung wirklich im Zeichen des Regenbogens entfaltet, also heute im Zeichen einer von Diskriminierungen befreiten Sexualität, das hätte sich der sexuell nicht gerade entfesselte Nietzsche – ein normales Schicksal, das er mit den meisten seiner letzten Zeitgenossinnen teilt –, der auch auf Grund seiner schlechten ökonomischen Situation an Frauen scheiterte, wohl nicht träumen lassen.

Wie vom Staat distanziert sich Nietzsche genauso vom Volk. Beide werden schließlich von den letzten Menschen bewohnt. Allerdings identifiziert er beinahe im Stil von Rousseau die Stimme des Volkes mit der Stimme Gottes. Aber im Gegensatz zu Rousseau, der damit das Volk aufwerten will, wertet Nietzsche das Volk damit ab. Gott ist schließlich tot. Ergo, könnte man folgern, ist für Nietzsche das Volk auch tot, wäre er für Rechte ein Völkermörder. Die Nazis haben den *Zarathustra* natürlich nicht genau gelesen bzw. uminterpretiert: danach geht es ihm – und da hat die Schwester nachgeholfen – nur um ein von Demokratie und Sozialisten verdorbenes Volk. Aber das ist auch nicht falsch, mussten die Nazis ihr Volk ja schließlich erst für sich gewinnen, das dunkle Kräfte verführt hätten, gibt es das Volk der Nazis erst durch die Nazis und ist mit diesen auch gemeinsam untergegangen.

Zukunftserwartungen prägen gemeinhin das Verständnis der Zeitgenossinnen. Dass man mit dem Volk keine Hoffnungen, höchstens Ängste verbinden kann, das erscheint ja geradezu visionär. Stattdessen fordert Nietzsche auf, eigene, also individuelle Wege zu gehen, während die Masse seiner Zeitgenossen brav und untertänig Volk und Staat hinterher trottet. *Also sprach Zarathustra*: „Und ungern nur fragte ich stets nach Wegen, – das ging mir immer wider den Geschmack! Lieber fragte und versuchte ich die Wege selber. / Ein Versuchen und Fragen war all mein Gehen: (. . .). / ‚Das – ist nun *mein* Weg, – wo ist der eure?' So antwortete ich Denen, welche mich ‚nach dem Wege' fragten. *Den* Weg nämlich – den gibt es nicht!"[1] Aber auch die Nazis waren selber gerade nicht staatsorientiert, sondern versuchten den Staat durch die Partei zu ersetzen, die sie Bewegung nannten, anders als die italienischen Faschisten, die sich am Staat orientierten.

In einer dramatisch ausgestalteten Szene interpretiert ein Jünger Zarathustras Traum nach tagelanger Askese: „Also erzählte Zarathustra seinen Traum und schwieg dann: denn er wusste noch nicht die Deutung seines Traumes. Aber der Jünger, den er am meisten lieb hatte, erhob sich schnell, fasste die Hand Zarathustras und sprach: ‚Dein Leben selber deutet uns diesen Traum, oh Zarathustra! Bist du nicht selber der Wind mit schrillem Pfeifen, der den Burgen des Todes die Tore aufreißt? Bist du nicht selber der Sarg voll bunter Bosheiten und Engelsfratzen des Lebens? Wahrlich, gleich tausendfältigem Kindsgelächter kommt Zarathustra in alle Totenkammern, lachend über diese Nacht- und Grabwächter, und wer sonst mit düsteren Schlüsseln rasselt."[2] Zarathustra hat brave und besonders folgsame, geradezu unterwürfige Jünger wie Jesus, von

---

[1] Nietzsche, Also sprach Zarathustra (1882-84), KSA Bd. 4, 245
[2] Ebd. 173

denen Nietzsche träumt, wie es nicht erst seine letzten Bemerkungen kund tun.

Aber er bricht die Zwingherrnburgen, allerdings nicht durch revolutionäre Gewalt, sondern durch Bosheiten, die im 20. Jahrhundert mehr erreichen werden als alle Gewalt, sei sie revolutionär, reaktionär oder konservativ. Sartre hat als unbeliebter böser Philosoph womöglich mehr bewirkt, vor allem nachhaltiger als Trotzki, der die Oktoberrevolution organisierte und die Rote Armee zum Sieg im Bürgerkrieg führte. Sartre und seine Mitstreiterinnen haben natürlich ihre Feinde herausgefordert, die mit einer Ethik antworteten, die sich heute primär auf die Gesundheit beruft, um dadurch jene Anpassung wieder zu erzwingen, die die bösen Philosophen hintertrieben haben.

Der Prediger des Willens zur Macht, der auch gelegentlich die politische oder familiäre Gewalt verherrlicht, entdeckt damit das nachhaltigste Mittel, um die herrschende Politik durcheinander zu bringen: Man muss die traditionellen ethischen Orientierungen erschüttern, um diese hinter sich zu lassen, schlicht anders leben – aber öffentlich. Ja, man muss ihnen öffentlich eine böse Fratze entgegenhalten oder sie schlicht in Frage stellen. Fragen avanciert damit für den sie Stellenden durchaus zu einer gefährlichen Angelegenheit, denn sie kann brutale Reaktionen auslösen. Traditionalisten, die sich mit Menschen konfrontiert sehen, die offen gegen die traditionellen Werte verstoßen, neigen überall zu Gewalt gegen solche Abweichler, weil sie genau wissen, dass man niemanden rein sprachlich zwingen kann.

Der *Zarathustra* ist Nietzsche Antwort darauf, dass er bei von Salomé gescheitert ist. So rechnet er mit den Frauen ab, die ihm keine Chance geben. In den hierarchischen Verhältnissen, von denen er träumt, wäre ihm eine zugeteilt worden oder er hätte eine zwingen können. Derartige Reden kommen natürlich heute bei jenen Männern an, die Emanzipationsverlierer sind oder sich mit dem Feminismus schwertun. Aber auch im 19. Jahrhundert angesichts erster aufkeimender feministischer

Bestrebungen und eines kleinen Außenseitertums entsteht ein hoch aggressives Ressentiment einerseits bei erfolglosen Männern, die bei Frauen abblitzten, noch dazu wenn es sich wie im Falle Nietzsches um eine Außenseiterin handelt, und die ob ihrer Unsicherheit und Erfolglosigkeit eine Frauenphobie entwickeln, andererseits auch bei Frauen, die in ihre Ehen eingesperrt diese Außenseiterinnen beneiden oder die wie die so unattraktiven wie unkommunikativen Männer kein Glück in der konventionellen Liebe haben, sich aber nicht trauen aus den gesellschaftlichen Verhältnissen auszubrechen.

Nietzsches Menschen, die das Dasein als letzte Menschen überwinden wollen, sollen auch keine Hirten mehr sein, also jene, die anderen vorgeben möchten, wie diese zu leben haben. „Nicht mehr Hirt, nicht mehr Mensch, – ein Verwandelter, ein Umleuchteter, welcher *lachte*! Niemals noch auf Erden lachte je ein Mensch, wie er lachte!"[1] Das Lachen wird in der christlichen Tradition entwertet und genießt in der Philosophie auch keine große Ehre. Umberto Eco, schreibt in seinem Roman *Der Name der Rose* gar: „Fürchte die Wahrheitspropheten, Adson, und fürchte vor allem jene, die bereit sind, für die Wahrheit zu sterben: Gewöhnlich lassen sie viele andere mit sich sterben, oft bereits vor sich, manchmal für sich. (. . .) Vielleicht gibt es am Ende nur eins zu tun, wenn man die Menschen liebt: sie über die Wahrheit zum Lachen bringen, die Wahrheit zum Lachen bringen, denn die einzige Wahrheit heißt: lernen, sich von der krankhaften Leidenschaft für die Wahrheit zu befreien."[2] Damit wird die Türe zum Wertewandel weit und nachhaltig geöffnet, der die westlichen Gesellschaften in der zweiten Hälfte des 20. Jahrhunderts veränderte, der im 21. freilich ins Stocken geriet.

---

[1] Nietzsche, Also sprach Zarathustra (1882-84), KSA Bd. 4, 202
[2] Umberto Eco, Der Name der Rose (1980), 624

7. DAS ORDENSBUNDBEGEHREN ALS DAS ENDE DES ZEITUNGSLESERS

Während die politischen Ideologien, die dieser Wertewandel tief verunsichert, dem Fortschritt einen notwendigen Sinn verleihen, entdeckt Nietzsche den Zufall als historisches Prinzip: „Welche werden sich als die *Stärksten* dabei erweisen?" fragt das *Lenzer Heide Fragment*. „Die Mäßigsten, die, welche keine extremen Glaubenssätze *nötig* haben, die, welche einen guten Teil Zufall, Unsinn nicht nur zugestehen, sondern lieben, die welche vom Menschen mit einer bedeutenden Ermäßigung seines Wertes denken können, ohne dadurch klein und schwach zu werden. (. . .) die Reichsten an Gesundheit, die den meisten Malheurs gewachsen sind und deshalb sich vor den Malheurs nicht so fürchten –" Menschen, die nicht in Angst vor der Krankheit leben, die Krankheiten zu verwinden wissen; „Menschen, die *ihrer Macht sicher sind*, und die die *erreichte* Kraft des Menschen mit bewusstem Stolze repräsentieren."[1]

Erst im 20. Jahrhundert erlebt der Zufall eine gewisse Anerkennung, unter anderen bei Richard Rorty, der Demokratie als Zufall, nicht als Notwendigkeit begreift: „Auch wenn vom Zeitalter der demokratischen Revolutionen nichts weiter überleben sollte, werden sich unsere Nachkommen vielleicht daran erinnern, dass es *möglich* ist, gesellschaftliche Institutionen nicht als Versuche der Verwirklichung einer allgemeinen ahistorischen Ordnung zu sehen, sondern als Experiment der Zusammenarbeit."[2] Auch bei Hannah Arendt, die sich auf Duns

---

[1] Nietzsche, Nachlass, KSA Bd. 12, 217
[2] Richard Rorty, Solidarität oder Objektivität? (1983/4), 111

Scotus bezieht, der schreibt: „Ohne <Kontingenz> wäre eine Orientierung an Tugenden ebenso unnötig wie an Geboten, an Verdiensten, an Belohnungen, an Strafen, an Ehrungen, und in kurzer Zeit würden jegliche politische Ordnung und jedes menschliche Miteinander zerstört werden. Den Leugnern von Kontingenz aber müsste man mit Folterwerkzeugen, mit Feuer und dergleichen zu Leibe rücken und sie so sehr traktieren, bis sie zugeben, dass es möglich ist, sie nicht zu quälen. Damit würden sie eingestehen, dass sie kontingenter Weise und nicht notwendig gequält würden."[1]

Der Gedanke der ewigen Wiederkehr erhält damit eine politische Dimension. Das Spiel der Politik verliert seine ständig auf die Zukunft gerichtete Perspektive. Wenn man die Wiederkunftslehre entdramatisiert, kehren in der Politik dieselben Muster immer wieder, wenn auch unter verschiedenen Masken, heute auch medizinischen, medialen wie religiösen. Natürlich entwickelt sich die Welt weiter, aber keinesfalls so schnell wie es Technizisten und Utopisten glauben. Wohin die Reise geht, ist nicht absehbar. Was dabei passiert, das hat kontingenten Charakter, d.h. der Ausgang ist offen: ob Übergang zum Untergang oder umgekehrt; das ist eine Frage der Interpretation, denn es gibt keine Fakten nur Interpretationen.

Dass Nietzsche bekundet, sich Anhänger suchen zu wollen, erscheint merkwürdig. So etwas kann man schwerlich planen. Ist es Hybris oder Größenwahns? Beides zieht sich durch Nietzsches Texte wie diejenigen sehr vieler Intellektueller. Jedenfalls sollen seine Jünger von ihm abhängig sein, die er verstoßen kann, wenn sie nicht spuren. Sie sollen keine anderen Götter neben Nietzsche haben. Wenn sie Menschen helfen sollen, dann erinnert das an christliche Lehren und Praktiken – und an die Figur des *Zarathustra*. Auch bezeichnet er sie als höhere Menschen. Katholische Priester galten als solche, weil sie mit der göttlichen Hemisphäre enger verbunden sind als die

---

[1] Johannes Duns Sotus, Pariser Vorlesungen über Wissen und Kontingenz (um 1300), 81

Gläubigen und daher zwischen diesen und der höheren Sphäre vermitteln können, holen sich die Gläubigen bei ihnen Beistand, der ihnen gut tun soll. Als sich die katholische Kirche konsolidierte, entstand diese Klasse höherer Menschen, die am Ende ihrer Geschichte, nämlich vor der Französischen Revolution sogar als erster Stand bezeichnet wurde.

Nietzsches Wort ,Ordensbund' schließt unmittelbar an die mönchischen Traditionen an. Er will mit der katholischen Kirche konkurrieren. Doch ihm fällt kein von ihr unabhängiges Modell ein. Das ist kein Zufall, stellt die katholische Kirche die Form der Hierarchie als solche dar und liefert damit das Gegenmodell zur Republik wie zur Demokratie, das noch vom Leninismus übernommen wurde. Das passt auch zu Nietzsches Träumen vom politischen Genius, der der Welt Sinn verleiht. Carl Schmitt bringt diese Träume Nietzsches auf den Begriff: „Die Idee der Repräsentation ist dagegen so sehr von dem Gedanken persönlicher Autorität beherrscht, dass sowohl der Repräsentant wie der Repräsentierte eine persönliche Würde behaupten muss. Sie ist kein dinghafter Begriff. Repräsentieren im eminenten Sinne kann nur eine Person und zwar – zum Unterschiede von der einfachen ,Stellvertretung' eine autoritäre Person oder eine Idee, die sich, sobald sie repräsentiert wird, ebenfalls personifiziert."[1] Bei Nietzsche verleiht die Würde des politischen Genius den Unterworfenen Würde.

Doch damit besteht die Ambivalenz seiner Äußerungen über das Verhältnis zwischen Staat und Individuum weiterhin. Bei Nietzsche selbst handelt es sich intentional sicher um einen aristokratischen Individualismus, den er massiv antidemokratisch konzipiert. So konnten sich elitäre Denker wie Max Weber auf Nietzsche berufen genauso wie völkische Vertreter, die seine Kritik am Volk schlicht als Kritik am faktischen Volk interpretieren, das noch zu keinem nationalistischen und völkischen Geist gelangt ist.

---

[1] Carl Schmitt, Römischer Katholizismus und politische Form, (1923), 35

Wenn er dabei die Moral hinter sich lässt, die sich *jenseits von Gut und Böse* situiert, bedeutet das hinsichtlich seiner erhofften Anhängerschaft, dass er dieser die neue Moral vorgibt – ein Verfahren, dass alle totalitären Bewegungen betreiben. Richtig ausbuchstabieren wird Nietzsche diese neue Perspektive in *Zur Genealogie der Moral*. Lacan verbindet diese Moralkritik mit einer Wahrheitsperspektive, die dem Lehrer der ewigen Wiederkunft alle Optionen überlässt, seine Anhänger ob seiner Genialität zu führen. Lacan schreibt: „Diese Tradition reicht bis zu Nietzsches *Genealogie der Moral*, die vollkommen in dieser in gewisser Weise negativen Perspektive bleibt, demzufolge das menschliche Verhalten als solches ein getäuschtes ist. In diese Mulde, in diese Schale wird sich die Freudsche Wahrheit ergießen. Sie werden zweifellos getäuscht, aber die Wahrheit ist anderswo. Und Freud sagt uns, wo sie ist. Was in dem Moment da einbricht, mit einem Donnerschlag, ist der Sexualtrieb/l'instinct sexuel, die Libido. Aber was ist der Sexualtrieb? Die Libido? Der Primärprozess? Sie glauben's zu wissen – ich auch –, was nicht heißt, dass wir uns dessen so sicher sind."[1]

Um so mehr scheint sich bei Nietzsches Ordensbundträumen das Begehren auszutoben, das Verdrängte allemal, das aber nun mal verdrängt ist. Wenn nach Nietzsche die Menschen notorisch Täuschungen über die Wirklichkeit unterliegen, dann müsste das einerseits für ihn auch gelten – nein, er ist der Genius – und andererseits eröffnet dass einem Guru alle Spielräume, Moral nach seinem Belieben sich nicht nur auszudenken – das machen sie alle: Moses, Diogenes von Simope, Christus, Jagger – vor allem möchte Nietzsche wie die ersten drei seine neue Moral seinen Anhängern oktroyieren. Nicht nur dass es damit gefährlich wird, reiht er sich in die Reihe interventionistischer Propheten im Stile der Kyniker ein, über die und deren vielfältige Nachfolger Foucault schreibt: „Die Wahrheit aufsuchen, die Wahrheit offenbar machen, die Wahr-

---

[1] Jacques Lacan, Das Ich in der Theorie Freuds (1954/55), 18

heit explodieren lassen, bis dass man dabei sein Leben verliert oder das Blut der anderen vergießt, das ist etwas, dessen tiefgreifende Wurzel man in der Geschichte des europäischen Denkens findet."[1] Vielmehr verrät Nietzsche spätestens in seinen letzten Bemerkungen die eigenen Täuschungen über die Wirklichkeit, die ihm selbst verborgen blieben.

Nietzsches Ordensbundbegehren drängt sich dann in seine einschlägigste politische und scheinbar auch die visionärste Äußerung, wenn er in *Jenseits von Gut und Böse* pathetisch verkündet: „Die Zeit für kleine Politik ist vorbei: schon das nächste Jahrhundert bringt einen Kampf um die Erd-Herrschaft, – den *Zwang* zur großen Politik."[2] Nicht nur dass dieser Kampf damals bereits seit gut 300 Jahren tobte. Einen letzten Höhepunkt erlebte er immerhin seit Beginn der 1880er Jahre im sogenannten *Scramble for Africa*, als die europäischen Mächte, vor allem Deutschland, untereinander um die letzten vermeintlich freien und sogenannten weißen Flecken auf der Landkarte feilschten, gegenseitig und nicht nur gegenüber den Kolonisierten mit dem Einsatz militärischer Gewalt. Nietzsche versucht sich also bereits Mitte der achtziger Jahre in die aktuelle internationale Politik einzuklinken. Seine letzten Briefe während seines wüsten Untergangs beschäftigen sich mit dem gleichen Thema. Wenn man davon absieht, dass sich darin seine Wunschproduktion hinsichtlich seiner selbst verselbständigt hat, so entsprechen die politischen Gehalte doch seiner These aus den Jahren 1884-85. Die Themen Größe, Universalität, Globalität machen bis heute überall Karriere als soziale Wunschproduktion wie allgemeiner Wahn von der politischen Steuerbarkeit von Staaten.

Ergebnis war der erste Weltkrieg der Höhepunkt einer Entwicklung, die nach einer langen Inkubationsphase etwa ab 1880 anhob. Der zweite Weltkrieg war eine Art Neuauflage des

---

[1] Michel Foucault, Der Mut zur Wahrheit – Die Regierung des Selbst und der anderen II, 1984, 243

[2] Nietzsche, Jenseits von Gut und Böse (1884-85), KSA Bd. 5, 11

ersten deutschen „Griffs nach der Weltmacht", wie ihn 1961 Fritz Fischer benannte und womit er in Deutschland eine große Debatte um die deutsche Kriegsschuld am ersten Weltkrieg entfachte: „Da Deutschland den österreichisch-serbischen Krieg gewollt und gedeckt hat und, im Vertrauen auf die deutsche militärische Überlegenheit, es im Juli 1914 bewusst auf einen Konflikt mit Russland und Frankreich ankommen ließ, trägt die deutsche Reichsführung den entscheidenden Teil der historischen Verantwortung für den Ausbruch des allgemeinen Krieges."[1] D.h. die deutschen Eliten, Experten und deren Vordenker. Ironischerweise ging der zweite Griff nach der Weltmacht von einem imperial betrachtet bescheidenen Niveau aus, wiewohl der Krieg in einen Weltkrieg mit noch katastrophaleren Ausmaßen ausartete. Aber weder im ersten noch im zweiten Weltkrieg gelang es Deutschland Weltpolitik zu betreiben – es blieb der „Griff" nach derselben. Darüber täuscht sich Nietzsche wie seine Zeitgenossen.

Nietzsches These vom „Kampf um die Erd-Herrschaft" operiert zwar mit einem visionären Pathos, aber ohne Vision. Er lebt im Zeitalter der ‚großen Politik' und gibt die Gegenwart für die Zukunft aus. Visionär erscheint eher, wenn Nietzsche angesichts einer von ihm behaupteten, aber keineswegs existenten Bedrohlichkeit Russlands fordert, „dass Europa sich entschließen müsste, gleichermaßen bedrohlich zu werden, nämlich *Einen Willen zu bekommen*, durch das Mittel einer neuen über Europa herrschenden Kaste, einen langen furchtbaren eigenen Willen, der sich über Jahrtausende hin Ziele setzen könnte: – damit endlich die langgesponnene Komödie seiner Kleinstaaterei und ebenso seine dynastische wie demokratische Vielwollerei zu einem Abschluss käme."[2] Demokratischen wie dynastischen Pluralismus versteht er einfach nicht, begehrt er eine neue Kaste – im Untergrund der Ordensbund. So propa-

---

[1] Fritz Fischer, Griff nach der Weltmacht – Die Kriegszielpolitik des kaiserlichen Deutschland 1914/18 (1961), 82

[2] Nietzsche, Jenseits von Gut und Böse (1884-85), KSA Bd. 5, 11

giert er eine vermeintliche Einheit, die die europäische Viel-
staaterei überwinden soll, ohne sich auch nur die geringsten
Gedanken darüber zu machen, welche Voraussetzungen dazu
notwendig wären, nämlich eine Entmündigung der Europäer –
das würde er ja nur wünschen, heißt es an derselben Stelle kurz
zuvor: „vor allem die Einführung des parlamentarischen Blöd-
sinns, hinzugerechnet die Verpflichtung für Jedermann, zum
Frühstück seine Zeitung zu lesen."– Und wie sollte das überhaupt durchsetzbar sein? Nur durch einen brutalen Diktator im
Stile seines historischen Genius. Leider realisierte sich das in
Prototypen wie Stalin und dem langjährigen Nazi-Kanzler, die
größten Massenmörder der europäischen Geschichte.

Eine Elite, die Nietzsche Kaste nennt, soll die Basis eines
solchen einheitlichen Willens sein: faktisch waren das Faschisten oder Kommunisten. Man könnte fast meinen, diese hätten
auf Nietzsche gehört. Aber dazu sind seine Bemerkungen zu
apokryph, zu isoliert, scheinen sie eher aus einem Missmut
heraus geboren. Woher sollte denn diese Elite kommen? Das,
was Nietzsche über seine Wegbereiter des Übermenschen äußert, passt schlecht dazu. An Arbeiter und Sozialisten, die eine
solche Kaste in Form der Kommunistischen Parteien noch am
ehesten zu formen in der Lage waren, dachte er bestimmt nicht.
Dass eine Elite eine Machtbasis braucht, die sich nicht allein
auf rohe Gewalt stützt, diesen Gedanken kann er gar nicht
verstehen. Nietzsche ist wie Heidegger schlicht unfähig, politisch zu denken. Aber dazu sind viele anderen politischen Philosophen auch nicht in der Lage.

Zudem leidet eine nationale Elite im Stil von Faschisten am
Mangel übernationaler europäischer Verankerung. Das bedeu-
tete nichts anderes als das, was zu Zeiten von Nietzsche existierte, nämlich nationale Eliten, die miteinander konkurrieren
und zum Krieg neigen, in den sie ständig gerieten, die sie am
Ende aber so schwächten, dass die Kolonialreiche untergingen,
anstatt gar noch das Kolonialreich auf Europa auszudehnen.
Eine solche Rolle übernahmen nach dem zweiten Weltkrieg die
USA, mit einer Art informellem Imperialismus.

Und auf der anderen Seite die Sowjetunion, wo man Nietzsche noch am ehesten hellseherische Kräfte attestieren könnte. Er propagiert in Russland die aufsteigende Großmacht, die Europa zur Einigung zwinge. Aber das wird erst 60 Jahre später Realität werden, während zuvor das zaristische Russland und die frühe Sowjetunion eher schwächelnde Mächte blieben. Der erste große Verlierer des ersten Weltkriegs war Russland und im zweiten hatte die Sowjetunion zwar ein mächtiges, aber seine Kräfte hoffnungslos überschätzendes Nazi-Deutschland als Gegner, dem die Sowjetunion erfolgreich Widerstand leisten konnte und es schließlich im Bündnis mit den Alliierten niederkämpfte. Danach war die Sowjetunion ein tönerner Riese. Also auch im Hinblick auf Russland bleiben Nietzsches vermeintliche Diagnosen eher blass.

Nietzsche war alles andere als ein intimer Kenner der Weltpolitik, eher ein Angeber, dessen politische Thesen heute nur Beachtung finden, weil sein Werk an ganz anderen Stellen viele Leser fasziniert. Genauso unterschätzt er die Stärke von parlamentarischen Demokratien, ein sowohl auf der politischen Linken wie Rechten gerne gepflegter Habitus, der höchstens punktuell nicht völlig abwegig war. So treffen die Worte, mit denen Fritz Fischer den Griff nach der Weltmacht beendet, auch auf Nietzsche zu: „Deutschland unterschätzte die Effizienz der sittlichen und naturrechtlichen Überzeugungen der westlichen Demokratien, die diese als Erbe ihrer geistig-politischen Geschichte zu verteidigen bereit waren."[1]

Und nicht mal dort, wo er den Nationalstaat als rückwärtsgewandte nationale Gefühlsduselei bezeichnet, behält Nietzsche Recht. Die Nationalstaaten waren bis zum Ende des zweiten Weltkriegs die großen Mächte, die die Politik bestimmen und zwar genau mit dem, was er an diesen kritisiert, nämlich mit nationaler Gefühlsduselei – man schaue nur nach Britannien und Frankreich. Was also hellseherisch klingt, ist gleichfalls ein Irrtum, der höchstens viel später und auf ganz andere Wei-

---

[1] Fritz Fischer, Griff nach der Weltmacht (1961), 559

se, als Nietzsche es sich vorstellt, eine Art Realisierung erlebt. Vaterländische Ideen haben bis heute bei einer nicht unerheblichen Gruppe europäischer Bürger eine erstaunliche Anziehungskraft. In den beiden Weltkriegen entfalten sie eine schier unglaubliche Opferbereitschaft. Auch hier also hat sich Nietzsche getäuscht.

Jedenfalls träumt er in einer Nachlassnotiz 1886/87 von der großen Krise, Marx gar nicht so fern, vor allem aber in der Tradition der Apokalyptiker stehend. Die Resultate sollen selbstredend andere sein als bei Marx. „Der Wert einer solchen Krisis ist, dass sie reinigt, dass sie die verwandten Elemente zusammendrängt und sich aneinander verderben macht, dass sie den Menschen entgegengesetzter Denkweisen gemeinsame Aufgaben zuweist – auch unter ihnen die schwächeren, unsicheren ans Licht bringend und so zu einer Rangordnung der Kräfte, vom Gesichtspunkte der Gesundheit, den Anstoß gibt: Befehlende als Befehlende erkennend, Gehorchende als Gehorchende. Natürlich abseits von allen bestehenden Gesellschaftsordnungen"[1], die folglich zerstört werden müssen.

Der reinigende Charakter entspricht der jüdischen Apokalypse, wenn der Messias kommt und die Welt neu ordnet – und Nietzsche wird untergehend gar auf die Juden hoffen. Benjamin sieht darin den Eingriff göttlicher Gewalt, die jenseits allen Rechts operiert: „Die göttliche Gewalt, welche Insignium und Siegel, niemals Mittel heiliger Vollstreckung ist, mag die waltende heißen."[2] Die göttliche Gewalt schafft keine neue Rechtsordnung, wie nach Benjamin die mythische Gewalt, die jedem Rechtssystem zugrunde liegt. Träumt Nietzsche von etwas anderem? Der Genius darf doch nicht vom System des Rechts beeinträchtigt werden. Der Genius übt Gewalt im göttlichen Sinn, nicht im mythischen aus, erklärt sich Nietzsche untergehend zum Gott. Was er beschreibt, ist dem was in und nach der Russischen Revolution und im Faschismus geschah

---

[1] Nietzsche, Nachlass, KSA Bd. 12, 217
[2] Walter Benjamin: Zur Kritik der Gewalt (1921), 64

gar nicht so fern. Derrida, der Benjamins Text aus dem Jahr 1921 als Vorahnung des Holocaust liest, gelangt freilich zu einer erschreckenden Konsequenz: „Andererseits aber kann man ((. . .) weil also der Nazismus im Sinne seiner logischen Konsequenz zur Endlösung als seiner eigenen Grenze führen und weil die mythologische Rechtsgewalt sein wahres System darstellen soll) die Einzigartigkeit der Endlösung nur von einem Ort aus denken und sich in Erinnerung rufen, der nicht dem Raum der mythologischen Rechtsgewalt zugehört."[1] Dann muss man den Holocaust von einer Position außerhalb des Rechts denken. Das wirft ein fatales Licht auf Ideen wie jene Benjamins aber auch Nietzsches.

Andererseits rechnet Nietzsche nicht mit dem nachhaltigen Widerstand der Unterworfenen, auch nicht damit, dass dieser immer wieder aufflammt, selbst und gerade wenn er mit größter Brutalität unterdrückt wird. Am ehesten hat das in China beim Massaker auf dem Platz des himmlischen Friedens in Peking im Jahr 1989 funktioniert und die Corona-Politik brach den Widerstand in Hongkong. In Europa unter dem Hakenkreuz klappte die Unterdrückung der Widerstandsbewegungen jedenfalls nicht. Viel nachhaltiger als ein gewalttätiger ist ein nicht-gewalttätiger unter- und hintergründiger Widerstand, der wesentlich zum Ende der Sowjetunion beitrug.

Widerstand scheint es für Nietzsche nicht zu geben bzw. wird dieser einfach unterworfen. Aber mit dem jahrelangen Bürgerkrieg, der dazu nötig ist, scheint er auch nicht zu rechnen. Vielmehr sitzt er der Illusion auf, dass sich die da Unten einsichtig den Genies da Oben unterwerfen. Dafür erhalten sie Lebenssinn und womöglich noch fette Beute – fast eine sozialvertragliche Vorstellung wie bei Thomas Hobbes im 17. Jahrhundert, wenn die Untertanen dem Souverän dafür Gehorsam leisten, dass dieser ihnen das Leben sichert. „Der alleinige Weg zur Errichtung einer solchen allgemeinen Gewalt, die in der

---

[1] Jacques Derrida, Gesetzeskraft – Der ,mystische Grund der Autorität' (1990), 118

Lage ist, die Menschen vor dem Angriff Fremder und vor gegenseitigen Übergriffen zu schützen und ihnen dadurch eine solche Sicherheit zu verschaffen, (. . .) liegt in der Übertragung ihrer gesamten Macht und Stärke auf einen Menschen oder eine Versammlung von Menschen, (. . .).[1] Aber über Sozialverträge macht sich Nietzsche nur lustig: „Die Menschen-Gesellschaft: das ist ein Versuch, so lehre ich's, – ein langes Suchen: sie sucht aber den Befehlenden – – ein Versuch, oh meine Brüder! Und *kein* 'Vertrag'! Zerbrecht, zerbrecht mir solch Wort der Weich-Herzen und Halb- und Halben!"[2]

Wird aber Nietzsche nicht durch Machiavelli bestätigt, wenn dieser schreibt: „Da die Liebe zu den Menschen von ihrer Willkür und die Furcht von dem Betragen des Fürsten abhängt, darf ein kluger Fürst sich nur auf das, was in seiner Macht und nicht in der der andern steht, verlassen. Er soll, wie gesagt, nur darauf hinarbeiten, den Hass zu vermeiden."[3] Mit letzterem wird deutlich, dass die reine Gewalt nicht mehr funktioniert, auch wenn sie erschreckt. Aber sie muss kontrolliert angewendet werden, nicht so wie Nietzsche sich das vorstellt. Obendrein hat damit Machiavelli verraten, wie politische Gewalt funktioniert und sie damit – so Leo Straus geschwächt: „Machiavelli alone has dared to utter the evil doctrine in a book and in his own name."[4]. Nach Strauss hätte Machiavelli das nur dem Fürsten mündlich mitteilen dürfen, nicht aber dem Volk aufschreiben. Just deshalb kann sich die politische Macht nicht mehr mit bloßer Gewalt durchsetzen, wie es Nietzsche immer noch glaubt. Für Strauss hat Machiavelli damit verantwortungslos die politische Herrschaft nachhaltig beeinträchtigt. Nietzsche müsste ihm eigentlich zustimmen, dann aber auch einsehen, dass die Zeit der einsamen genialen Führer vorbei ist, wenn es sie denn je gegeben hat.

---

[1] Thomas Hobbes, Leviathan (1651), 134
[2] Nietzsche, Also sprach Zarathustra (1882-84), KSA Bd. 4, 265
[3] Niccolò Machiavelli, Der Fürst (1532), 70
[4] Leo Strauss, Thoughts on Machiavelli (1958), 10

Nietzsche politische Äußerungen legen den Verdacht nahe, dass sie seinem genialen Begehren entspringen. Sie funktionieren nur, wenn man nicht weiter der Problematik nachsinnt. Sie entsprechen zu schnellen Antworten auf zu simple Fragestellungen unter Berücksichtigung von zu wenigen Erfahrungen und Gedanken. Wie schreiben doch Deleuze und Guattari: „Oder bildet Ödipus nicht vielmehr in dem Maße ein Erfordernis oder eine Folge der gesellschaftlichen Reproduktion, als diese darauf aus ist, eine genealogische Materie wie Form zu beherrschen, die ihr doch allseits entwischen? Denn es liegt offen zutage, dass der Schizo unaufhörlich Rede und Antwort stehen muss. Gerade weil sein Verhältnis zur Natur in keinem spezifischen Pol begründet ist, wird er in Begriffen des herrschenden gesellschaftlichen Code befragt: Dein Name! Der deines Vaters! Der deiner Mutter!"[1] Ob Nietzsche unter einer Form der Schizophrenie litt, ist nicht das Problem. Aber er sah sich genötigt, auf alles zu antworten, konnte sich schizoid nicht konzentrieren, schreibt Notizen, die ihm so einfallen, und zwar über Gott und die Welt. Dabei kehrt er im Geist der Zeit flüchtig in die ödipale Struktur ein, sowohl auf der familiären als auch auf der politischen Ebene. Er entgeht den sozialen und politischen Diskursen gerade nicht. In ihm treiben Papa-Mama das flüchtige Ich an. Zu allem muss er etwas aufschreiben: das Genie, nein der Schizo.

---

[1] Gilles Deleuze, Félix Guattari, Anti-Ödipus – Kapitalismus und Schizophrenie, Bd. 1 (1972), 21

8. DER WILLE ZUR WAHRHEIT ALS METO-NYMISIERENDES BEGEHREN

In theoretischer Hinsicht erweist sich Nietzsches Denken als brillanter. Er avanciert zum großen Kritiker des philosophischen Subjektivismus, für den das Subjekt bzw. das Ich eine mächtige Größe ergibt. Doch Nietzsche bezweifelt diese Macht des Subjekts. Nicht das Ich, nicht das Subjekt denkt, was es will. Für Nietzsche wird es gedacht bzw. überkommt der Gedanke das Subjekt, treibt das Ich vor sich her. „Was den Aberglauben der Logiker betrifft: so will ich nicht müde werden, eine kleine kurze Tatsache immer wieder zu unterstreichen, welche von diesen Abergläubischen ungern zugestanden wird, – nämlich, dass ein Gedanke kommt, wenn ‚er' will, und nicht wenn ‚ich' will; so dass es eine *Fälschung* des Tatbestandes ist, zu sagen: das Subjekt ‚ich' ist die Bedingung des Prädikats ‚denke'. Es denkt: aber dass dies ‚es' gerade jenes alte berühmte ‚Ich' sei, ist, milde geredet, nur eine Annahme, eine Behauptung, vor Allem keine ‚unmittelbare Gewissheit'." [1]

Diesen Gedanken hat aber vor Nietzsche bereits Schopenhauer formuliert und Nietzsche dürfte ihn bei ihm gelesen haben. Kann man wirklich denken, was und wann man will. Das wird heute von vielen Seiten in Frage gestellt, vor allem von den Natur- und den Neurowissenschaften, die ganz im Stil von Schopenhauer und Nietzsche den freien Willen in Frage stellen. Haben sie etwa bei Nietzsche gelernt? Wie schreibt doch Yuval Noah Harari: „Wenn wissenschaftliche Entdeckungen und technologische Entwicklungen die Menschheit in

---

[1] Nietzsche, Jenseits von Gut und Böse (1884-85), KSA Bd. 5, 17

eine Masse nutzloser Menschen und eine kleine Elite optimier-
ter Übermenschen aufspalten oder wenn die Macht vollständig
von Menschen auf hochintelligente Algorithmen übergeht,
wird der Liberalismus zusammenbrechen."[1] Just von letzterem
träumt auch Nietzsche, eint ihn der Hass auf alles Liberale mit
Harari.

Freilich hat heute innerhalb des Subjektivismus ein Um-
denken eingesetzt. Kaum noch jemand stellt sich das Subjekt
als mächtiges vor. Aber natürlich betrachtet man es als nicht so
hilflos, wie es Nietzsche behauptet. Trotzdem muss man Nietzsche im Anschluss an Schopenhauer das Verdienst zuschreiben, entscheidende Fragen aufgeworfen zu haben, die bis heute
diskutiert werden. Wenn nach Nietzsche nicht das Ich, sondern
der Gedanke denkt, dann wird Heidegger im Sinn der Sprachphilosophie daraus folgern, nicht das Ich, sondern „die Sprache
spricht." [2] Und Jacques Lacan wird diese mangelnde Kontrolle
des Subjekts über sich selbst, d.h. die Diskurse, an denen es
sich beteiligt, in der Sprachstruktur selbst nachweisen, durch
die ständig unbewusste Subtexte jeden Sprechakt begleiten,
weil sich im Sprechen etc. die Sprache in ständiger Bewegung
befindet, sich vor allem Bedeutungen andauernd verschieben,
ohne dass das Subjekt das bemerken würde. Lacan schreibt:
„Die Entstellung, im Französischen *transposition*, in der Freud
die allgemeine Vorbedingung der Traumfunktion aufzeigt, ist,
was wir weiter oben mit Saussure als Gleiten des Signifikats
unter dem Signifikanten bezeichnet haben, das im Diskurs
immer (auf, wohlgemerkt, unbewusste Weise) wirksam ist. Es
finden sich hier aber beide Abhänge der Einwirkung des Signifikanten auf das Signifizierte. Die Verdichtung, im Französischen *condensation*, meint die Überbelastungsstruktur der
Signifikanten, in der die Metapher ihr Feld einnimmt, wobei
der Name (<Ver-dichtung>) darauf hinweist, dass dieser Me-

---

[1] Yuval Noah Harari, Homo Deus – Eine Geschichte von Morgen,
2017, 473
[2] Martin Heidegger, Die Sprache (1950), 20

chanismus von der Natur der Poesie ist, und zwar so weit, als
er deren eigentlich traditionelle Funktion einschließt. Die Verschiebung, im Französischen *déplacement*, was dem deutschen
Ausdruck näher kommt, ist dieses Umstellen der Bedeutung,
das die Metonymie zeigt, und das seit seinem Erscheinen bei
Freud als jenes Mittel des Unbewussten gedacht wird, das am
besten geeignet ist, die Zensur zu umgehen."[1]

Das Spiel der Signifikanten zwischen Verschiebung und
Verdichtung entbirgt sich in Nietzsches Machtkonzeption, die
dem Begehren bei Freud und Lacan den Weg bereitet. Nietzsches Texte sind von hoher semantischer Dichte, so dass sie
unvermeidlich unterschiedliche Perspektiven ver- und entbergen. Darin liegt denn auch die kritische Dimension von Nietzsches Philosophie, die er nach Foucault mit Marx und Freud
teilt: „Die Philologie als Analyse dessen, was in der Tiefe des
Diskurses gesagt wird, ist zur modernen Form der Kritik geworden."[2]

Das schlägt auf die Philosophie selbst zurück, erkennt
Nietzsche in der Philosophie einen Willen zur Wahrheit, den er
mit dem Willen zur Macht vergleicht. Dann ist die Geschichte
der Philosophie die Geschichte des Willens zur Wahrheit oder
auch eine Geschichte des Willens zur Macht. Aber was man
darunter versteht, versteht sich keinesfalls von selbst. Und
keineswegs haben sich die Philosophen gemeinhin darum bemüht, der Wahrheit analytisch auf den Grund zu gehen, also
nach ihren Strukturen, Herkünften, Hintergründen zu fragen.
Nein, sie fragen gemeinhin nach den Wahrheiten als solchen,
also nach dem, was gerade wahr sein soll. So haben die Philosophen dazu jeweils eine eigene Geschichte geschrieben und
damit jeweils für eine „Schaffung der Welt" gesorgt. Nietzsche
attestiert der Philosophie primär konstruierend unterwegs zu
sein, um die Welt nach ihrem eigenen Bilde zu gestalten – eine

---

[1] Jacques Lacan, Das Drängen des Buchstabens im Unbewussten
(1957), 36
[2] Michel Foucault, Die Ordnung der Dinge (1966), 363

These, die im 20. Jahrhundert auf vielfältige Weise wieder-kehrt, wiewohl nicht nur im Rückgriff auf Nietzsche.

Wenn sich also der Wille zur Wahrheit vor diesem Hinter-grund als ein Wille zur Macht erweist, den Nietzsche Mitte 1885 im *Nachlass* zur Triebfeder alles Seienden wie auch des Seins als Ganzem erklärt, zu dem selbstredend auch der Mensch gehört, dann ist der Wille zur Macht die einzige Trieb-feder im Universum, was gleichermaßen für Prozesse des An-wachsens wie des Niedergangs gilt. Henning Ottmann bemerkt das für Nietzsches gesamtes Denken in den achtziger Jahren: „Es lag eine gewisse Logik darin, dass sich Nietzsche in den achtziger Jahren alles unter dem Begriff ‚Wille zur Macht' versammelte. (. . .) ‚Wille zur Macht' war alles, was ‚wirkte' und in Bewegung war, unterwegs zu einem Mehr an Kraft oder Macht oder auf dem Weg hinab zu einem Weniger."[1]

Damit tritt der Wille zur Macht auch als Wille zur Wahrheit an die Stelle der Mathematik bei Galilei, mit der sich das We-sen des Universums erfassen lasse. Aber Nietzsche begreift den Willen zur Macht zwar als die richtige Form des Verstehens der Welt – das bleibt auch sein Problem, erscheint dann der Wille zur Macht als eine Art metaphysischer Urgrund. Man kann indes die Welt auch nur verstehen, ist jede Erklärung nichts anderes, kommt diese der Welt nicht näher. Für Galilei ist dagegen das Universum an sich mathematisch aufgebaut, so dass man mathematisch die Welt richtig erklären kann. Spätes-tens Husserl wird 1936 das als einen Irrtum entbergen: „Das Ideenkleid ‚Mathematik und mathematische Naturwissen-schaft' (. . .) macht es, dass wir für wahres Sein nehmen, was eine Methode ist (. . .)."[2]

Nach Nietzsche dagegen beherrscht man die Welt dann am besten, wenn man das Verständnis von Welt prägt. Er unter-stellt dabei anders als Galilei, dass die Welt keine geregelte

---

[1] Henning Ottmann, Philosophie und Politik bei Nietzsche (1987), 354
[2] Edmund Husserl, Die Krisis der europäischen Wissenschaften und die transzendentale Phänomenologie (1936), 51

Struktur besitzt, der sich der Mensch anzupassen hat, wenn er mit der Welt erfolgreich umgehen will. „Gegen den Positivismus, welcher bei dem Phänomen stehen bleibt, ‚es gibt nur Tatsachen‘, würde ich sagen: nein, gerade Tatsachen gibt es nicht, nur Interpretationen. Wir können kein Faktum ‚an sich‘ feststellen (. . .).“[1] Weil die Welt keinen Gesetzen folgt, lässt sie sich von einem Machtwillen nach dessen Gutdünken interpretieren. Die Welt setzt ihrerseits diesem Machtwillen keine Grenzen. Das Chaos öffnet ihm vielmehr Spielräume. Das Genie kann für gut erklären, was es will und die Masse wird es glauben und die Welt dementsprechend verstehen. Daher operieren auch die Ideologien wie die Wissenschaften bis heute so erfolgreich, nämlich als Genien. So konstatiert Günter Abel: „Der Interpretations-Gedanke führt vor, das, was man die Sterblichkeit der Wahrheit nennen könnte.“[2]

Natürlich ist der Wille zur Macht seinerseits nur eine Interpretation von Interpretationen. So heißt es in *Jenseits von Gut und Böse*: „Gesetzt, dass auch dies nur Interpretation ist – und ihr werdet eifrig genug sein, dies einzuwenden? – nun, um so besser.“[3] Aber wie Nietzsche es feststellt, ist Interpretieren Wille zur Macht und Wille zur Macht ist Interpretieren, selbst wenn es sich um einen organischen Vorgang handelt: Wenn der Bauer sein Feld pflügt, ist das eine Interpretation, verleiht er dem Feld einen anderen Sinn. Es gibt nun mal keinen Ausweg aus der Sachlage, dass welches Weltverstehen auch immer, gerade auch das naturwissenschaftliche, Interpretation ist, die sich keiner absoluten Wahrheit rückversichern kann, die vermeintlich vorliegende äußere Umstände adäquat erfasst. Damit ebnet Nietzsche einer kulturkritischen Haltung gegenüber den Wissenschaften den Weg, wie sie religiös, neomarxistisch oder ökologisch formuliert werden wird und die heute in die Medizinkritik abgewandert ist.

---

[1] Nietzsche, Nachlass, KSA Bd. 12, 315

[2] Günter Abel, Sprache, Zeichen, Interpretation, 144

[3] Nietzsche, Jenseits von Gut und Böse (1884-85), KSA Bd. 5, 37

Wenn Nietzsche andererseits beinahe im Stil von Kant der Struktur und den Grenzen der Wahrheit nachgeht, dann führt das gar nicht zu einem Konflikt mit der Philosophie. Nein, Nietzsche stellt sich außerhalb der Philosophie auf, oder man gesteht ihm zu, Philosophie anders zu denken, wobei er sich dabei durchaus auf manche Philosophen berufen kann. Daher ist er Kant, Marx und Freud nicht so fern. Denn wenn er fragt, warum man nicht nach der Unwahrheit suchen soll, dann eröffnet er damit genau den Weg der neueren Philosophie.

Letztlich ist es heute zu einer zentralen Aufgabe einer kritischen, einer genealogischen wie einer dekonstruktiven Philosophie geworden, Unwahrheiten zu entlarven, ohne dass man diesen letzte Wahrheiten gegenüberstellen könnte – nebenbei gesagt, machte man das bereits in der Scholastik. Ja, im Anschluss an Kant, Marx und Nietzsche ist der Philosoph gar kein Wahrheitssucher mehr, sondern will überall die Unwahrheiten aufdecken. Derridas Dekonstruktion sucht dementsprechend nach den begrifflichen Aporien sowohl in der Erkenntnis wie in der Ethik: „Die Gerechtigkeit ist eine Erfahrung des Unmöglichen. Ein Gerechtigkeitswille, ein Gerechtigkeitswunsch, ein Gerechtigkeitsanspruch, eine Gerechtigkeitsforderung, deren Struktur nicht in einer Erfahrung der Aporie bestünde, hätten keine Chance jenes zu sein, was sie sein wollen: ein gerechter, angemessener Ruf nach Gerechtigkeit."[1]

So transformiert sich der Wille zur Macht als Wille zur Wahrheit in einen Willen zur Unwahrheit. Kant, Marx und Freud wollen dadurch immerhin noch zur Wahrheit gelangen, Nietzsche jedenfalls nur noch teilweise und die Philosophie im Anschluss an Nietzsche gibt dieses Projekt einer absoluten Wahrheit völlig auf. Doch der Wille zur Unwahrheit bleibt ein Wille zur Macht, versucht er zwar nicht unbedingt, die eigene Position zu stärken, aber die anderer zu schwächen. Eigentlich ist er nur die andere, die relative Seite der Medaille Wahrheit,

---

[1] Jacques Derrida, Gesetzeskraft – Der ‚mystische Grund der Autorität' (1990), 33

die Nietzsche damit selbst ganz und gar nicht aufgibt – auch wenn er sich nicht auf Weiber verstand.

Als einen Machtbegriff kritisiert Nietzsche auch den christlichen Seelenbegriff, der die Seele als unsterblich qualifiziert. Über eine sterbliche Seele hätte der Zeitgenosse ja noch eine eigene Macht. Aber über deren unsterbliche Seite nicht. Diese ist Gott, bzw. dessen Stellvertretern ausgeliefert, die damit über die Menschen befinden, mit den Seelen spielen können wie die Kinder. Doch Nietzsche will die Seele gar nicht aufgeben, sondern nur neu denken: „Es ist unter uns gesagt, ganz und gar nicht nötig, ‚die Seele‘ selbst dabei los zu werden und auf eine der ältesten und ehrwürdigsten Hypothesen Verzicht zu leisten: (. . .). Aber der Weg zu neuen Fassungen und Verfeinerungen der Seelen-Hypothese steht offen: und Begriffe wie ‚sterbliche Seele‘ und ‚Seele als Subjekts-Vielheit‘ und ‚Seele als Gesellschaftsbau der Triebe und Affekte‘ wollen fürderhin in der Wissenschaft Bürgerrecht haben.“[1] Damit antizipiert er die im 20. Jahrhundert weit verbreitete Erfahrung, dass sich viele Zeitgenossen nicht selber als homogene Einheit verstehen, sondern anerkennen, dass sie aus häufig gegensätzlichen Strebungen bestehen, so dass sie nicht sagen können, was sie eigentlich sind, was sie eigentlich wollen.

Heidegger beschwört in *Sein und Zeit* 1927 den Verlust der Eigentlichkeit in der modernen Gesellschaft: „Und weil Dasein wesenhaft je seine Möglichkeit ist, *kann* dieses Seiende in seinem Sein sich selbst ‚wählen‘, gewinnen, es kann sich verlieren, bzw. nie und nur ‚scheinbar‘ gewinnen. Verloren haben kann es sich nur und noch nicht sich gewonnen haben kann es nur, sofern es seinem Wesen nach mögliches *Eigentliches*, das heißt sich zu eigen ist.“[2] Damit befördert er eine Ethik der Eigentlichkeit, die nicht nur im Existentialismus nachhallt, sondern auch von den marxistisch inspirierten Achtundsechzigern rezipiert wird, so dass in den Siebzigern die Selbstfin-

---

[1] Nietzsche, Jenseits von Gut und Böse (1884-85), KSA Bd. 5, 27
[2] Martin Heidegger, Sein und Zeit (1927), 42

dungs- und Selbstverwirklichungsgruppen und -Therapien aus dem Boden schießen. Nietzsche gibt diese Idee der Eigentlichkeit schon längst auf. Auch Heidegger wird eine entsprechende Kehre vollziehen. Das ist durchaus revolutionär.

Das Ich ist für ihn keine Einheit, sondern eine Vielheit, was sich in den gegensätzlichen Tendenzen seines Werkes spiegelt. Und er antizipiert die Freudsche Kultur- und Triebtheorie, wenn er die „Seele als Gesellschaftsbau der Triebe und Affekte" bezeichnet. Wie schreibt doch Freud: „Ursprünglich war ja alles Es, das Ich ist durch den fortgesetzten Einfluss der Außenwelt aus dem Es entwickelt worden. Während dieser langsamen Entwicklung sind gewisse Inhalte des Es in den vorbewussten Zustand gewandelt und so ins Ich aufgenommen worden. Andere sind unverändert im Es als dessen schwer zugänglicher Kern geblieben."[1] Das Individuum wird Zeit seines Lebens nicht nur äußerlich, sondern vor allem innerlich von der Gesellschaft geprägt. Wenn andererseits Foucault Freuds Repressionshypothese widerspricht und die Sexualität nicht als Naturtrieb, sondern als gesellschaftliches Produkt bezeichnet, schließt er an Nietzsches Gedanken ebenfalls an: „Alle diese negativen Elemente – Verbote, Verweigerungen, Zensuren, Verneinungen – die die Repressionshypothese in einem großen zentralen Mechanismus zusammenfasst, der auf Verneinung zielt, sind zweifellos nur Stücke, die eine lokale und taktische Rolle in einer Diskursstrategie zu spielen haben: in einer Machttechnik und in einem Willen zum Wissen, die sich keineswegs auf Repression reduzieren lassen."[2] Daraus folgt denn auch, dass man sich nicht auf die Natur berufen kann, was Nietzsche ja zumindest indirekt gerne macht. Aber wenn er von Erde oder Leben spricht, dann denkt er noch metaphysisch von einer Art Urgrund und letztem Sinn. Hinsichtlich der Seele war er schon weiter.

---

[1] Sigmund Freud, Abriss der Psychoanalyse (1938), 23

[2] Michel Foucault, Der Wille zum Wissen – Sexualität und Wahrheit 1 (1976), 22

Im *Nachlass* vom Herbst 1887 differenziert Nietzsche seinen Nihilismus-Begriff, der sein ganzes Denken durchzieht und sich im Willen zur Macht als metonymisierendes Machtbegehren realisiert: Die religiös transzendierte und damit sowohl metonymisierte wie metaphorisierte Welt gerät auf die schiefe Bahn des Signifikanten. Zuvor kam der Nihilismus in der russischen Literatur auf und befeuerte die russischen Anarchisten. Nietzsches Feinde haben ihm dieses Markenzeichen aufgeklebt, ebenfalls seine nihilistischen Freunde. Grundsätzlich heißt Nihilismus für ihn, dass sich gemeinsame Werte auflösten. Das will Nietzsche nur bemerkt haben. Bewirkt haben es die Christen selbst mit ihrer Ablehnung des Lebens – die eigentlichen Nihilisten – wie der Materialismus der Aufklärung. Daher reicht für Nietzsche dieser Prozess bis in die Spätantike zurück. Man könnte das auf die Reformation und die revolutionären Bewegungen des 18. und 19. Jahrhunderts beschränken. Seither sind gemeinsame oberste Werte im Abendland schwach geworden.

Nietzsche beschreibt den unvollständigen und weit verbreiteten Nihilismus folgendermaßen: „Ein Nihilist ist der Mensch, welcher von der Welt, wie sie ist, urteilt, sie sollte *nicht* sein und von der Welt, wie sie sein sollte, urteilt, sie existiert nicht."[1] Dazu zählt Nietzsche auch das Christentum ob dessen Weltablehnung. Denn der unvollständige Nihilismus besitzt keine schöpferischen Kräfte, schwächt sich vielmehr durch die Enttäuschung über die Zustände, mit denen er sich konfrontiert sieht. Der Glaube transformiert sich langsam in Unglauben – eine Entwicklung seit dem ausgehenden Mittelalter.

Wer versucht, diesem Nihilismus durch Affirmation zu entgehen, verschärft ihn nur. Man überwindet diesen Nihilismus nur, wenn man die Werte umwertet. Das aber macht weder der unvollkommene noch der passive Nihilist. Als passiven Nihilismus bezeichnet Nietzsche „dass Alles, was erquickt, heilt, beruhigt, betäubt, in den Vordergrund tritt, unter verschiedenen

---

[1] Nietzsche, Nachlass, KSA Bd. 12, 366

Verkleidungen, religiös, oder moralisch oder politisch oder ästhetisch usw."[1] Der passive ist also dem unvollkommenen Nihilismus nicht so fern. Freilich löst sich dieser passive Nihilismus gegen Ende des 20. Jahrhunderts zunehmend auf. Wer sich heute um die traditionellen Werte nicht mehr kümmert, der begreift das auch gar nicht mehr als Verlust. Umgekehrt wer auf den traditionellen Werten insistiert, lässt sich von Kritikern schwerlich beirren.

Als extremen Nihilismus bezeichnet Nietzsche die Einsicht in eine schwach gewordene Ontologie: „Dass es keine Wahrheit gibt; dass es keine absolute Beschaffenheit der Dinge, kein ,Ding an sich' gibt – *dies ist selbst ein Nihilismus,* und zwar der *extremste.*"[2] Damit wird jeder Glaube und jede Wissenschaft zwangsläufig falsch, gibt es keine wahre Welt mehr, sondern nur noch viele verschiedene entworfene bzw. konstruierte Welten. Das hält Nietzsche sogar für eine ,göttliche Denkweise'. Zumindest hat er damit den Weg in den radikalen Konstruktivismus geebnet, der im Zeichen der medialen Corona-Politik als Wahrheitsleugner diffamiert wird, sind die westlichen Demokratien längst dort angekommen, wo sich die zeitgenössischen Diktaturen befinden, die alle zusammen keine abweichenden Kritiken mehr ertragen können.

Den radikalen Nihilismus bestimmt Nietzsche folgendermaßen: „Der *radikale Nihilismus* ist die Überzeugung einer absoluten Unhaltbarkeit des Daseins, wenn es sich um die höchsten Werte, die man anerkennt <handelt>, hinzugerechnet die *Einsicht,* dass wir nicht das geringste Recht haben, ein Jenseits oder ein An-sich der Dinge anzusetzen, das ,göttlich', das leibhafte Moral sei."[3] Also auch höchste Werte können die Wirklichkeit nicht retten. Auch Gott kann die Wirklichkeit nicht retten, was Gläubige gemeinhin anders sehen. Das Christentum hat in den Nihilismus geführt, bzw. ist der reine Nihi-

---

[1] Nietzsche, Nachlass, KSA Bd. 12, 351

[2] Ebd.

[3] Ebd. 371

lismus, weil es immer vom Paradies träumte – und man müsste jenseits des 19. Jahrhunderts ergänzen: weil es die Wollust diskriminiert.

Aber aus dem Nihilismus kann auch die Kraft entstehen, neue Werte zu schaffen bzw. die alten umzuwerten, wenn Nihilismus heißt, auf die traditionellen Weltinterpretationen verzichten zu können. Das ist für Nietzsche der vollkommene Nihilismus, der eigentlich fast schon kein Nihilismus mehr ist, weswegen Nietzsche gar nicht als Nihilist bezeichnet werden kann. Er lehnt ja die Welt als solche gerade nicht ab, aber die traditionellen, religiösen Werte, die für Traditionalisten wichtiger als die Welt sind, hat für sie ein Leben an und für sich ohne Christus keinen Wert.

So schreibt Nietzsche: „Warum ist die Heraufkunft des Nihilismus nunmehr *notwendig*? (. . .) weil wir den Nihilismus erst erleben müssen um dahinter zu kommen, was eigentlich der *Wert* dieser ‚Werte' war . . . Wir haben, irgendwann, *neue Werte* nötig."[1] Der vollkommene Nihilismus entspricht Nietzsches freien Geistern oder höheren Menschen, die sich auf den Weg machen, um neue lebens- und weltbejahende Werte zu entwickeln. Just diese Idee hat Nietzsche bei Individualisten und innovativen Linken populär gemacht, die sich nicht einfach in Brechts Arbeitereinheitsfront einreihen oder die sich mit braver Sozialpolitik nicht zufrieden geben. Zu letzterer braucht man gerade keine neuen Werte, sondern wie sich in der Corona-Politik gezeigt hat, eine Wiederbelebung alter metaphysischer Werte, die den christlichen Machtanspruch der Wahrheit und der Liebe in soziale, besonders medizinische Werte transformieren.

---

[1] Ebd. Bd. 13, 190

9. DIE WIEDERKEHR DES BÖSEN ALS ÜBER-
WINDUNG DES LETZTEN MENSCHEN

Eine der überhaupt wichtigsten Texte Nietzsches ist *Zur Genealogie der Moral* aus dem Jahr 1887, das eine Kritik von Moral und Ethik unternimmt, sein eigentliches moralkritisches wie überhaupt sein philosophisches Hauptwerk jenseits des *Zarathustra*. Nietzsche entwickelt eine Kulturgeschichte der Moral, die deren Hintergründe nicht in der Religion, auch nicht in einer Anthropologie so wenig wie in einer sozialen Praxis verortet. Die Geschichte der Moral ist nicht moralisch, ist sie vielmehr im höchsten Maße unmoralisch. Die Moral verdankt sich nicht ihrer selbst, einem Streben nach dem Guten als Altruismus, wie es gerne verstanden wird. Vielmehr stellt auch die Moral wie Liebe und Wahrheit eine Form des Willens zur Macht, also des Machtbegehrens dar.

Nietzsches genealogische Methode, die ja ansatzweise auch schon in den frühen Schriften auftaucht, unterstellt dabei, dass sich eine Angelegenheit nicht ihrer eigenen Tradition verdankt, als vielmehr ihrem Gegenteil, bzw. fremden Traditionen und Zusammenhängen, aus denen heraus und in denen sie entsteht. Er interpretiert also eine Angelegenheit nicht aus ihr selbst heraus, sondern aus dem ihr anderen, aus dem ihr Fremden, aus Einflüssen von außen. Das ist der Sinn von Genealogie, die seither zumindest in bescheidenem Maße Karriere machte. Nicht nur Michel Foucault wird die Genealogie fortschreiben. Paul Ricœur führt den Sinn der Genealogie im Denken von Sigmund Freud vor: „Was Freud hier entwickelt, ist eine echte Genealogie der Moral, in einem Sinne, der dem nietzscheschen Verständnis dieses Begriffes nahekommt: Genealogie in dem

Sinne, dass das Über-Ich als ‚Erbe des Ödipuskomplexes‘, als ‚der Ausdruck der wichtigsten Schicksale des Es‘ bezeichnet ist; Genealogie der Moral, insofern dieser Prozess der, was die bei dieser der Trauerarbeit vergleichbaren Arbeit wirksamen Kräfte anbetrifft, triebhaft bleibt, nichtsdestoweniger ‚Ideale‘ hervorbringt, und zwar durch die Überführung libidinöser Wunschziele in eine sozial anerkanntes Ziel.“[1]

Der Trieb, das Begehren, der Wille zur Macht bringt nach Nietzsche die Moral hervor und zwar als etwas Unmoralisches, zumindest jenseits der Moral zu Situierendes, als etwa, das mit Moral nichts zu tun hat. Man könnte einwenden, dass die Moral genau das ihr Andere beherrschen will, die Unmoral, aber damit ihrerseits Gewalt und Macht ausübt Wie schreibt Foucault über die Patristik: „Der Zweck der Ehe ist nicht die Zeugung. Tatsächlich sagt Chrysostomus dies in anderer Form. (. . .) ‚Damit wir die Unzucht vermeiden, damit wir unsere Wollust bekämpfen, damit wir in Keuschheit leben, damit wir Gott gefallen, indem wir uns mit unserer eigenen Frau begnügen.‘ (. . .) ‚Die Ehe ist nun behufs der Kinderzeugung, weit mehr aber, um die Glut der Natur zu dämpfen, eingeführt worden.‘“[2] Die Ehe soll just die Wollust verhindern, indem sie sie domestiziert und letztlich zerstört. Für de Beauvoir „liegt in der Ehe eine Irreführung, da sie mit der Absicht, die Erotik zu sozialisieren, nur erreicht hat, diese zu töten.“[3]

Um die Moral zu verstehen, greift Nietzsche über die bekannte Moral hinaus bzw. zurück, nämlich bis zur Menschenbildung. Wie entsteht der Mensch? Das Tier kann sich nicht konzentrieren, darf sich nicht konzentrieren; sonst wäre es beim Sex oder beim Fressen schnell selber gefressen. Es hat

---

[1] Paul Ricœur, Hermeneutik und Strukturalismus – Der Konflikt der Interpretationen I (1969), 140

[2] Michel Foucault, Die Geständnisse des Fleisches – Sexualität und Wahrheit 4 (1984 / 2018), 360

[3] Simone de Beauvoir, Das andere Geschlecht – Sitte und Sexus der Frau (1949), 247

kein Gedächtnis. Der Mensch ist nicht anders, folgt dem, wozu ihn die Situation gerade animiert. Die Kultur muss daher den Menschen so prägen, dass er sich zu konzentrieren lernt, indem ihm traumatisch ein Gedächtnis eingebrannt wird. „‚Wie macht man dem Menschen-Tiere ein Gedächtnis? Wie prägt man diesem teils stumpfen, teils faseligen Augenblicks-Verstande, dieser leibhaften Vergesslichkeit Etwas so ein, dass es gegenwärtig bleibt?‘ . . . Dies uralte Problem ist, wie man denken kann, nicht gerade mit zarten Antworten und Mitteln gelöst worden; vielleicht ist sogar nichts furchtbarer und unheimlicher an der ganzen Vorgeschichte des Menschen, als seine Mnemotechnik. ‚Man brennt Etwas ein, damit es im Gedächtnis bleibt: nur was nicht aufhört, weh zu tun, bleibt im Gedächtnis – das ist ein Hauptsatz aus der alleraltesten (leider auch allerlängsten) Psychologie auf Erden.“[1] Auf dem Grunde aller guten Dinge herrscht die Gewalt wie das nackte Grausen.

Das schreibt nach Nietzsche die Technik fort, wenn der Mensch hybrid mit sich selbst wie mit der Natur umgeht und letztere genauso vergewaltigt, wie sich selbst. „Hybris ist heute unsre ganze Stellung zur Natur, unsre Natur-Vergewaltigung mit Hilfe der Maschinen und der so unbedenklichen Techniker- und Ingenieur-Erfindsamkeit.“[2] Körper und Seele werden „bei lebendigem Leibe“ seziert. Am Kranken – so Nietzsche – lernt man mehr als am Gesunden. Schließlich entwickelte sich daraus die Vernunft, die daher eine ‚düstere‘ Herkunft hat. Die Vernunft, die den Kern des Guten darstellt, beruht auf der grausamen Mnemonik, somit das Gute als solches. Wenn Habermas schreibt: „Das philosophische Grundthema ist Vernunft. Die Philosophie bemüht sich seit ihren Anfängen, die Welt im Ganzen, die Einheit in der Mannigfaltigkeit der Erscheinungen mit Prinzipien zu erklären, die in der Vernunft aufzufinden sind.“[3] Dann hat sich die Philosophie nach Nietz-

---

[1] Nietzsche, Zur Genealogie der Moral (1887), KSA Bd. 5, 295
[2] Ebd. 357
[3] Jürgen Habermas, Theorie des kommunikativen Handelns, Bd. 1, 15

sche immer mit dem Willen zur Macht beschäftigt. Die Vernunft mag funktionieren. Aber sie unterwirft Mensch und Natur durch die effiziente Anwendung von Gewalt. Vernunft begründet nicht methodisch zirkelfrei eine humane Moral, sondern errichtet die Herrschaft des Menschen über den Menschen, wie es Adorno und Horkheimer am Beispiel der Vorbeifahrt des Odysseus an der Insel der Sirenen beschreiben: „Das Epos enthält bereits die richtige Theorie. Das Kulturgut steht zur kommandierten Arbeit in genauer Relation, und beide gründen im unentrinnbaren Zwang zur gesellschaftlichen Herrschaft über die Natur."[1]

Deleuze und Guattari gehen davon aus, dass der Schizo eine Art Unkonzentriertheit des Menschen verkörpert, den die Kultur durch diverse Methoden konzentriert, wie es Nietzsche beschreibt und wie es die Psychiatrie vollendet: „Wie konnte es nur geschehen, dass der Schizo als jene vom Wirklichen, vom Leben abgeschnittene autistische Jammergestalt zur Darstellung kam? Schlimmer, wie konnte die Psychiatrie ihn praktisch zu dieser jämmerlichen Figur machen, auf den Zustand eines abgestorbenen organlosen Körpers reduzieren – ihn, der doch in jenem unerträglichen Punkt sich einnistet, wo der Geist die Materie berührt und jegliche Intensität lebt, konsumiert?"[2] Als Beispiel dienen Deleuze und Guattari die Erzählung von Georg Büchner über den Sturm und Drang Dichter Jakob Michael Reinhold Lenz, in der er über eine Bergwanderung von *Lenz* schreibt: „Es war ihm alles so klein, so nahe, so nass; er hätte die Erde hinter den Ofen setzen mögen. Er begriff nicht, dass er so viel Zeit brauchte, um einen Abhang hinunter zu klimmen, einen fernen Punkt zu erreichen; er meinte, er müsse alles mit ein paar Schritten ausmessen können."[3] Dann muss man

---

[1] Max Horkheimer, Theodor W. Adorno, Dialektik der Aufklärung (1944/1947), 34

[2] Gilles Deleuze, Félix Guattari, Anti-Ödipus – Kapitalismus und Schizophrenie (1972), 28

[3] Georg Büchner, Lenz (1835), 65

Büchner gleichfalls zu einem literarischen Diskurs zählen, der seit dem 18. Jahrhundert die Gesellschaft in Frage stellt, sich teilweise radikal von ihr abwendet. Dabei spielt der Wahnsinn eine subversive Rolle. So schreibt Foucault: „Während des ganzen 19. Jahrhunderts und bis in unsere Zeit – von Hölderlin zu Mallarmé, zu Antonin Artaud – hat die Literatur nun aber nur in ihrer Autonomie existiert, von jeder andern Sprache durch einen tiefen Einschnitt von sich losgelöst, indem sie eine Art ‚Gegendiskurs‘ bildete und indem sie so von der repräsentativen oder bedeutenden Funktion der Sprache zu jenem rohen Sein zurückging, das seit dem 16. Jahrhundert vergessen war."[1] *Lenz* repräsentiert die Natur nicht, er ist sie, eben der Punkt, an dem sich Natur und Kultur begegnen. Und die Psychiatrie als rationale Wissenschaft wird ihm jede Würde und Menschlichkeit rauben, und zwar mit der Gewalt des Hospitals.

Mit seiner Genealogie stellt Nietzsche den Wert der ethischen Werte in Frage. Denn mit solcher Grausamkeit, also mit diesen Herkünften und Ursprüngen hat man sie nie verbunden. Dementsprechend wurden sie als Werte nie hinterfragt. Nietzsche betrachtet die Werte nicht nur als Werte, sondern fragt danach, wie man sie züchtete, was man mit ihnen machte und wozu man sie gebrauchte. In den traditionellen Morallehren geht es um das Gute, das der Mensch anstreben soll. Eigentlich kann man Altruismus und Mitleid nicht mit dem Guten gleichsetzen. Warum sollte die Gemeinschaft ein Primat gegenüber dem Individuum haben? Nietzsche würde antworten: gegenüber dem höheren Menschen nicht, gegenüber dem niederen schon. Warum sollte Altruismus moralisch sein, wenn die Gemeinschaft beispielsweise Verbrechen begeht und was alle Gemeinschaften auch tun, mögen sie sich noch so human vorkommen? Weil der niedere Mensch das nicht beurteilen kann und daher immer gehorchen muss, würden Nietzsche und Max Weber antworten. Jedenfalls setzt das traditionelle Verständnis von Moral Altruismus und das Gute gleich, was sich so tief

---

[1] Michel Foucault, Die Ordnung der Dinge (1966), 76

eingebürgert hat, dass man das Gute gar nicht mehr anders denn als Unterwürfigkeit denken kann.

Wenn man diese angebliche Einheit von Gutem und Altruismus vor dem Hintergrund der grausamen Mnemotechnik betrachtet, dann birgt die Moral nicht das absolute Gute, wie sie behauptet, verdankt sich dieses Gute vielmehr der Grausamkeit. Das gilt natürlich für die herrschende Moral des Altruismus, die durch ihre Orientierung am Mitleid nach Nietzsche noch eine Art verweichlichende ‚Krankheit' darstellt, die lebensfeindliche Wirkungen hat.

Den Widerspruch, der hier offensichtlich ist – wie kann Grausamkeit verweichlichen – verschiebt Nietzsche derart, dass er die Grausamkeit im Mitleid selbst beheimatet, so dass dann Grausamkeit lebensfeindlich wirkt, während sie originär aristokratisch lebensfreundlich war. Dasselbe sagen schon die grausamen Adligen in den Geschichten des Marquis de Sade. Nur, dass letzterer damit die adlige Gesellschaft entlarvte, was die Rezeption indes nicht sehen wollte und es stattdessen dem Marquis in die Schuhe schob. Was de Sade enthüllt, verschweigt dagegen Nietzsche, dass sich die Grausamkeit damit maskiert, dass sie sich als lebensfördernd ausgibt. Für Nietzsche tarnt die Moral die eigenen Schwächen – nicht viel anderes sagt Marx. Dabei gibt man vor, entweder mit der Moral die Welt zu retten, oder man will mit der Moral die Leute motivieren, d.h. lenken. Nietzsche will das gar nicht ändern, sondern nur die Lenker bzw. die Interessen austauschen und er beruft sich dabei auf die höhere Instanz des Lebens. Aber damit verharrt er im selben Modell wie die christliche Ethik und begeht außerdem einen naturalistischen Fehlschluss. Er hätte die Genealogie auf sein eigenes Modell beziehen müssen.

Dagegen wendet Nietzsche die Genealogie primär auf das Gute an: bevor sich das Gute als altruistisch entwickelt, hatte es eine völlig andere Bedeutung: Es war mit den Vornehmen und Herrschenden verbunden, die sich selbst als eine höhere Klasse verstanden, zu denen die niederen gerade nicht gehörten, geschweige denn dass sie etwas mit den niederen Klassen

gemein hätten. „Das Pathos der Vornehmheit und Distanz, wie gesagt, das dauernde und dominierende Gesamt- und Grundgefühl einer höheren herrschenden Art im Verhältnis zu einer niederen Art, zu einem ‚Unten‘ – *das* ist der Ursprung des Gegensatzes ‚gut‘ und ‚schlecht‘.“[1] Denn dabei spielen die unteren Klassen gar keine Rolle. Sie sind eine ‚niedere Art‘, die am Guten gar keinen Anteil hat. Folglich verdankt sich die Unterscheidung von Gut und Schlecht der Unterscheidung von Oben und Unten. Das Gute gehört ausschließlich zum Oben, nicht zum Unten. Unten ist einfach schlecht. So gab es eine Aristokratie, die ‚Vornehmheit und Distanz‘ verkörperte, indem sie alle Vorstellungen des Guten, Schönen und Wahren an sich selbst band. Das ist die Herkunft des Guten, was erst danach für böse erklärt wird, so dass es aber genealogisch allemal von dem ihm anderen abgeleitet wird.

Nietzsche entwickelt in diesem Zusammenhang eine Theorie der Sprachentwicklung, die auch schon in frühen Werken anklingt. Die Aristokratie hatte nicht nur das Recht, Namen zu geben, sondern die Welt durch die Sprache überhaupt erst zu schöpfen. So verdankt sich die Welt, dem Verständnis, das die Vornehmen von der Welt hatten. Das ist für Nietzsche zugleich eine Besitznahme. Was Platon in der *Politeia* oder Aristoteles in der *Nikomachischen Ethik* schreiben, gibt das Weltverständnis der damaligen Eliten wieder, nicht etwa das des einfachen Volkes, der Sklaven, der Frauen, der zugewanderten Fremden in Athen. Damit heißt Herrschaft Macht über die Sprache und damit das Weltverständnis, woran sich bis heute auch nichts geändert hat. Man muss mit Nietzsche dieselbe Frage für die Antike wie für das 21. Jahrhundert stellen: Wer weiß mehr, Genaueres, Interessanteres über die Welt zu berichten? Der reiche Gebildete oder der arme Ungebildete? Es versteht sich von selbst, wem man zuhört, wenn man Wissenswertes über die Welt wissen will. Nur dass heute der arme Ungebildete dazu auch etwas beitragen kann, das gelegentlich Gehör findet,

---

[1] Nietzsche, Zur Genealogie der Moral (1887), KSA Bd. 5, 259

weil er auch über eine gewisse Bildung verfügt und es ein Interesse am Leben der Armen gibt.

Jacques Rancière versteht 1995 in seiner politischen Philosophie *Das Unvernehmen* Politik als Ringen zwischen Reichen und Armen um die Hegemonie über Sprache: „Und der Sklave ist genau derjenige, der die Fähigkeit besitzt, den *Logos* zu verstehen, ohne die Fähigkeit des *Logos* selbst zu besitzen. Er ist jener besondere Übergang von der Tierheit zur Menschheit, den Aristoteles sehr genau definiert: (. . .) der Sklave ist derjenige, der an der Gemeinschaft der Sprache teilhat einzig in der Form des Verstehens (*Aisthesis*), nicht aber in jener des Besitzes (*Hexis*)."[1] Ob man ins antike Griechenland zu Zeiten Alexanders des Großen blickt, oder die Epen Homers liest, die Rede ist allein von den fürstlichen Heroen oder von führenden Aristokraten, während die Bevölkerung namenlos bleibt – wie die Gefährten des Odysseus. Die Großen beherrschen die Sprache, verkörpern dabei das Gute, das Starke, das Schöne. Den Gefährten mangelt es primär an Sprache und Verständigkeit, so dass sie weder so gut noch so schön sein können.

Nietzsche bemerkt, dass diese aristokratischen Werte historisch im Judentum zum ersten Mal mit entgegengesetzten priesterlichen Werten zusammenstießen, die sich der Ohnmacht der Priester verdankten, aus der sich ein Hass auf das Starke und Schöne entwickelte. Die jüdischen Priester begannen daher bereits in vorchristlicher Zeit, die vornehmen Werte zu entwerten und diesen eigene religiöse Werte des Geistes entgegenzusetzten. „Die Juden sind es gewesen, die gegen die aristokratische Wertgleichung (gut = vornehm = mächtig = schön = glücklich = gottgeliebt) mit einer Furcht einflößenden Folgerichtigkeit die Umkehrung gewagt und mit den Zähnen des abgründlichsten Hasses (des Hasses der Ohnmacht) festgehalten haben, nämlich ,die Elenden sind allein die Guten, die Armen, Ohnmächtigen, Niedrigen sind allein die Guten, die

---

[1] Jacques Rancière, Das Unvernehmen – Politik und Philosophie (1995), 30

Leidenden, Entbehrenden, Kranken, Hässlichen sind auch die einzig Frommen, die einzig Gottseligen, für sie allein gibt es Seligkeit, – dagegen ihr, ihr Vornehmen und Gewaltigen, ihr seid in alle Ewigkeit die Bösen, die Grausamen, die Lüsternen, die Unersättlichen, die Gottlosen, ihr werdet auch ewig die Unseligen, Verfluchten und Verdammten sein!'"[1] Mit den Juden und der jüdischen Sekte der Jünger des Jesus von Nazareth entsteht das, was Nietzsche dann den „Sklavenaufstand in der Moral" nennt. Motiv wie Triebfeder der jüdischen Priester wie der Christen ist dabei das Ressentiment gegenüber der Stärke und Lebendigkeit der Aristokratie. Statt wie diese das Leben zu bejahen, verneint die Sklavenmoral das Leben, was aber ihre schöpferische Kraft ausmacht, die zur Umwertung aller Werte führt, die Nietzsche rückgängig machen will. Wenn er in seinem wüsten Untergang diese *Umwertung aller Werte* beschwört und mit ihr eine neue Zeitrechnung stiften will, eine, die sich auf ihn bezieht, so hapert hier das Unbewusste und entbirgt die Logik seines gesamten Denkens: was er vorher nicht zu sagen wagte: Ende der Zeitrechnung der Werte der Schwachen; Beginn einer neuen Zeitrechnung der Werte des Lebens. Er liegt damit nicht mal völlig falsch: der Aufstieg der Bio-Wissenschaften: der Untergang in den Übergang!

Ressentiment und Sklavenmoral beruhen also nicht auf einer ursprünglichen Selbstbejahung, sondern auf einer Ablehnung, auf einem äußeren Feind, an dem man sich reibt und aus dieser Reibung heraus entwickeln sich negative Werte. Nietzsche liefert ein Beispiel, das er keineswegs ironisch meint, auch wenn man ihm gewisse ironische Züge nicht absprechen kann: Die Lämmer halten die Raubvögel für böse, was den Raubvögeln gleichgültig ist, lieben sie trotzdem die Lämmer um so mehr, nämlich als besonders ‚schmackhaft'. Dabei attestiert Nietzsche der Mehrheit der heutigen Menschen zu jenen zu zählen, die den Menschen zu einem unerfreulichen Ereignis, zu Lämmern machen, woran man als ‚Missratenem' und ‚Ver-

---

[1] Nietzsche, Zur Genealogie der Moral (1887), KSA Bd. 5, 267

kümmerten' heute leidet. Foucault wird das bestätigen, wenn er das Pastorat als Nukleus der modernen Staatsform beschreibt, wie sie als erster Hobbes entwirft: „Doch gleichzeitig – und das ist das Paradoxon, auf das ich den Akzent legen möchte – hat der abendländische Mensch in Jahrtausenden gelernt, was zweifellos kein Grieche je zuzugestehen bereit gewesen wäre, in Jahrtausenden hat er gelernt, sich als Schaf unter Schafen zu betrachten. Er hat in Jahrtausenden gelernt, sein Heil von einem Pastor zu erbitten, der sich für ihn opfert."[1] Doch diese Schafe haben sich historisch gegen die Starken, gegen die vornehmen Rassen durchgesetzt, die offenbar gar keine niederen Mitglieder beherbergen, sondern sich fremde niedere Rassen zu Untertanen machen. Aber an den Schwachen gibt es nichts zu bewundern und nichts zu fürchten. Möchte man aber nicht lieber sich fürchten und bewundern, als sich nicht fürchten und sich ekeln, fragt Nietzsche. Ekel und Mitleid sind seine Gefühle gegenüber den normalen Menschen. Nur darf man ihm entgegenhalten, ob sich die Eliten wirklich besser verhalten, die er schließlich auch scharf angreift. Aber er träumt ja von einer neuen Elite, über die man – will man freundlich sein – nur sagen kann, dass es sie nicht gibt, einer endlich richtig guten Elite, die sich auf das Lebendige stützt und Grausamkeiten nicht scheut.

Nietzsche lästert wohl begründet über Irren- und Krankenhäuser, die das Leben der normalen Menschen bestimmen. Denn damit behält er Recht, gilt das heute um so mehr. Die Kranken sollen denn auch die Gesunden nicht anstecken, d.h. ihnen ihr Krankheitsbewusstsein übertragen, sowenig wie sich die Gesunden gar kein schlechtes Gewissen gegenüber den Kranken ob ihrer eigenen Gesundheit machen sollen. Besser, sie kümmern sich um die Kranken überhaupt nicht, und sehen es schon gar nicht als ihre Aufgabe an, die Kranken zu pflegen. Damit entwickelt Nietzsche einen Gedanken, der zweifellos

---

[1] Michel Foucault, Geschichte der Gouvernementalität I (1977-1978), 194

dem Mainstream massiv widerstreitet, wiewohl ihm manche Eliten gar nicht unwohl gesonnen sein dürften. Nur müssen sie das verheimlichen. Die höheren Starken sollen nicht den Niederen und Schwachen dienen. Im Mythos opfern sich die Gefährten für ihren Herren Odysseus. US-Präsident Georg Bush erklärte dagegen kurz nach dem 11. September 2001: „I have to defend the american people." Nur haben sich dafür amerikanische Soldaten geopfert: das Spiel der Signifinakten hat sich seit den Zeiten des trojanischen Krieges metonymisiert.

Dabei muss Nietzsche zugestehen, dass sich auch das Recht nur durchsetzen konnte, weil sich diesem die herrschenden Eliten unterwerfen mussten. Sie verzichten auf die eigene Gewalt, was ihnen sicherlich als Schande vorkam. Aber auch in der Geschichte des Rechts zeichnet sich eine genealogische Tendenz ab, bei der das Recht der Stärkeren sich in ein Recht von Schwächeren transformiert. Nietzsche bedauert nicht, dass jeder kleinste Fortschritt seine Opfer forderte, was längst in Vergessenheit geraten ist. Letztlich hat sich nur ein kleiner Rest an Vernunft und Freiheit durchgesetzt, auf den die heutigen Zeitgenossen stolz sind. So fragt Nietzsche nach der Vorgeschichte des Rechts und der Sittlichkeit, die den heutigen Menschen erst erzeugt haben und für die man sich heute nicht mehr interessiere. Er entwickelt seine Genealogie folgendermaßen: Als vorgeschichtliche Tugenden sieht er das Leiden, die Grausamkeit, die Verstellung, die Rache und „die Verleugnung der Vernunft". Als Untugenden galten dagegen das Wohlbefinden, die Wissbegierde, der Friede, das Mitleiden, das Bemitleidetwerden, die Arbeit und jegliche Veränderung. Letzteres avancierte zum Göttlichen. Aber wo liegt der größere Wahnsinn: in den Tugenden oder Untugenden?

So versucht Nietzsche trotzdem auch das Recht aus der Perspektive der herrschenden starken Menschen zu verstehen. Der aktive Mensch, den Nietzsche mit den Attributen ‚angreifend‘, ‚übergreifend‘, ‚stärker‘, ‚mutiger‘ und ‚vornehmer‘ versieht, sei nicht nur dem Recht immer noch näher gewesen als der reaktive, hatte der Starke mehr Recht als der Schwache, sondern er hätte auch den besseren ‚freieren' Blick auf die Welt, den er sich nicht zurechtzimmern müsste und das heißt nichts anderes als Einblick in seine eigene Stärke als das Leben selbst. Daher hat er auch kein schlechtes Gewissen, das sich vielmehr immer einer reaktiven Haltung verdankt, die der letzte Mensch einnimmt.

Dieser „Mensch des Ressentiments" stellt sich die Welt notorisch voreingenommen und falsch vor. Das Recht soll für ihn den Kampf der Mächte befrieden, indem er das Prinzip der Gleichheit vor dem Gesetz propagiert. Doch das sind lebensfeindliche Bemühungen, die Nietzsche als Zeichen der Ermüdung versteht, die dem Menschen die Zukunft rauben und den Menschen zerstören. Er schreibt: „Eine Rechtsordnung souverän und allgemein gedacht, nicht als Mittel im Kampf von Macht-Komplexen, sondern als Mittel gegen allen Kampf überhaupt, (. . .) wäre ein *lebensfeindliches* Prinzip, eine Zerstörerin und Auflöserin des Menschen, ein Attentat auf die Zukunft des Menschen, ein Zeichen von Ermüdung, ein Schleichweg zum Nichts."[1]

Nietzsche möchte das in *Zur Genealogie der Moral* von einem „höchsten biologischen Standpunkt" betrachtet wissen. Denn dann erscheint das Recht als ‚Ausnahmezustand', der den Lebenstrieb der Aktiven bremsen soll, für den dagegen das Recht ein Mittel wäre, um die eigene Macht zu realisieren und zu erweitern. Der Umgang des Aktiven mit dem Recht entspricht daher dem Recht nicht nur besser. Vielmehr setzt der Aktive das Bedürfnis nach Recht durch. Das ist nicht nur eine in sich sehr widersprüchliche Argumentation. Das widerspricht zudem Nietzsches *Genealogie der Moral*. Denn das egalitäre Recht bekämpft das Leben und damit die Starken: Das egalitäre Recht wäre der unnatürliche Ausnahmezustand. Dagegen aber sollen sich die Starken eines Rechts als Ausnahmezustand bedienen, der das egalitäre Recht aufhebt, um das Leben zu fördern.

---

[1] Nietzsche, Zur Genealogie der Moral (1887), KSA Bd. 5, 313

Das hat Carl Schmitt konsequenter erfasst: Das Recht wird durch den Ausnahmezustand aufgehoben, um dem Leben Geltung zu verschaffen. „In der Ausnahme durchbricht die Kraft des wirklichen Lebens die Kruste einer in Wiederholung erstarrten Mechanik."[1] Aber dass Recht und Ausnahmezustand, genauer die Gewalt, insoweit zusammengehören, wie sich das Recht immer auf Gewalt stützt, das hatte zuvor schon Walter Benjamin begriffen. Und dem entsprechen wohl auch Nietzsches Zuordnungen: Das Recht beruht auf Gewalt, was die reaktiven letzten Menschen mit dem Prinzip des gleichen Rechts zu verdrängen versuchen, so dass sie das Leben der Gleichheit ausliefern, die das Leben beschneidet, gleich macht. Das zeigt sich bereits an einer anderen Stelle: „Die Gerechtigkeit (Billigkeit) nimmt ihren Ursprung unter ungefähr *gleich Mächtigen* (. . .); wo es keine deutlich erkennbare Übergewalt gibt und ein Kampf zum erfolglosen gegenseitigen Schädigen würde, da entsteht der Gedanke sich zu verständigen und über die beiderseitigen Ansprüche zu verhandeln: der Charakter des *Tausches* ist der anfängliche Charakter der Gerechtigkeit."[2] Das sieht konsensorientiert aus. Doch der Konsens verdankt sich der gewalttätigen Konfrontation, die keiner der Kombattanten gewinnen kann.

Die aktiven höheren Menschen heben dagegen das Prinzip der Gleichheit auf, schaffen das Recht des Stärkeren, das aber kein Recht ist, sondern Gewalt als Recht verkauft. Das widerspricht Nietzsches Einsicht, dass sich die Stärkeren dem Recht unterwerfen müssen, nicht gänzlich, wenn man hinzufügt, dass das wahre Recht das des Lebens und damit der Stärke oder Gewalt sei. Allerdings widerspricht das Nietzsches Genealogie, nach der sich das Recht des Schwächeren durchsetzt.

Dabei übersieht er die Nachhaltigkeit der von ihm bemerkten Umwertung der Werte. Und er versteht nicht, dass sich

---

[1] Carl Schmitt, Politische Theologie (1922), 21

[2] Nietzsche, Menschliches, Allzumenschliches I (1876-1880), KSA Bd. 2, 89

gerade die jeweils herrschenden Eliten mit diesen Werten der Schwachen wunderbar tarnen, um ihre Macht zu erhalten. Hier hätte er besser die frühen Werke von Marx gelesen. Letztlich bestätigt das auch die von ihm festgestellte genealogische Entwicklung des Rechts. Indem sich die Starken auf das Recht einließen, also auf die selbstherrliche Anwendung von Gewalt verzichteten, sicherten sie sich ihre eigene Position viel besser durch das egalitäre Recht ab. Konsens steht im Dienst einer Herrschaft, die sich zwar mäßigt, aber nur weil sie derart um so erfolgreicher ihre Interessen durchzusetzen versteht.

Dagegen stützen sich diejenigen, die seit Nietzsches Lebzeiten die traditionellen Werte der Schwachen, die den Starken nützen, umzuwerten versuchen, wie er es stellenweise sogar fordert, auf Mündigkeit und Mitgefühl gleichermaßen. Gerade der Mündigkeit eignen dabei gewisse elitäre Züge, kann man Mündigkeit weder verordnen noch lehren, also nicht dekretiv verbreiten. Ja, man kann sie nur allgemein zuschreiben, ohne sie jemandem versagen zu können. Und doch bleibt Mündigkeit eine Fähigkeit, die nicht jeder auszuüben in der Lage ist. Das kann man von Ferne her beschreiben. Ansonsten wäre eine solche Zuschreibung diskriminierend. Diejenigen dagegen, die andere diskriminieren – was man bei der neuen Rechten strukturell betreibt –, setzen just das Ressentiment fort. Allerdings ist Nietzsche selber keineswegs frei vom Ressentiment, so dass sich diese Rechten auf jenen Nietzsche berufen können, nicht unbedingt wie er von Förster-Nietzsche kolportiert wurde, aber wie er sich selber äußerte.

Dazu passt dass Nietzsche eine gewisse Affinität zur Askese entwickelt, denn er attestiert der Askese, die er ansonsten als lebensfeindlich qualifiziert, dass sich mit ihr das Leben verwirklichen lässt, anstatt dass sich die Askese bloß selbst zerstört. Seine Heroen lobt er gelegentlich ob deren Askese, was in etwa der Unterwerfung des Rechts entspricht, um dieses Recht für eigene Interessen zu nutzen. Er sieht in der Askese einen Willen zur Macht nicht aus dem Leben heraus, sondern über das Leben, dessen Ausdrucksweisen der Freude, der Schönheit, der Lebendigkeit unterdrückt werden.

Anstatt das zu genießen, genießt die Askese die Selbstkasteiung und das damit verbundene Leiden. Dabei handelt es sich nicht etwa um Ausnahmeerscheinungen, sondern um eine seit langem weit verbreitete Haltung gegenüber der Welt, wenn das Leben als Verirrung betrachtet wird, dessen Weg man zurückgehen muss, dem auch Nietzsche nicht abgeneigt gegenüber steht. Für ihn erscheint die Menschheit von der Askese, der Welt- und Lebensablehnung zutiefst durchdrungen. Einerseits ist sie rein lebensfeindlich, andererseits aber wirkt das als ein Weg, um dieser verbreiteten Lebensfeindlichkeit des letzten Menschen zu widerstreiten. Bis zum Wahnsinn gelangt er begrifflich dabei nicht, freilich aber als eigenes Leiden, in dem sich dann im Sinn von Deleuze und Guattari der Schizo, im Sinn von Lacan das Begehren, im Sinn von Freud das Unbewusste äußert. Foucault skizziert diesen Weg: „Man muss in unserer Kultur von den ständig sich bewegenden und obstinaten Formen der Repression sprechen und nicht nur, um die Chronik der Moral und der Toleranz zu verfassen, sondern um als Grenze der abendländischen Welt und als Ursprung ihrer Moral die tragische Abtrennung der glücklichen Welt der Lust an den Tag zu bringen. Man muss schließlich und endlich von der Erfahrung mit dem Wahnsinn sprechen."[1]

Eher normativ denn analytisch klingt dagegen Nietzsches berüchtigte Bemerkung: „Auf dem Grunde aller dieser vornehmen Rassen ist das Raubtier, die prachtvolle nach Beute und Sieg lüstern schweifende *blonde Bestie* nicht zu verkennen; es bedarf für diesen verborgenen Grund von Zeit zu Zeit der Entladung, das Tier muss wieder heraus, muss wieder in die Wildnis zurück: römischer, arabischer, germanischer, japanesischer Adel, homerische Helden, skandinavische Wikinger – in diesem Bedürfnis sind sie sich alle gleich."[2] Wenn er sich

---

[1] Michel Foucault, Wahnsinn und Gesellschaft (1961), 10
[2] Nietzsche, Zur Genealogie der Moral (1887), KSA Bd. 5, 275

dabei auf den römischen Adel wie den germanischen beruft, zeugt die blonde Haarfarbe von einem gewissen Germanismus. Er zieht dabei nicht die richtige Konsequenz aus seiner *Genealogie der Moral*, denn längst haben für ihn die Schwachen die moralische Macht übernommen. Dem zeitgenössischen Adel traut er solche Eruptionen der Natur auch nicht mehr zu. Da hatte er Recht. Aber woher soll denn ein derart vorzeitlicher Adel plötzlich auftauchen, als Wiederkehr bestimmt nicht, weil es ihn nie gegeben hat. Das klingt nach innerem Toben von jemandem, der wüst dreinschlagen möchte und dazu glücklicherweise keine Mittel hat, also das typische Stammtischgehabe – und das beim genialen Verkünder des Übermenschen. Doch just so wird er sich zuletzt äußern: der begehrende Übergang zum enthüllenden Untergang!

Seinen Wegbereitern des Übermenschen und Vertretern der Wiederkunftslehre kann man zwar ein dionysisches Element zuschreiben, mit dem sie sich von den letzten Menschen unterscheiden. Doch zur Erfindung neuer ethischer Werte verhilft diesen schwerlich ein Raubtiercharakter als vielmehr ein hohes Maß an Reflexivität, die sich nicht einer Natur, einem elementaren Leben, sondern der Kultur verdankt. Darin täuschen sich Deleuze und Guattari gleichermaßen. Krankheit führt nicht in eine humanere Gesellschaft – ob als originäre Triebfeder oder ob ihrer medizinischen Bekämpfung –, sondern in eine von Eliten beherrschte. Individuelle Mündigkeit und Demokratie haben darin nichts verloren.

Mit seiner Genealogie mischt sich Nietzsche avant la lettre in die philosophische Methodendebatte im 20. Jahrhundert ein. Seine Ansätze in der Erkenntnistheorie reduzieren sich auch nicht auf einen einzigen richtigen Blick auf eine Angelegenheit: „Es gibt *nur* ein perspektivisches Sehen, *nur* ein perspektivisches ‚Erkennen'; Und *je mehr* Affekte wir über eine Sache zu Worte kommen lassen, *je mehr* Augen, verschiedene Augen wir uns für dieselbe Sache einzusetzen wissen, um so vollständiger wird unser ‚Begriff' dieser Sache, unsre ‚Objektivität'

sein.“[1] So fordert er möglichst viele Perspektiven und damit auch gegensätzliche auf einen Gegenstand der Erkenntnis zu richten, was wiederum einer genealogischen Vorgehensweise ähnelt und bis heute die gängigen wissenschaftlichen Verfahren hinterfragt.

So erzählt in der *Götzen-Dämmerung* die „Geschichte eines Irrtums“ „Wie die ‚wahre Welt‘ endlich zur Fabel wurde“. Sie beginnt mit Platon, für den die wahre Welt in den Ideen liegt, in die man als tugendhafter Weiser Einblick gewinnt. Mit dem Christentum wird diese Vorstellung schwach, wird sie ein Versprechen, dass dem Frommen einst erfüllt werden wird. Damit transformiert sich die Wahrheit in ein Weib. Mit Kant wird sie unerkennbar und zum seltsamen Urgrund des Moralgesetzes. Die Unerkennbarkeit gilt für den Positivismus, der daraus keine moralischen Verpflichtungen oder tröstenden Visionen ableitet. Letzterem steht Nietzsche nicht fern. So heißt es: „5. Die ‚wahre Welt‘ – eine Idee, die zu Nichts mehr nütze ist, nicht einmal mehr verpflichtend, – eine unnütz, eine überflüssig gewordene Idee, *folglich* eine widerlegte Idee: schaffen wir sie ab! / (Heller Tag; Frühstück; Rückkehr des bon sens und der Heiterkeit; Schamröte Plato's; Teufelslärm aller freien Geister.) / 6. Die wahre Welt haben wir abgeschafft: welche Welt blieb übrig? die scheinbare vielleicht? . . . Aber nein! *mit der wahren Welt haben wir auch die scheinbare abgeschafft*! / (Mittag; Augenblick des kürzesten Schattens; Ende des längsten Irrtums; Höhepunkt der Menschheit; INCIPIT ZARATHUSTRA.).“[2] Heidegger wird nach der Kehre Mitte der dreißiger Jahre nur von Welten sprechen.

Zudem sollen nicht allein die erkennende Vernunft eine Rolle spielen, sondern auch die Affekte, die die Erkenntnis bereichern und erweitern. Und je mehr verschiedene Aspekte bei einer Sache zu Wort kommen, umso reichhaltiger wird die Erkenntnis. Die Wissenschaftstheorie im 20. Jahrhundert ist

---

[1] Nietzsche, Zur Genealogie der Moral (1887), KSA Bd. 5, 365
[2] Nietzsche, Götzen-Dämmerung (1888), KSA Bd. 6, 81

diesem antireduktionistischen Programm nicht gefolgt, eher die poststrukturalistischen Denker Foucault und Derrida. Für diese gilt die anmaßende Bemerkung aus dem Antichrist: „Unterschätzen wir dies nicht: *wir selbst*, wir freien Geister, sind bereits eine ‚Umwertung aller Werte‘, eine *leibhafte* Kriegs- und Siegs-Erklärung an alle alten Begriffe von ‚wahr‘ und ‚unwahr‘."[1] Trotzdem trifft sie den Sachverhalt selbst dann, wenn man in Nietzsches Denken nicht im Stile Dantos seine politischen und sozialen Anschauungen beiseiteschiebt. Freie Geister ordnen sich keiner Gemeinschaft oder Ideologie unter. Solche Tendenzen finden sich im 20. Jahrhundert vornehmlich im Poststrukturalismus, im Existentialismus und im Neomarxismus. Der Anarchismus ist zu politisch und die Hauptvertreter des Liberalismus sind zu konventionell und bieder.

Aber gerade die andere politische Seite findet sich in den späten Schriften, in der *Götzen-Dämmerung* und im *Antichrist*. Er rechnet mit der Französischen Revolution ab. Nein, ihn stört nicht die fleißige Benutzung der Guillotine – für ihn ist Grausamkeit nicht höchste Todsünde, wie sie Judith Shklar bezeichnete. Für sie „wertet der Liberalismus der Furcht die Grausamkeit als schlimmstes Laster und erkennt ganz richtig, dass Furcht uns auf den Stand lediglich reaktiver Empfindungswesen zurückwirft."[2] Für Nietzsche wäre das dem Christentum nicht so fern. Ihn stört selbstverständlich der Moralismus der französischen Revolutionäre. Dabei beklagt er sich auch nicht über den Missbrauch der Moral. Das hätte verwundert. Nein, er kritisiert nicht, dass Robespierre und Saint-Just mit der Moral die Guillotine rechtfertigten, dass man im Besitz der richtigen Moral diese selbstredend mit Gewalt durchsetzen darf. Vielleicht wäre er sogar gerne dabei gewesen, als die Grausamkeit zur höchsten Tugend avancierte. Darf der höhere Mensch, ja muss dieser sich der Grausamkeit bedienen, um seinen politischen Genius zu realisieren?

---

[1] Nietzsche, Der Antichrist. (1888), KSA Bd. 6, 179
[2] Judith N. Shklar, Ganz normale Laster (1984), 11

Nietzsche beklagt, dass durch die Französische Revolution die Mittelmäßigkeit und die Flachheit in die Welt einzogen. So Unrecht hat er dabei nicht, fördern doch brutale Herrschaften die Angepasstheit, die sich Nietzsche von den Untertanen aber wünscht. Schließlich schwärmt er selbst von brutalen Fürsten. Die Mittelmäßigkeit hätten die Revolutionäre genauso gefördert. Aber wenn sich dadurch ein Genie entfalten kann, nimmt Nietzsche die Mittelmäßigkeit in Kauf. Die Frage ist nur, wann ein politischer Führer ein Heros oder auch ein Genie ist. Da muss man wohl der Intuition des großen Denkers vertrauen. Aber wann ist ein Denker ein großer? Ergo, man vertraue seiner Selbstverherrlichung: *Ecce Homo*! Dann aber auch seinen letzten Bemerkungen.

Andererseits darf man Nietzsche zumindest bei seiner Kritik der Gleichheit zustimmen, wenn man just die Gleichheit vor dem Recht ausnimmt, bezieht er indes das Problem auf die Gerechtigkeit: „Aber es gibt gar kein giftigeres Gift: denn sie *scheint* von der Gerechtigkeit selbst gepredigt, während sie das *Ende* der Gerechtigkeit ist . . . ‚Den Gleichen Gleiches, den Ungleichen Ungleiches – *das* wäre die wahre Rede der Gerechtigkeit: und, was daraus folgt, Ungleiches niemals gleich machen.'"[1] Bei der distributiven Gerechtigkeit hat sich Nietzsches Prinzip längst durchgesetzt, allein schon bei der progressiven Einkommenssteuer, vom Sozialstaat ganz zu schweigen, der ja gar keine Gleichheit schaffen soll, sondern nur die Auswüchse des ökonomischen Liberalismus mildern. Nur wäre das alles nicht in seinem Sinne.

Nietzsche beklagt in der *Götzen-Dämmerung* den Niedergang der Autorität wie den Niedergang von Institutionen. „Unsre Institutionen taugen nichts mehr: darüber ist man einmütig. Aber das liegt nicht an ihnen, sondern an uns. Nachdem uns alle Instinkte abhandengekommen sind, aus denen Institutionen wachsen, kommen uns Institutionen überhaupt abhan-

---

[1] Nietzsche, Götzen-Dämmerung (1888), KSA Bd. 6, 150

den, weil wir nicht mehr zu ihnen taugen."[1] Die Menschen sind zu liberal geworden und wollen sich den Institutionen nicht mehr fügen, was für das 19. Jahrhundert freilich eine gewagte These ist, eine wirklich nicht weit verbreitete Haltung, die er aber just in seinem Umfeld erlebte. So kann es für Nietzsche nur eine patriarchalisch begründete unauflösbare Ehe geben, die noch die Kinder verheiratet. Dagegen gründet die Liebesheirat die Ehe auf ein ungewisses instabiles Gefühl, während sie sich doch dem Geschlechts-, dem Eigentums- wie dem Herrschaftstrieb verdanken muss, wenn sie eine starke Institution sein soll.

Vor allem beschuldigt er in dieser Hinsicht die Sozialisten, bereits in *Menschliches Allzumenschliches*. Die Sozialisten treibe gar keine Not. So wurde der Sozialstaat nicht mit der genügenden Härte durchgesetzt. Jedenfalls jubeln ihm die Rechten zu, und nicht nur sie. „Demokratismus war jeder Zeit die Niedergangs-Form der organisierenden Kraft. Damit es Institutionen gibt, muss es eine Art Wille, Instinkt, Imperativ geben, antiliberal bis zur Bosheit: den Willen zu Traditionen, zur Autorität, zur Verantwortlichkeit auf Jahrhunderte hinaus, zur Solidarität von Geschlechter-Ketten vorwärts und rückwärts in infinitum."[2] Davon träumen heute manche Ökologen. Aber Tradition, Autorität und Verantwortung befinden sich im Niedergang. So kritisiert er, dass „der ganze Westen" mit seinem modernen Geist unverantwortlich im Hier und Jetzt lebt – ebenfalls Beifall der Ökologen. Der Liberalismus verteidige eine Freiheit und fürchte, dass mit Autoritäten und Institutionen eine ‚neue Sklaverei' wiederkehrt. Dann kann Nietzsche Aristoteles widersprechen, wenn dieser den Menschen als politisches Wesen definiert, das nicht alleine leben kann: Das vermögen nur wilde Tiere oder Götter. Nein, widerspricht Nietzsche, wenn man Philosoph ist, kann man das auch, denn man ist beides zugleich, also auch ein Gott, wie er es zuletzt unter-

---

[1] Nietzsche, Götzen-Dämmerung (1888), KSA Bd. 6, 140
[2] Ebd. 141

gehend von sich behauptet. Es fragt sich nur, warum er dann seine Einsamkeit immer wieder beklagte. Der Philosoph kann nämlich gerade nicht einsam leben, weil er den gesellschaftlichen Diskurs braucht. Das hat er offenbar verdrängt und darin liegt einer seiner großen Irrtümer.

Freilich kann man wie Derrida Nietzsche keine radikaldemokratische Haltung zumuten. „Wenn es aber diese Verantwortung ist, die (Nietzsche) zu einem feindseligen Diskurs wider den ‚demokratischen Geschmack' und die ‚modernen Ideen' anstiftet, müssen wir dann davon ausgehen, dass sie sich gegen die Demokratie und gegen die Modernität im allgemeinen richtet? Oder ist es *im Gegenteil* so, dass diese Verantwortung im Namen einer hyperbolischen Überbietung Rede und Antwort steht, dass sie für eine Hyper-Demokratie oder eine künftige Modernität einsteht und sich im Voraus vor ihnen verantwortet? Und dass der ‚Geschmack' und die ‚Ideen' in jenem Europa und jenem Amerika, die Nietzsche erwähnt, nichts als die kläglichen Karikaturen dieser Demokratie und dieser Modernität wären? Ihre Perversion, das geschwätzige gute Gewissen, etwas, das sich nur aufgrund eines Vorurteils Demokratie nennt, eine missbräuchliche Verwendung' des Begriffs Demokratie? Hat nicht sie, die Demokratie, an diesen Karikaturen, die ihren Namen usurpieren, ihre schlimmsten Feinde, obwohl sie ihr gleichen, ja weil sie ihr gleichen?"[1] Nein, Nietzsche ist kein Demokrat, schon gar kein radikaler. Aber die Kritik, die Derrida an der Demokratie formuliert, ist seit der Corona-Politik noch treffender geworden als schon zuvor. Nietzsches Kritik am zeitgenössischen Staat lässt sich zumindest teilweise für ein solches radikal demokratisches Denken fruchtbar machen, wie ich es auch versuchte.[2]

---

[1] Jacques Derrida, Politik der Freundschaft (1994), 69

[2] Vgl. Schönherr-Mann, Der Untergang des Pseudostaates – Die Geburt des Über(gangs)staates aus dem Geist der ewigen Wiederkehr, in: ders. (hrsg.), Der Wille zur Macht und die ‚große Politik',– Friedrich Nietzsches Staatsverständnis, Nomos 2010

Gerade in seinen späten Schriften kritisiert Nietzsche ähnlich wie vor ihm der radikal asketische Protestant Sören Kierkegaard die im 19. Jahrhundert gerade unter Lutheranern verbreitete Vorstellung von einem guten Gott, der nicht zürnt. Kierkegaard schreibt: „Es ist aus Liebe, dass Gott so will, aber es ist auch Gott der da will, und Gott will was er will. Er will sich nicht umschaffen lassen von den Menschen und ein gar lieber – menschlicher Gott werden: er will umschaffen, die Menschen umschaffen, und das will er aus Liebe. (. . .) Aber was soll es denn, so ist <das Christentum> ja eine Plage? Oh, ja das kann man schon sagen; vom Bedingten her verstanden ist das Unbedingte die größte Plage."[1]

Trotzdem gibt es für Nietzsche damit eine positive Gottesvorstellung, nämlich die des Volksgottes, was natürlich nicht gerade als eine gängige religiöse Vorstellung bezeichnet werden kann und schon gar nicht im Sinn eines transzendenten Gottes: „Es gibt keine andre Alternative für Götter: *entweder* sind sie der Wille zur Macht – und so lange werden sie Volksgötter sein – *oder* aber die Ohnmacht zur Macht – und dann werden sie notwendig *gut*."[2] Damit vergisst er erstens seine Genealogie und zweitens klinkt er sich in ein gewisses völkisches Denken ein. Ein starker Gott ist der eines Volkes, der dieses gleichermaßen lenkt wie straft, den das Volk als seine Herkunft achtet und als strafenden fürchtet. Gott ist insofern Ausdruck des Willens zur Macht eines Volkes, den Nietzsche zu bewundern vermag. Aber – das sagt Nietzsche nicht – das Volk darf sich dessen nicht bewusst sein. Nietzsche selbst könnte als externer Beobachter oder auch bloß als kritisch reflektierender daran gar nicht teilhaben. Es sei denn er selbst verkörpert diesen Gott, der sein Volk lenkt, wie es seine letzten Briefe im Untergang äußern.

Passt dann auf Nietzsche noch das Wort Martin Heideggers vom letzten Gott suchenden deutschen Denker? Dessen Schü-

---

[1] Sören Kierkegaard, Einübung im Christentum (1850), 61
[2] Nietzsche, Der Antichrist. (1888), KSA Bd. 6, 183

ler Karl Löwith bestärkt diese These: „Wenn man behauptet, dass Nietzsche der Philosoph ‚unserer Zeit' ist, so muss man vor allem fragen, was für ihn selber die Zeit ist. Dreierlei ist mit Rücksicht auf sein Verhältnis zur Zeit zu sagen: erstens, dass Nietzsche als ein europäisches Schicksal der erste Philosoph unseres ‚Zeitalters' ist; zweitens, dass er als der Philosoph unseres Zeitalters *ebenso zeitgemäß wie unzeitgemäß* ist; drittens, dass er als ein letzter Liebhaber der ‚Weisheit' auch ein solcher der *Ewigkeit* ist."[1] Nietzsche beschwört in der Tat häufig die Ewigkeit. Im Sinn der ewigen Wiederkehr wäre es der ewige Kreislauf der Natur. Nun, momentan entspricht das nicht gerade dem neuesten Stand naturwissenschaftlicher Kosmologien und lässt sich auch allemal nicht als ewig vorstellen. Ewigkeit gibt es weder in der Mathematik noch in den Naturwissenschaften, operiert Nietzsche vielmehr mit einer religiösen Kategorie, auf die auch die Nazis zurückgriffen. Es verwundert daher auch nicht, wenn einer ihrer Vordenker Arnold Gehlen der modernen Kunst Nervosität vorwirft und sich dabei auf Nietzsche beruft: „Und auf eines muss man gleich verzichten, auf die Stille, den Seelenfrieden, die einst von der Schönheit unabtrennbar waren, auf die Bestätigung des Gültigen, auf die Vollkommenheit des Insichruhenden. Denn was modern ist, hat Teil an der nervösen Überlebendigkeit, die Nietzsche zuerst an den Werken Wagners auffand."[2] Was kommt der Ewigkeit näher als der Seelenfrieden sowie die Bestätigung des Gültigen, was ja Nietzsche als harte Institutionen lobt, zu der die Menschen nicht mehr fähig sind.

Nicht nur dass er im *Zarathustra* neue Werte fordert. Er propagiert im *Antichrist* nämlich quasi biologische Orientierungen wie Instinkte, die auf ‚Wachstum', auf ‚Dauer' gerichtet sind, die Kräfte ballen und den Willen zur Macht entfalten. Wenn er das der herrschenden Moral entgegensetzt, dann treten

---

[1] Karl Löwith, Von Hegel zu Nietzsche (1941), 240
[2] Arnold Gehlen, Über die gegenwärtigen Kulturverhältnisse (1956), 286

diese wie auch immer als biologisch propagierte Werte an die Stelle der ethischen und übernehmen damit auch die Funktion der Ethik, werden ethische Werte.

Wenn das indes biologische Werte bleiben sollen, wenn die Biologie an die Stelle der Ethik treten soll – und dafür kann man bei Nietzsche doch viele Argumente finden –, dann begeht er notorisch naturalistische Fehlschlüsse bzw. leitet aus deskriptiven Sätzen fleißig normative ab, produziert er logisch ungültige Schlüsse. Denn man kann aus der Natur nicht ableiten, was gut für Menschen ist bzw. was moralisch ist. Die Nazis können daran ihre Rassenlehre anschließen, die Nietzsche indes sicher abgelehnt hätte.

Gegenüber seinen ‚biologischen‘ Werten erscheinen ihm die verdorbenen Werte der herrschenden Moral als dekadent, weil sie die Instinkte verdrängen und folglich sich an dem ausrichten, was dem Menschen schadet, also keinen biologischen Willen zur Macht entwickeln, diesen vielmehr rational bändigen. Daher betont Nietzsche die Instinkte, die sich nur leider längst ins Unbewusste, ins Begehren transformierten oder immer schon im Schizo situiert sind. Doch damit verschiebt sich der Wille zur Macht in ein moralisches Prinzip, was Nietzsche ja eigentlich nicht will. Er soll doch ein biologisches bleiben und zugleich damit auch das Denken bestimmen. Oder doch? Einerseits fordert er neue moralische Werte. Andererseits erhebt er die Biologie zur so normativen wie normierenden Instanz, die das Leben gestaltet und an der sich die Verkünder des Übermenschen ausrichten sollen. Die traditionelle Moral hat dagegen keinen Lebenswert mehr, geht sie dekadent nieder, entfaltet sie selber den Nihilismus, den sie ihrerseits Leuten wie Nietzsche vorwirft. Dann wird der Übermensch womöglich medizinische Werte propagieren und den Übergang in die Medizinisierung der Gesellschaft unterstützen: den Untergang! Nur entzieht sich auch die psychologische Interpretation dieser Medizinisierung nicht, intensiviert sie vielmehr, wie es Foucault gezeigt hat: *Der Wille zum Wissen*.

Er radikalisiert Nietzsches Idee des letzten Menschen, gegen Nietzsches These, dass dieser am längsten lebe. Für Foucault steht sein Tod dagegen bevor, wenn er nicht längst stattgefunden hat. Das klingt optimistisch, noch dazu 1966, als die diversen Emanzipationsbewegungen sich gerade auf den Weg machten, ihr Erfolg aber noch nicht abzusehen war. Er schreibt optimistisch: „Durch eine philologische Kritik, durch eine bestimmte Form des Biologismus hat Nietzsche den Punkt wiedergefunden, an dem der Mensch und Gott sich gehören, an dem der Tod des zweiten synonym mit dem Verschwinden des ersten ist und wo die Verheißung des Übermenschen zunächst und vor allem das Bevorstehen des Todes des Menschen bedeutet. Worin Nietzsche also, indem er uns jene Zukunft sogleich als Fälligkeit und als Aufgabe vor Augen führt, die Schwelle markiert, von der aus die zeitgenössische Philologie erneut zu denken beginnen kann. (. . .) Wenn die Entdeckung der Wiederkehr das Ende der Philosophie ist, ist das Ende des Menschen dagegen die Wiederkehr des Anfangs der Philosophie. In unserer heutigen Zeit kann man nur noch in der Leere des verschwundenen Menschen denken. Diese Leere (. . .) ist nichts mehr und nichts weniger als die Entfaltung eines Raumes, in dem es schließlich möglich ist, zu denken."[1] Kannte er Heideggers Vortrag *Das Ende der Philosophie und die Aufgabe des Denkens*, der 1964 in Paris gehalten wurde, aber in französischer Übersetzung erst 1966 erschien, auf Deutsch sogar erst 1969? Hält er den letzten Menschen als Untertan epistemologisch für keine Leitfigur mehr? Kann dann wieder Philosophie betrieben werden, so dass das Denken neu beginnt. In den 2020er Jahren muss man von der Wiederkehr des letzten Menschen sprechen, was Foucaults Hoffnung enttäuscht.

---

[1] Michel Foucault, Die Ordnung der Dinge (1966), 412

NACHWORT: *DER UNTERGANG*

Dass der Wahn aus Nietzsches letzten Texten spricht, lässt sich kaum bestreiten. Trotzdem entbergen sie aus dem Wahn heraus und aus hermeneutischer Perspektive eine Reihe interessanter Einsichten, die Rückschlüsse auf sein Werk und die Philosophie zulassen. Pathologisierung hilft jedenfalls nicht weiter, stehen die Texte als solche für sich und bedürfen der Interpretation, vor allem seine Notizen und Briefe.

Ein solches hermeneutisches Verfahren entspringt nicht nur der Psychoanalyse, sondern stützt sich auf Foucaults *Wahnsinn und Gesellschaft*: „Die Konstituierung des Wahnsinns als Geisteskrankheit am Ende des achtzehnten Jahrhunderts trifft die Feststellung eines abgebrochenen Dialogs, gibt die Trennung als bereits vollzogen aus und lässt all die unvollkommenen Worte ohne feste Syntax, die ein wenig an Gestammel erinnerten und in denen sich der Austausch zwischen Wahnsinn und Vernunft vollzog, im Vergessen versinken. Die Sprache der Psychiatrie, die ein Monolog der Vernunft *über* den Wahnsinn ist, hat sich nur auf einem solchen Schweigen errichten können."[1] Wahnsinn ist kein nichtsprachlicher Sachverhalt, sondern ein Produkt medizinischer Interpretation und entsteht zusammen mit dem modernen Medizinwesen seit dem 17. Jahrhundert. Dann sollte man Nietzsches Wahn nicht nur als solchen medizinisch betrachten, sondern als Sprache des Unbewussten, die in den rationalen philosophischen Diskurs genauso einbricht wie in den medizinischen. Im Grunde kann man das ja bereits für den *Zarathustra* in Anspruch nehmen

---

[1] Michel Foucault, Wahnsinn und Gesellschaft (1961), 8

wie für viele seiner Äußerungen, die vom herrschenden Diskurs abweichen.

Dass speziell *Ecco Homo* von einer unglaublichen Arroganz, Hochnäsigkeit und weitgehender Unfähigkeit der Selbstreflexion zeugt, ist auch nicht unbedingt ein Argument für zunehmenden geistigen Untergang, selbst wenn er schreibt: „Innerhalb meiner Schriften steht für sich mein *Zarathustra*. Ich habe mit ihm der Menschheit das größte Geschenk gemacht, das ihr bisher gemacht worden ist."[1] Man lese nur Rousseaus *Träumereien eines einsam Schweifenden*: „Allda stehe ich also, allein auf Erden, ohne Bruder, ohne Nächsten, ohne Freund, nur mich zur Gesellschaft, mich allein. So wurde durch einhelligen Beschluss, der geselligste und leutseligste Mensch von allen geächtet. (. . .) Ich hätte die Menschen geliebt, trotz allem. Meiner Zuneigung konnten sie sich nur entziehen, indem sie: keine mehr sind."[2] Hybris und übersteigertes Selbstbewusstsein wohin das Auge reicht: Rousseau wie Nietzsche kommen sich selbst vor, als verfügten sie als einzige über den Stein des Weisen. Aber es könnte sich auch im Wahn nicht nur ein Wille zur Macht, sondern auch zur Wahrheit ausdrücken, selbst wenn er als einer zur Unwahrheit erscheint.

Rousseau und Nietzsche einen nicht nur ständige körperliche Leiden, ein Gefühl der Einsamkeit, sondern auch die Ablehnung ihrer zeitgenössischen Gesellschaft, eine Haltung, die jenseits der kleinen Clubs von Kommunisten und Anarchisten im 19. Jahrhundert nicht weit verbreitet, dafür umso verständlicher war, und die im 20. Jahrhundert ihre Hochkonjunktur erlebt, bis sie im 21. dramatisch niedergeht.

Über *Ecce Homo* schreibt Nietzsche am 20.11.1888 an Georg Brandes: „ich habe jetzt mit einem Zynismus, der welthistorisch werden wird, mich selbst erzählt: das Buch heißt ‚Ecce homo' und ist ein *Attentat* ohne die geringste Rücksicht

---

[1] Nietzsche, Ecce Homo (1888), KSA Bd. 6, 259

[2] Jean-Jacques Rousseau, Träumereien eines einsam Schweifenden – Les rêveries du Promeneur Solitaire (1776-1778), 50

auf den Gekreuzigten: es endet in Donnern und Wetterschlägen gegen Alles, was christlich oder christlich-*infekt* ist, bei denen Einem Sehn und Hören vergeht. Ich bin zuletzt der erste Psychologe des Christentums und kann, als alter Artillerist, der ich bin, schweres Geschütz vorfahren, von dem kein Gegner des Christentums auch nur die Existenz vermutet hat. — Das Ganze ist das Vorspiel der *Umwertung aller Werte*, das Werk, das fertig vor mir liegt: ich schwöre Ihnen zu, dass wir in zwei Jahren die ganze Erde in Konvulsionen haben werden. Ich bin ein Verhängnis."[1] Das klingt zwar arrogant und als Selbstlob, auch als wahnhaft. Aber warum soll er sich nicht brüsten – man betrachte nur die moderne Werbebranche? Selbstredend ist er ein scharfer Kritiker des Christentums und seiner zeitgenössischen Gesellschaft. Und Konvulsionen könnte es auch nur an einigen Ecken des Diskurses geben – man denke an den Historikerstreit nach 1985.

Der Wahn wird massiver und natürlich unübersehbar, als er am 26.11. an Paul Deussen schreibt: „Ich habe nötig, in einer Sache allerersten Rangs mit Dir zu reden. Mein Leben kommt jetzt auf seine Höhe: noch ein paar Jahre, und die Erde zittert von einem ungeheuren Blitzschlage. — Ich schwöre Dir zu, dass ich die Kraft habe, die *Zeitrechnung* zu verändern. — Es gibt Nichts, das heute steht, was nicht umfällt, ich bin mehr Dynamit als Mensch. — Meine *Umwertung aller Werte*, mit dem Haupttitel „der Antichrist" ist fertig. In den nächsten zwei Jahren habe ich die Schritte zu tun, um das Werk in 7 Sprachen übersetzen zu lassen; die *erste* Auflage in jeder Sprache ca. eine Million Exemplare."[2]

Nicht nur dass er mit Christus konkurrieren will hinsichtlich einer neuen Zeitrechnung – ein ahistorischer Wahn und doch auch einfach frech, mit wem sollte er denn sonst konkurrieren! Und es tauchen gerade in der Pop-Szene Gestalten auf, die Dynamit sind, d.h. das von sich aus propagieren. Nur sieht

---

[1] Nietzsche, Sämtliche Briefe, KSA Bd. 8, Nr. 1151
[2] Ebd. Nr. 1159

dieser arme Poet in der billigen Absteige in den Alpen – damals alles andere als ein Nobelort –nicht so aus, hatte ihn Deussen ein Jahr zuvor dort besucht und als mitgenommen geschildert. Freilich macht der Größenwahn nicht vor seinem Werk halt. Nietzsche, der den vierten Teil des *Zarathustras* selber drucken lassen musste, träumt von Millionenauflagen und Übersetzungen durch renommierte Intellektuelle. Ironie des Schicksals, nach seinem Tod wird sich seine Weissagung sogar erfüllen. So absurd war sie denn doch nicht, bedurfte aber einer intensiven PR durch die Schwester.

An Meta von Salis-Marschlins schreibt Nietzsche am 8.12. die Worte des Größenwahns, der doch genau weiß, dass er nachhelfen muss und dass er von anderen ob seines Größenwahns belächelt wird: „Ich sende Ihnen hiermit etwas *Stupendes*, aus dem Sie ungefähr erraten werden, dass der alte Gott abgeschafft ist, und dass ich selber alsbald die Welt regieren werde. Es sind 2 Exemplare; Sie dürfen Eines von diesen an Malwida schicken, doch ohne die geringste Spur davon, dass ich im Hintergrund der Sendung stehe — Sie dürfen insgleichen, falls Sie ihr ein paar Worte dazu schreiben wollen, mich darin ‚den ersten Menschen aller Jahrtausende' nennen. Erstens ist es wahr, zweitens macht es einen wundervollen Kontrast-Effekt, da Malwida in ihrem letzten Brief an mich schrieb, ‚sie lächle über mich.'"[1] Der Gott gibt seiner Gläubigen ein, was sie zu schreiben hat. Das war immer so. Ob Götter wahnsinnig sind, lässt sich nicht feststellen. Aber warum sollte man sich nicht mit Gott vergleichen, wie man sich heute selbstverständlich mit der englischen Königin vergleicht? Warum stünde dieser etwas zu, was mir nicht zustünde, auch wenn man es nicht bekommt? Weder den Gott, noch den Monarchen, auch nicht die heutige Demokratie muss man bewundern. Der Irrsinn hat entbergenden Charakter. Die unbewusste Begehrensökonomie produziert Wunsch um Wunsch, enthüllt dabei den Protagonisten: es ist alles unmöglich, also wahnsinnig,

---

[1] Nietzsche, Sämtliche Briefe, KSA Bd. 8, Nr. 1177

aber es hätte doch passieren können und wird in exorbitantem Rahmen eintreten – natürlich auf der Ebene der Philosophie. Nietzsche zählt kurz nach seinem Tod zu den bedeutendsten Denkern des gerade verflossenen Jahrhunderts.

Zu einem Entwurf eines Briefes an von Meysenbug kommt es am selben Tag. Während er im Brief an Salis-Marschlins strategisch denkt, drückt sich im Entwurf beleidigte Enttäuschung aus: „Jemand der an mich *und* zugleich an Wagner festhalten will, darf billigerweise von mir abgelehnt werden. Sie haben sich ja bisher nur für Décadents interessiert. Sie gehören dazu: — erlauben Sie mir, Ihnen *un*interessant zu sein. Sie gehören zu den (—) Begegnungen meines Lebens, Sie haben Alles übertroffen, was ich Schlechtes von W<agner> erlebt habe. Und doch habe ich mit Niemandem länger Geduld gehabt! Sich an dem ersten M<enschen> aller Jahrtausende vergreifen, in dessen entscheidendem Augenblick — und ich habe Ihnen gesagt, dass es dieser Augenblick sei."[1] Seine Eitelkeit und Eifersucht gegenüber Wagner kosteten ihm viele Freunde. Jetzt will er die treueste Unterstützerin in die Wüste zu schicken, weil sie ihm seine Selbstbeweihräucherungen nicht abkauft: das ausufernde Begehren verteidigt sich wie schon immer ohne Rücksicht auf Verluste, produzieren die Wunschmaschinen. Braucht im „entscheidenden Augenblick" der kommende Gott die Unterstützung einer Halbgläubigen? Glaubt der Gott doch nicht so recht an sich selbst? Könnten Nietzsches Worte aus dem *Zarathustra* auf ihn selbst bezogen sein, schließlich schreibt er diesen aus Frust über von Salomés Korb: „Die Wüste wächst: weh Dem, der Wüsten birgt!"[2]

Allemal eröffnet sich ein vielstimmiger Chor von Bedeutungen und Hintergründen, hapert das Unbewusste im Text. Wie schreibt Lacan: „Es genügt aber, der Poesie zu lauschen, was F. de Saussure ohne Zweifel tat, damit eine Vielstimmigkeit sich vernehmen lässt, und ein jeder Diskurs sich ausrichtet

---

[1] Ebd. Nr. 1177a
[2] Nietzsche, Also sprach Zarathustra (1882-84), KSA Bd. 4, 380

nach den verschiedenen Dimensionen einer Partitur. Tatsächlich gibt es keine signifikante Kette, die gleichsam an der Interpunktion jeder ihrer Einheiten eingehängt, nicht alles stützen würde, was sich an bezeugten Kontexten artikuliert, sozusagen in der Vertikalen dieses Punktes." [1] Wenn sich ein Spiel der Signifikanten anzeigt, dann in Nietzsches Dichtungen wie in seinen späten Bemerkungen. Dabei geraten die Signifikanten nicht außer Rand und Band. Aber die Wunschmaschinen des Schizo produzieren fleißig und ungehemmt Träume und er geniert sich nicht mehr, diese nicht für sich zu behalten – was er eigentlich von Anfang an nicht tut. Vielmehr setzt er zeitlebens Frechheiten in die Welt, was offenbar nicht hilft und am Ende bildet er sich ein, dass sich seine Frechheiten doch durchsetzen. Und er wird posthum recht behalten.

So schreibt Nietzsche am 11.12. an Deussen: „ Jedermann ist erstaunt über die Heiterkeit und den Stolz, mit dem ich hier in Turin lebe: ich werde behandelt wie ein Prinz, — ich bin es vielleicht auch." [2] Das ‚vielleicht‘ bezeugt, dass er kommunikativ erkennt, dass für den Adressaten eine uneingeschränkte Behauptung absurd wäre. Nur bemerkt er dabei nicht, dass das ‚vielleicht‘ daran gar nichts ändert, die Behauptung vielmehr absurder macht und damit einen Größenwahn zu verstehen gibt: nein, er wäre gerne ein Prinz gewesen – so das Unbewusste nicht mehr im Subtext des Sils-Maria Gedichtes, sondern auf der Oberfläche der Semantik. Es scheint ihm dabei gut zu gehen, wenn er sich in diesen Träumen verliert bzw. wenn er sich endlich outet. Am selben Tag realisieren sich seine wahnsinnigen Hoffnungen in einem Brief an Carl Fuchs: „Die nächsten Jahre steht die Welt auf dem Kopf: nach dem der alte Gott abgedankt ist, werde ich von nun an die Welt regieren." [3] Nebenbei gesagt, viele Sekten glauben ähnliches. Nietzsche tritt

---

[1] Jacques Lacan, Das Drängen des Buchstabens im Unbewussten (1957), 28

[2] Nietzsche, Sämtliche Briefe, KSA Bd. 8, Nr. 1186

[3] Ebd. Nr. 1187

unmittelbar an die Stelle Gottes, was einfacher ist, als an die Stelle des Kaisers zu treten, mit dem es realen Ärger geben könnte. Aber natürlich träumt er davon, er, der Genius, der Philosoph aller Jahrtausende, dem man in Deutschland die Professur verweigerte. Und warum sollte er auf von Meysenbug hören, wenn ihre Urteile ihn nur runterziehen? Wenn man seine Urteile über sich selbst nicht mit denjenigen anderer abgleicht, dann landet man autistisch in einer verräterischen Hybris. Aber warum nicht! Endlich! Wie singt doch 1969 Mick Jagger: „You can't always get what you want / But if you try sometimes, well you just might find / You get what you need / Oh, baby, yeah". Jaggers Hoffnungen erfüllten sich weidlich: die größte Rockgruppe des 20. Jahrhunderts.

Gott sein, erschien Nietzsche offenbar nicht absurd. In einem Entwurf an Brandes Anfang Dezember schreibt er *Jenseits von Gut und Böse* weiter und überträgt den dortigen Gedanken auf sich: „Wir sind eingetreten in die große Politik, sogar in die allergrößte. Ich bereite ein Ereignis vor, welches höchst wahrscheinlich die Geschichte in zwei Hälften spaltet, bis zu dem Punkte, dass wir eine neue Zeitrechnung haben werden: von 1888 als Jahr Eins an. Alles, was heute oben auf ist, Triple-Allianz, soziale Frage geht vollständig über in eine Individuen-Gegensatz-Bildung: wir werden Kriege haben, wie es keine gibt, aber *nicht* zwischen Nationen, *nicht* zwischen Ständen: Alles ist auseinander gesprengt, — ich bin das furchtbarste Dynamit, das es gibt."[1] Die große Politik ist untergehend noch größer geworden, schafft nicht nur eine neue Zeitrechnung, sondern auch eine völlig neue Form von Geschichte, schließlich sieht er sich mit verschiedenen Geschichtsphilosophien konfrontiert, denen er literarisch zu Leibe rückt. Wie schreibt Foucault, der die Geschichtsphilosophien gleichfalls auseinander nimmt: „Wir müssen den Augenblick dieser Verschwörung wiederfinden, bevor er im Reich der Wahrheit endgültig errichtet und durch den lyrischen Protest wiederbelebt worden ist.

---

[1] Ebd. Nr. 1170

Man muss in der Geschichte jenen Punkt Null der Geschichte des Wahnsinns wiederzufinden versuchen, an dem der Wahnsinn noch undifferenzierte Erfahrung, noch nicht durch eine Trennung gespaltene Erfahrung ist."[1]

Nietzsche schreibt überraschend und aus späterer Perspektive brisant weiter: „Da es sich um einen *Vernichtungsschlag* gegen das *Christentum* handelt, so liegt auf der Hand, dass die einzige internationale Macht, die ein Instinkt-Interesse an der Vernichtung des Christentums hat, die *Juden* sind — hier gibt es eine Instinkt-Feindschaft, nicht etwas ‚Eingebildetes' wie bei irgend welchen ‚Freigeistern' oder Sozialisten — ich mache mir den Teufel was aus Freigeistern." Jetzt braucht er treue Gefolgsleute. „Folglich müssen wir aller entscheidenden Potenzen dieser Rasse in Europa und Amerika sicher sein — zu alledem hat eine solche Bewegung das Großkapital nötig. Hier ist der einzige natürlich vorbereitete Boden für den größten Entscheidungs-Krieg der Geschichte: das Übrige von Anhängerschaft kann erst nach dem Schlage in Betracht gezogen werden." Ironie nicht nur, dass er sich der Juden bedienen will, um zur Weltmacht aufzusteigen, selbstredend durch einen Weltkrieg – fast schreibt er das negative Drehbuch der Nazis, das was diese zur Legitimation des Holocaust anführten. Arendt bewahrt Nietzsche vor jeglichem Antisemitismus-Vorwurf: „und schließlich Friedrich Nietzsche, dessen so vielfach missverstandenen Bemerkungen zur Judenfrage durchweg der Sorge um das ‚gute Europäertum' entspringen und dessen Einschätzung der Juden im Geistesleben seiner Zeit daher so erstaunlich gerecht ist, frei von Ressentiment, Schwärmerei und billigem Philosemitismus."[2] Nun, Nietzsches Notiz wird sie 1951 nicht gekannt haben.

Aber Nietzsche kalkuliert kühl machtstrategetisch und schreibt an dieser Stelle weiter: „Diese neue Macht, die sich

---

[1] Michel Foucault, Wahnsinn und Gesellschaft (1961), 7

[2] Hannah Arendt, Elemente und Ursprünge totaler Herrschaft (1951), 72

hier bilden wird, dürfte im Handumdrehn die erste *Weltmacht* sein: zugegeben dass zunächst die *herrschenden* Stände die Partei des Christentums ergreifen, so ist die Axt ihnen insofern an die Wurzel <gelegt>, als gerade alle starken und lebendigen Individuen aus ihnen *unbedingt ausscheiden werden.*" Davon träumt auch Gramsci. „Dass alle geistig ungesunden Rassen im Christentum den Glauben der Herrschenden bei dieser Gelegenheit empfinden, *folglich* für die Lüge Partei nehmen werden, das zu erraten braucht man nicht Psycholog zu sein." Ein gängiger Vorwurf der Rechten. „Das Resultat ist, dass hier das Dynamit alle Heeresorganisation alle Verfassung sprengt: dass die Gegnerschaft nicht Anderes konstituiert und auf Krieg ungeübt dasteht. Alles in Allem, werden wir die Offiziere in ihren Instinkten für uns haben: dass es im aller höchsten Grad *unehrenhaft, feige, unreinlich* ist, Christ zu sein, dies Urteil trägt man unfehlbar aus meinem ‚Antichrist' mit sich fort." Hier verrechnet er sich im christlichen Beharrungsvermögen. Weiß er, dass um die damalige Zeit Dynamit von den Anarchisten als Waffe des kleinen Mannes gefeiert wurde? Nietzsche argumentiert, als sei er Napoleon – damals das einzige erfolgreiche revolutionäre Vorbild. Wovon träumen Intellektuelle seit dem 19. Jahrhundert? Von einer Macht, die ihnen nie gegeben sein wird, es sei denn sie werden revolutionäre Militärs und haben Fortune. Die gar nicht so selten eintretende Lage bringt Camus auf den Begriff: „Die Proletarier haben gekämpft und sind gestorben, um die Macht Militärs oder Intellektuellen, zukünftigen Militärs, zu geben, die sie ihrerseits knechteten."[1] Oder sie drücken aus, was völlig absurd erscheint und sind ähnlich beleidigt, weil niemand auf sie hört, auf sie, die es doch wohl begründet wissen.

Seine andere Elite der Wiederkünftigen ähnelt damit der Gruppe der Berufsrevolutionäre – man denke an die Anarchisten, die absurderweise hofften, eine geworfene Bombe wäre

---

[1] Albert Camus, L'Homme révolté (1951); dt. Der Mensch in der Revolte, 177

das Fanal für den Volksaufstand. Und mit profanen Tätigkeiten sollen sich Nietzsches Revolutionäre genauso wenig beschäftigen, wie er knapp 10 Jahre vorher bereits in der *Morgenröte*, also vor allem entbergendem Wahn schreibt: „Alle politischen und wirtschaftlichen Verhältnisse sind es nicht wert , dass gerade die begabtesten Geister sich mit ihnen befassen dürften und müssen: ein solcher Verbrauch des Geistes ist im Grunde schlimmer als ein Notstand. Es sind und bleiben Gebiete der Arbeit für die geringeren Köpfe, und andere als die geringen Köpfe sollten dieser Werkstätte nicht zu Diensten stehen: möge lieber die Maschine wieder einmal in Stücke gehen!"[1] Oder spielt hier das Machtbegehren bereits mit! Jedenfalls antizipiert er bereits die Kriege, wie es sie noch nicht gab. Die Scheidung in eine Gruppe der Genien und die arbeitende Bevölkerung durchzieht sein Werk, auch das häufig als gemäßigt ausgegebene Werk aus der ersten Hälfte der achtziger Jahre.

In diese Jahre fällt auch der *Zarathustra*, der zwar brillante Einsichten formuliert, aber genauso mit harten Formulierungen die Scheidung von Genien und dem Rest der Welt weiterschreibt. Und wie bemerkt doch Hannah Arendt: „Die Geschichte des Berufsrevolutionärs im neuzehnten und zwanzigsten Jahrhundert gehört in Wahrheit weder in die Geschichte der arbeitenden noch der besitzenden Klassen, wohl aber in die noch nicht geschriebene Geschichte des produktiven Müßiggangs. In dieser Hinsicht gehören die Berufsrevolutionäre in die gleiche Kategorie wie die modernen Künstler und Schriftsteller, die zwar oft genug Hungerleider waren, aber sich dennoch den Luxus leisteten, nicht für ihren Lebensunterhalt zu arbeiten. (. . .) Für sie alle wurde die Bohème eine Insel seligen Müßiggangs inmitten des unerträglich geschäftigen Jahrhunderts der industriellen Revolution."[2] Just zu dieser Bohème gehörte Nietzsche in den letzten zehn Jahren seines wachen Lebens wider Willen. Plant er schon frühzeitig die Machter-

---

[1] Nietzsche, Morgenröte (1880/81), KSA Bd. 3, 157
[2] Hanna Arendt, Über die Revolution (1963), 385

greifung, er der geniale Denker, als wäre er Berufsrevolutio-
när? Und als er einsehen muss, dass nichts daraus wird, wird
um so mehr geträumt wie bei den Anarchisten.

Anfang Dezember entsteht auch ein Entwurf eines Schrei-
bens an Wilhelm II., den er zunehmend ins Visier nimmt. Was
er schreibt, ist weniger absurd, als es klingt; denn warum sollte
er dem Kaiser nicht auf Augenhöhe begegnen? Warum sollte er
ihn höher schätzen als eine allseits verachtete Prostituierte, der
in der Tat mehr Menschlichkeit eignet als diesem Herren. Nur
dass diese Argumentation gar nicht in seinem Sinne wäre.
Nein, er beansprucht nicht in der Rolle des Untertan die Rolle
des Bürger einzunehmen und den König als Bürger zu verstehen. Nein, hier spricht wieder die Wunschmaschine, er spricht
untergehend aus der Höhe des Genius, blickt auf den Kaiser
herab. Jedenfalls schreibt er ähnlich weiter, wie er sich mit dem
Zarathustra gegenüber der Menschheit präsentiert: „Ich er-
weise hiermit dem Kaiser der Deutschen die höchste Ehre, die
ihm widerfahren kann, eine Ehre, die um so viel mehr wiegt,
als ich dazu meinen tiefen Widerwillen gegen Alles, was
deutsch ist, zu überwinden habe: ich lege ihm das *erste*
Exemplar eines Werkes in die Hand, mit dem sich die Nähe
von etwas Ungeheurem ankündigt — von einer Krisis, wie es
keine a<uf> Erden gab, von der tiefsten Gewissens-Kollision
innerhalb der Menschheit, von einer Entscheidung heraufbe-
schworen *gegen* Alles, was bisher geglaubt, gefordert, geheiligt
worden war. — Und mit Alledem ist Nichts in mir von einem
Fanatiker: wer mich kennt, hält mich für einen schlichten,
höchstens ein wenig boshaften Gelehrten, der mit Jedermann
heiter zu sein weiß. Diese Schrift gibt wie ich hoffe ein ganz
anderes Bild als von einem ‚Propheten‘: und trotzdem oder
vielmehr *nicht* trotzdem — denn alle Propheten waren bisher
Lügner — redet aus mir die *Wahrheit*. — Aber meine Wahrheit
ist *furchtbar*: denn man hieß bisher die *Lüge* Wahrheit . . .
Umwertung aller Werte: das ist meine Formel für einen Akt
höchster Selbstbesinnung der Menschheit, — mein Los will es,
dass ich tiefer, mutiger, *rechtschaffener* in die Fragen aller

Zeiten hinunter<zu>blicken wusste als je ein Mensch bisher. Ich fordere nicht das, was jetzt lebt heraus, ich fordere mehrere Jahrtausende gegen mich heraus: ich widerspreche und bin trotzdem der Gegensatz eines *neinsagenden* Geistes . . . Es gibt neue Hoffnungen, es gibt Ziele, Aufgaben von einer Größe für die der Begriff bis jetzt fehlte: ich bin ein *froher Botschafter* par excellence, wie sehr ich auch immer der Mensch des Verhängnisses sein muss . . . Denn wenn dieser Vulkan in Tätigkeit tritt, so haben wir Konvulsionen auf Erden wie es noch keine gab: der Begriff Politik ist gänzlich in einen Geisterkrieg aufgegangen, alle Macht-Geb<ilde> sind in die Luft gesprengt, — es wird Kriege geben, wie es noch nie Kriege gab"[1] Warum sollte er sich nicht als Prophet bezeichnen? Bekanntlich gelten die im eigenen Land nichts. Nun ja, seine Genealogie vergisst er nicht zum ersten Mal.

Dass er sich damit unter die Apokalyptiker einreiht, die spätestens in den 2020er Jahren mal wieder wie um 1500 Hochkonjunktur haben, macht Nietzsche geradezu hypermodern und verlängert die rein christliche Tradition der Weltuntergangsdrohung. Er schreibt damals wie die Medien heute, die das natürlich gar nicht verstehen, gar nicht verstehen dürfen, auf alle kritische Selbstreflexion verzichten müssen. Wie konstatiert Foucault: „Die Geschichte dieser anderen Art des Wahnsinns ist zu schreiben, – dieser anderen Art, in der die Menschen miteinander in der Haltung überlegener Vernunft verkehren, die ihren Nachbarn einsperrt, und in der sie an der gnadenlosen Sprache des Nicht-Wahnsinns einander erkennen."[2] So der heutige Diskurs des politisch-medial-medizinischen Komplexes.

Wie wird er in seinem letzten Brief vom 3. Januar an von Salis-Marschlins erklären, der zumeist der Verwirrnis zugeschrieben wird und untergehend den Übergang besingt: „Die Welt ist verklärt, denn Gott ist auf der Erde. Sehen Sie nicht,

---

[1] Nietzsche, Sämtliche Briefe, KSA Bd. 8, Nr. 1171
[2] Michel Foucault, Wahnsinn und Gesellschaft (1961), 7

wie alle Himmel sich freuen. Ich habe eben Besitz ergriffen von meinem Reich, werfe den Papst ins Gefängnis und lasse Wilhelm, Bismarck und Stöcker erschießen. Der Gekreuzigte"[1]. Selbst wenn er nur als jüdischer Messias käme – und er setzt sich mit einem jüdischen Prediger gleich –, der die Welt wieder in Ordnung bringt, indem die Bösen im Ofen landen, würde das blutig und kriegerisch zugehen in einem unbekannten Ausmaß: göttliche Gewalt wie die Revolution.

Man kann seine Kriegsankündigung daher eher aus der Tradition heraus verstehen, denn als Vorahnung der Weltkriege. Er träumt, das Unbewusste diktiert ihm, das Begehren treibt ihn und die Wunschmaschinen produzieren Hybrides: der Übergang des höheren Menschen in den Untergang. Nur ist er damit nicht alleine – man lese die revolutionären Pamphlete des 19. Jahrhunderts, nicht zuletzt das *Kommunistische Manifest*: „Ein Gespenst geht um in Europa – das Gespenst des Kommunismus. Alle Mächte des alten Europa haben sich zu einer heiligen Hetzjagd gegen dies Gespenst verbündet, der Papst und der Zar, Metternich und Guizot, französische Radikale und deutsche Polizisten."[2] Der Bund der Kommunisten bestand 1848 weltweit aus etwa 500 Leuten! Dieselbe Anmaßung!

In einem Brief an Overbeck vom 26.12. träumt Nietzsche nicht nur offen von einem großen Krieg, den er anzuzetteln gedenkt: „Ich selber arbeite eben an einem Promemoria für die europäischen Höfe zum Zwecke einer antideutschen Liga. Ich will das ‚Reich' in ein eisernes Hemd einschnüren und zu einem Verzweiflungs-Krieg provozieren. Ich habe nicht eher die Hände frei, bevor ich nicht den jungen Kaiser, *samt* Zubehör in den Händen habe",[3] der mit 29 Jahren 1888 den Thron übernahm. Mit solchem Kriegsbegehren ist er freilich auch im

---

[1] Nietzsche, Sämtliche Briefe, KSA Bd. 8, Nr. 1239
[2] Karl Marx, Friedrich Engels, Manifest der Kommunistischen Partei (1848), 461
[3] Nietzsche, Sämtliche Briefe, KSA Bd. 8, Nr. 1212

staatstreuen Lager keineswegs allein. Max Weber schreibt während des ersten Weltkriegs: „Dieser Krieg ist bei aller Scheußlichkeit doch groß und wunderbar, es lohnt sich ihn zu erleben – noch mehr würde es sich lohnen, dabei zu sein, aber leider kann man mich im Feld nicht brauchen, wie es gewesen wäre, wenn er rechtzeitig – vor 25 Jahren – geführt worden wäre."[1] Das wäre etwa 1890 gewesen. Träume vom Krieg waren weitverbreitet in der Hochphase des Imperialismus der europäischen Mächte. Schließlich führte man ständig Krieg in den kolonialisierten Gebieten, und nicht nur dort. Am 15. Dezember 1914 bedauert Georg Simmel gegenüber Edmund Husserl die eigene Unwichtigkeit für den Krieg: „Doch habe ich das Gefühl, dass wer weder selbst hinausgeht noch ein Kind hinausschickt, die Weihe nicht empfangen hat – als wäre er nicht würdig befunden, am Opfer teilzunehmen."[2]

Wenn er „den jungen Kaiser, *samt* Zubehör in den Händen" haben will, dann schließt er an ein seit Jahrhunderten weit verbreitetes Denken an, das er auf perspektivische Weise und vor dem Hintergrund seiner politischen Philosophie des über- und untergehenden Genius und seiner Kritik an den herrschenden Eliten verschärft. Denn schon seit Jahrhunderten war es die politische Aufgabe von Gelehrten, unter anderem von Leibniz, die Fürsten zu beraten. Und Max Weber, der in vieler Hinsicht an Nietzsche anschließt, wird der Wissenschaft in dieser Tradition just die Funktion der Politikberatung zuschreiben. Leibniz wollte durch die Beratung den Fürsten sogar lenken, natürlich im rationalen Geist der Aufklärung. Er glaubte auch, dass sich mit der Macht des absolutistischen Fürsten seine Vorstellungen einfach durchsetzen lassen: Der Absolutismus hatte die im Feudalismus zersplitterte Machtstruktur in einer Hand konzentriert. Der absolutistische Fürst schien damit alle Macht der Welt zu haben – eine Vorstellung, die dann in die Demokratie und auf das Parlament übergeht, wo sie nach Locke und Mon-

---

[1] Zit. in: Dirk Kaesler, Max Weber, 739
[2] Georg Simmel, Briefe 1912-1918 – Jugendbriefe, 74

tesquieu freilich geteilt und damit beschränkt werden sollte, was bis heute indes kaum realisiert wurde. Den Herrscher beraten, eröffnet dem Intellektuellen daher eine weitreichende Macht. Wie fordert doch Marquis Posa von Philipp II. von Spanien in Schillers *Don Carlos*: „Gehen Sie Europens Königen voran./ Ein Federzug von dieser Hand, und neu/ Erschaffen wird die Erde. Geben Sie/ Gedankenfreiheit!"[1]

Aber wie die Hoffnung im Drama scheitert, so erlebte auch Leibniz dabei nur Enttäuschungen. Denn wie schreibt sein Biograph Eike Christian Hirsch: „Überglücklich ging Leibniz hinaus, gewiss auch voller Hoffnungen, weil ihm das gegebene Wort eines Herrschers immer auch das letzte Wort zu sein schien. Ein Befehl, ein Federstrich würde genügen . . . ! So pflegte er zu sagen, es war eine feste Vorstellung bei ihm. Dass es meist ganz anders kam, konnte der Gelehrte nie begreifen."[2] Letztlich musste die Bürokratie die Weisungen umsetzen. Wenn dazu kein Geld zur Verfügung stand und niemand da war, der das durchgesetzt hätte, nützt der königliche Federstrich nichts. Leibniz träumte wie Nietzsche, dass sich die Welt durch schlichte Befehle beherrschen lässt. Das gipfelt in der Nazi-Sprachregelung vom Führer-Befehl.

Wenn Nietzsche „den jungen Kaiser, *samt* Zubehör in den Händen" haben will, dann überschreitet er damit die Rolle der intellektuellen Politikberatung: der Untergang zum Übergang. Wie sollte er auch Wilhelm II. beraten, wenn sich dieser mit dem Volk gemein macht, anstatt es schlicht zu unterwerfen und wirklich mit einem Federstrich die Welt zu lenken? Hier gilt, was Lacan über die Traumarbeit schreibt: „wenn sowohl das Spiel als auch der Traum sich dran stoßen, dass das taxematische Material zur Darstellung der logischen Figuren der Kausalität, des Widerspruchs, der Hypothese usw. fehlt, zeigt sich, dass beide Geschäft der Schrift und nicht der Pantomime sind. Die subtilen Vorgehensweisen, die der Traum ergreift, um

---

[1] Friedrich Schiller, Don Carlos (1787/88), 445
[2] Eike Christian Hirsch, Der berühmte Herr Leibniz, 2016, 411

dennoch diese logischen Artikulationen auszudrücken, und zwar weniger künstlich, als es das Spiel für gewöhnlich tut, bilden bei Freud den Gegenstand einer besonderen Untersuchung, die einmal mehr bestätigt, dass die Traumarbeit den Gesetzen des Signifikanten folgt." [1] Eben alles ist absurd, alles stimmt nicht. Trotzdem entbirgt sich das Machtbegehren nicht etwa in einem absurden Programm, sondern in einem, das viele träumen: „Ein Federzug von dieser Hand . . ." Außerdem werden das dann in den 1920er Jahren die italienischen Faschisten vorführen, die die politische Macht vollständig an sich reißen und den italienischen König zum Statisten machen. Franco ließ 1947 Spanien zwar zu einem Königreich erklären, den Posten des Königs aber zeitlebens nicht besetzen – ein genialer Trick. Die griechische Militärdiktatur entmachtet erst den griechischen König und wird 1973 das Königtum durch ein Referendum ganz abschaffen. „Den jungen Kaiser, *samt* Zubehör in den Händen" haben, könnte diesem Modell des Totalitarismus entsprechen. So sehr die Formulierung Wahnvorstellungen entspringt – weil sie natürlich absolut unrealisierbar war und somit so übergängig wie untergängig – so könnte sie doch Nietzsches Träume und geheime Wünsche ausdrücken, die ihn offenbar seit Jahrzehnten beseelten und die weit verbreitet waren und es bis heute noch sind – unter Neofaschisten, Islamisten und Maoisten. Und die Frage ist, auf welcher Seite Nietzsche steht, wenn der übelste Schlächter der *Terreur*, der gelähmte Georges Couthon nach Staatsfeinden unter den im *Hôpital général in* Bicêtre eingesperrten Obdachlosen, Kranken und Irren sucht und Foucault schreibt: Als Couthon, „getragen von kräftigen Armen, Bicêtre verlässt, glaubt er, die Irren allem ausgeliefert zu haben, was es an Bestialischem in ihnen gibt, in Wirklichkeit aber ist er mit Bestialität beladen, während in der Freiheit, die man den Irren bietet, diese beweisen können, dass sie nichts vom wesentlich Menschlichen

---

[1] Jacques Lacan, Das Drängen des Buchstabens im Unbewussten (1957), 37

verloren hatten. (. . .) Sein Toben war wahnsinniger, unmenschlicher als der Wahnsinn der Dementen. So ist der Wahnsinn auf die Seite der Wächter gewechselt, und diejenigen, die die Irren wie Tiere einschließen, verfügen jetzt über die ganze animalische Brutalität des Wahnsinns."[1] Intentional zeitlebens, auch noch untergehend auf der Seite Couthons, oder als Opfer der Psychiatrie, als er in seinem Quartier bei den Finos in Turin das erste Mal von einem Psychiater besucht wird und während seines langen Leidens an und in den Psychiatrien, wenn seine Äußerungen definitiv nicht mehr als Sprache verstanden werden: wie würde er gemäß Foucault seine Menschlichkeit zurückgewinnen?

Das dreizehnte von 21 letzten Fragmenten aus dem *Nachlass* unter dem Titel „Todkrieg dem Hause Hohenzollern" formuliert wahrscheinlich Anfang Januar 1889 Nietzsches Träume noch schärfer: „Ich werde nicht eher die Hände frei bekommen, als bis ich den christlichen Husaren von Kaiser, diesen jungen Verbrecher samt Zubehör in den Händen habe – mit Vernichtung der erbarmungswürdigsten Missgeburt von Mensch, die bisher zur Macht gelangt ist."[2] Der Brief an Overbeck ist also abgemildert. Der Über-Wahn kennt noch kommunikative Grenzen. Also ist das, was er hier schreibt, durchaus auch noch ‚durchdacht'.

Am 29.12.88 heißt es in einem Entwurf an Overbeck sogar noch selbstreflektorisch: „Dass ich kein Mensch, sondern ein *Schicksal* bin, das ist kein Gefühl, welches sich mitteilen ließe. Du brauchst es mir auch heute nicht zu glauben: ich selber glaube sehr ungern daran. Es fehlt mir nicht an Bosheit und Übermut, um gelegentlich mich über mich lustig zu machen."[3] Freilich schreibt er am 31.12. an Johan August Strindberg sogar: „Ich habe einen Fürstentag nach Rom zusammenbefoh-

---

[1] Michel Foucault, Wahnsinn und Gesellschaft (1961), 498

[2] Nietzsche, Nachlass, KSA Bd. 13, 643

[3] Nietzsche, Sämtliche Briefe, KSA Bd. 8, Nr. 1221

len, ich will den jungen Kaiser füsilieren lassen."[1] In weiteren
Entwürfen Ende Dezember heißt es einmal: „In zwei Jahren
wird Ihnen jeder Zweifel daran benommen sein, dass *ich* von
nun an die Welt regiere."[2] An anderer Stelle: „In zwei Jahren
habe ich die höchste Gewalt in Hand, die je ein Mensch gehabt
hat — ich will das ‚Reich' in einen eisernen Gürtel einschließen . . ."[3] Dabei kehrt also die Vorstellung aus *Der griechische
Staat* wieder, dass der Genius das Volk vollständig unterwirft
und er spricht von einer ‚eisernen Klammer'. Solche Ausdrücke haben also durchaus einen politiktheoretischen Hintergrund.

Und in einer weiteren Notiz erklärt er sich dazu in der Lage
– d.h. die Gesellschaft im Grunde straff militärisch zu hierar-
chisieren und alle bürokratischen Eigendynamiken eines Staates auszuschalten, an denen schon Leibniz gescheitert war:
„Damit muss man ein Ende machen und ich bin stark genug
dazu."[4] Daher sollte man die Worte des Wahnsinns ernst nehmen. Sie sind der Traum von der genialen Lenkung der Welt
und entsprechen jenem der vernünftigen Lenkung der Welt
durch die wissenschaftlich technischen Experten, auch der
medizinische Traum. Wie beschreibt Foucault sein Programm
in *Wahnsinn und Gesellschaft*: „Ich musste außerhalb jeder
Beziehung zu einer psychiatrischen Wahrheit jene Worte und
Texte für sich sprechen lassen, die von unterhalb der Sprache
stammen und die nicht dazu geschaffen waren, zu einer Rede
zu werden."[5] Natürlich waren Nietzsches Worte dazu geschaffen und der Schizo hat noch ein paar Qualitäten des Neuroti-
kers, wiewohl sein Ich sich in seinen Träumen zu verlieren
beginnt. In diesen Träumen jedenfalls verschärft sich jene
übergehende Tendenz seines untergehenden Denkens, die sich

---

[1] Nietzsche, Sämtliche Briefe, KSA Bd. 8, Nr. 1229
[2] Ebd. Nr. 1218
[3] Ebd. Nr. 1230
[4] Ebd. Nr. 1231
[5] Michel Foucault, Wahnsinn und Gesellschaft (1961), 15

in seinen Bildungsvorträgen konsolidiert. Das ist mit Danto der böse Nietzsche. Wenn man diesen aber nicht beiseitelässt, dann entbirgt er manche Gewalttätigkeiten in den damaligen wie heutigen politischen Diskursen und führt vor, dass sich der Wahnsinn nicht situieren lässt, wie ihn Psychiatrie und Psychologie konstruieren, dass er so über- wie untergehend diesen vielmehr den Spiegel vorhält.

Die allerletzten Worte des *Ecce Homo* fassen sein Selbstverständnis, seine Selbsteinschätzung und die Frustration des Unverstandenen zusammen: „Hat man mich verstanden? – Dionysos gegen den Gekreuzigten . . "[1] Deswegen nochmals der Nachtrag, was er alles hatte sagen wollen. Er will sich selber nochmals erklären. Als wenn er nicht schon alles gesagt hätte. Das Begehren will alles ständig wiederholen nicht zuletzt, weil die Sprache immer übergehende Deutungen zulässt. Hat er Glück, dass man ihm mildernden Wahnsinn attestiert? Viele seiner Zeitgenossen ticken sehr ähnlich ohne ein solches Privileg! Und betrifft das nicht auch die politische Philosophie? Aber was bleibt dadurch alles verborgen? Aber wollte er das nicht von Anfang an enthüllen? Schon im *Zarathustra* heißen die letzten Worte des Übergangs zum Untergang: „'Dies ist mein Morgen, mein Tag hebt an: herauf nun, herauf, du großer Mittag!' / Also sprach Zarathustra und verließ seine Höhle, glühend und stark, wie eine Morgensonne, die aus dunklen Bergen kommt."[2]

---

[1] Nietzsche, Ecce Homo (1888), KSA Bd. 6, 374
[2] Nietzsche, Also sprach Zarathustra (1882-84), KSA Bd. 4, 408

Literaturverzeichnis

Günter Abel, Sprache, Zeichen, Interpretation, Frankfurt/M. 1999,

Theodor W. Adorno, Ästhetische Theorie (1970), Frankfurt/M. 1973

Hannah Arendt, Elemente und Ursprünge totaler Herrschaft (1951), 9. Aufl. München 2003

– Eichmann in Jerusalem – Ein Bericht von der Banalität des Bösen (1963), 14. Aufl. München 2005

– Über die Revolution (1963), München 2020

– Diskussion auf einer Tagung in Toronto im November 1972; in: dies., Ich will verstehen – Selbstauskünfte zu Leben und Werk, 3. Aufl. München 2007

Georges Bataille, Nietzsche und der Wille zur Chance – Atheologische Summe III (1945), Berlin 2005

– Die Freundschaft und Das Halleluja (Atheologische Summe II) (1961), München 2002

Simone de Beauvoir, Alle Menschen sind sterblich (1946), Reinbek 1970

– Für eine Moral der Doppelsinnigkeit (1947); in: dies., Soll man de Sade verbrennen? – Drei Essays zur Moral des Existentialismus, Reinbek 1997

– Das andere Geschlecht – Sitte und Sexus der Frau (1949), 5. Aufl. Reinbek 2005

Ulrich Beck, Ursprung als Utopie: Politische Freiheit als Sinnquelle der Moderne; in: ders. (Hrsg.), Kinder der Freiheit, Frankfurt/M. 1997

Walter Benjamin: Zur Kritik der Gewalt (1921) und andere Aufsätze, Frankfurt/M. 1965

Henri Bergson, Die beiden Quellen der Moral und der Religion (1932); in: ders., Materie und Gedächtnis und andere Schriften, Frankfurt/M. 1964

Hans Blumenberg, Geistesgeschichte der Technik (zwischen 1956-1966), Frankfurt/M. 2009

Georg Büchner, Lenz (1835), Werke und Briefe, München 1965

Judith Butler, Das Unbehagen der Geschlechter (1990). Frankfurt/M. 1991

Albert Camus, L'Homme révolté (1951); dt. Der Mensch in der Revolte, Reinbek 1969

Arthur C. Danto, Nietzsche als Philosoph (1965), München 1998

Gilles Deleuze, Differenz und Wiederholung (1968), München 1992

Gilles Deleuze, Félix Guattari, Anti-Ödipus – Kapitalismus und Schizophrenie, Bd. 1 (1972), 2. Aufl. Frankfurt/M. 1979

Jacques Derrida, Gesetzeskraft – Der ‚mystische Grund der Autorität' (1990), Frankfurt/M. 1991

– Politik der Freundschaft (1994), Frankfurt/M. 2002

René Descartes, Discours de la Méthode (1637), Hamburg 1960

Johannes Duns Sotus, Pariser Vorlesungen über Wissen und Kontingenz (um 1300), Freiburg i.Br. 2005

Umberto Eco, Der Name der Rose (1980), München 1982

Friedrich Engels, Die Entwicklung des Sozialismus von der Utopie zur Wissenschaft (1880), MEW Bd. 19, Berlin 1972

Fritz Fischer, Griff nach der Weltmacht – Die Kriegszielpolitik des kaiserlichen Deutschland 1914/18 (1961), Kronberg/Ts. 1977

Michel Foucault, Wahnsinn und Gesellschaft (1961), Frankfurt/M. 1973

– Die Ordnung der Dinge – eine Archäologie der Humanwissenschaften (1966), Frankfurt/M. 1974

– Überwachen und Strafen – Die Geburt des Gefängnisses (1975), Frankfurt/M 1977

– Der Wille zum Wissen – Sexualität und Wahrheit 1 (1976), Frankfurt/M. 1983

– Geschichte der Gouvernementalität I – Sicherheit, Territorium, Bevölkerung, Vorlesung am Collège de France 1977-1978, Frankfurt/M. 2004

– Der Gebrauch der Lüste - Sexualität und Wahrheit 2 (1984), Frankfurt/M. 1989

– Die Geständnisse des Fleisches – Sexualität und Wahrheit 4 (1984 / 2018), Berlin 2019

– Der Mut zur Wahrheit – Die Regierung des Selbst und der anderen II, Vorlesung am Collège de France 1984 (2009), Frankfurt/M. 2010

Ivo Frenzel, Friedrich Nietzsche (1966), 31. Aufl. Reinbek 2000

Sigmund Freud, Massenpsychologie und Ich-Analyse (1921), Frankfurt/Main 1985

– Abriss der Psychoanalyse (1938) – Das Unbehagen in der Kultur (1930), Frankfurt/M. 1953

Hans-Georg Gadamer, Heidegger und die Sprache (1989), in: Peter Kemper (Hrsg.), Martin Heidegger – Faszination und Erschrecken – Die politische Dimension einer Philosophie, Frankfurt/M. 1990

Arnold Gehlen, Über die gegenwärtigen Kulturverhältnisse (1956), Gesamtausgabe Bd. 6, Frankfurt/M. 2004

Antonio Gramsci – vergessener Humanist? – Eine Anthologie (Gli Intellettuali), Berlin 1991

Jürgen Habermas, Strukturwandel der Öffentlichkeit – Untersuchungen zu einer Kategorie der bürgerlichen Gesellschaft (1962), 8. Aufl., Neuwied, Berlin 1976

– Theorie des kommunikativen Handelns, Bd. 1, Frankfurt/M. 1981

Yuval Noah Harari, Homo Deus – Eine Geschichte von Morgen, München 2017

G.W.F. Hegel, Grundlinien der Philosophie des Rechts (1820), Theorie Werkausgabe Bd. 7, Frankfurt/M. 1970

– Vorlesungen über die Philosophie der Geschichte (1822-32), Theorie Werkausgabe Bd. 12, Frankfurt/M. 1970

Martin Heidegger, Sein und Zeit (1927), 16. Aufl. Tübingen 1986

– Der Ursprung des Kunstwerkes (1935), Stuttgart 1988

– Die Sprache (1950); in: ders. Unterwegs zur Sprache, 7. Aufl. Pfullingen 1982

Eike Christian Hirsch, Der berühmte Herr Leibniz – Eine Biographie, München 2016

Thomas Hobbes, Leviathan oder Stoff, Form und Gewalt eines kirchlichen und bürgerlichen Staates (1651), Frankfurt/M. 1984

Otfried Höffe, Lebenskunst oder Moral oder Macht Tugend glücklich? München 2007

Max Horkheimer, Theodor W. Adorno, Dialektik der Aufklärung (1944/1947), Frankfurt/Main 1971

Edmund Husserl, Die Krisis der europäischen Wissenschaften und die transzendentale Phänomenologie (1936), Husserliana Bd. VI, Den Haag 1954

Vladimir Jankélévitch, Die Ironie (1964), Berlin 2012

Hans Jonas, Das Prinzip Verantwortung – Versuch einer Ethik für die technologische Zivilisation (1979), Frankfurt/M 1984

Ernst Jünger, In Stahlgewittern (1920), Werke Bd. 1, Stuttgart 1961

– Das Wäldchen 125 (1925), Werke Bd. 1, Stuttgart 1961

– Der Arbeiter – Herrschaft und Gestalt (1932), Stuttgart 1982

Dirk Kaesler, Max Weber – Preuße, Denker, Muttersohn. Eine Biographie, München 2014

Immanuel Kant, Beantwortung der Frage: Was ist Aufklärung (1884), Akademie-Textausgabe (AA) Bd. VIII, Berlin 1968

Sören Kierkegaard, Einübung im Christentum (1850), Gesammelte Werke 26. Abteilung, Düsseldorf, Köln 1955

Thomas S. Kuhn, Die Struktur wissenschaftlicher Revolutionen (1961), Frankfurt/M. 1973

Jacques Lacan, Das Ich in der Theorie Freuds und in der Technik der Psychoanalyse (1954/55), Das Seminar Buch II, 2. Aufl. Weinheim, Berlin 1991

– Das Drängen des Buchstabens im Unbewussten (1957), Schriften II, 3. Aufl. Weinheim, Berlin 1991

– Die vier Grundbegriffe der Psychoanalyse (1964), Das Seminar Bd. 11, Freiburg 1978

Emmanuel Lévinas, Einige Betrachtungen zur Philosophie des Hitlerismus (1934); in: ders., Die Unvorhersehbarkeiten der Geschichte, Freiburg, München 2006

– Totalität und Unendlichkeit – Versuch über Exteriorität (1961), Freiburg, München 1987

Oscar Levy, Nietzsche im Krieg (1919); in: ders., Nietzsche verstehen – Essays aus dem Exil 1913-1937, Berlin 2005

Karl Löwith, Von Hegel zu Nietzsche – der revolutionäre Bruch im Denken des 19. Jahrhunderts (1941), Sämtliche Schriften 4, Stuttgart 1988

Jean-François Lyotard, Das postmoderne Wissen (La condition postmoderne 1979), 3. Aufl. Wien 1994

Niccolò Machiavelli, Der Fürst (1532), Wiesbaden 1980

Alasdair MacIntyre, Verlust der Tugend – Zur moralischen Krise der Gegenwart (1981), Frankfurt/M. 1987

Karl Marx, Zur Kritik der Hegelschen Rechtsphilosophie - Einleitung (1844), Marx Engels Werke (MEW) Bd. 1, Berlin 1972

Karl Marx, Friedrich Engels, Manifest der Kommunistischen Partei (1848), MEW Bd. 4, Berlin 1972

Carlo Michelstaedter: Überzeugung und Rhetorik (1913), Frankfurt/M. 1999

Michel de Montaigne, Über die Erfahrung, Essais, Drittes Buch (1572-1592), Frankfurt/M. 1998

Mazzino Montinari, Friedrich Nietzsche – Eine Einführung (1975), Berlin, New York 1991

Friedrich Nietzsche, Die Geburt der Tragödie aus dem Geiste der Musik (1872), Kritische Studienausgabe (KSA) Bd. 1, hrsg. v. Giorgio Colli, Mazzino Montinari, München, Berlin, New York 1999

– Über die Zukunft unserer Bildungsanstalten (1872), KSA Bd. 1

– Der griechische Staat (1872) – Fünf Vorreden zu fünf ungeschriebenen Büchern - Nachgelassene Schriften, KSA Bd. 1

– Über Wahrheit und Lüge im außermoralischen Sinn (1873), KSA Bd. 1

– Unzeitgemäße Betrachtungen (1873-76), KSA Bd. 1

– Menschliches, Allzumenschliches (1876-1880), KSA Bd. 2

– Morgenröte (1880/81), KSA Bd. 3

– Die fröhliche Wissenschaft (1881-82), KSA Bd. 3

– Also sprach Zarathustra (1882-84), KSA Bd. 4

– Jenseits von Gut und Böse(1884-85), KSA Bd. 5

– Zur Genealogie der Moral (1887), KSA Bd. 5

– Götzen-Dämmerung oder Wie man mit dem Hammer philosophiert (1888), KSA Bd. 6

– Der Antichrist. Fluch auf das Christentum (1888), KSA Bd. 6

– Ecce Homo (1888), KSA Bd. 6

– Nachlass, KSA Bde. 7-13

– Sämtliche Briefe, Kritische Studienausgabe in 8 Bänden, hrsg. v. Giorgio Colli, Mazzino Montinari, München 1986

Henning Ottmann, Philosophie und Politik bei Nietzsche (1987), 2. Aufl. Berlin, New York 1999

Platon, Politeia (ca. 374 v. Chr.), übers. v. Friedrich Schleiermacher, Werke Bd. 3, Hamburg 1958 (Rowohlt Klassiker)

Willard van Orman Quine, Von einem logischen Standpunkt (1953), Frankfurt/M., Berlin, Wien 1979

Jacques Rancière, Das Unvernehmen – Politik und Philosophie (1995), Frankfurt/M. 2002

Volker Reinhardt, De Sade oder Die Vermessung des Bösen – Eine Biographie, München 2014

Paul Ricœur, Hermeneutik und Strukturalismus – Der Konflikt der Interpretationen I (1969), München 1973

– Das Selbst als ein Anderer (1990), München 1996

Richard Rorty, Der Spiegel der Natur – Eine Kritik der Philosophie (1979), Frankfurt/Main 1987

– Solidarität oder Objektivität? Drei philosophische Essays (1983/4), Stuttgart1988

Jean-Jacques Rousseau, Über den Ursprung der Ungleichheit unter den Menschen (Zweiter Discours 1755), Schriften zur Kulturkritik, 2. Aufl. Hamburg 1971

– Abhandlung über die Politische Ökonomie (1755), Politische Schriften Bd. 1, Paderborn 1977

– Träumereien eines einsam Schweifenden – Les rêveries du Promeneur Solitaire (1776-1778), Berlin 2012

Donatien Alphonse François Marquis de Sade, Die 120 Tage von Sodom; zit. bei Volker Reinhardt, De Sade oder Die Vermessung des Bösen – Eine Biographie, München 2014

– Juliette oder Die Vorteile des Lasters (1796), Frankfurt/M., Berlin 1990, 54

Jean-Paul Sartre, Das Sein und das Nichts – Versuch einer phänomenologischen Ontologie (1943), Reinbek 1993

– Der Existentialismus ist ein Humanismus (1945), Gesammelte Werke Philosophische Schriften I, Bd. 4, Reinbek 1994

Max Scheler, Das Ressentiment im Aufbau der Moralen (1912); in: Vom Umsturz der Werte – Abhandlungen und Aufsätze (1915/1919), Gesammelte Werke Bd. 3, 4. Aufl., Bern 1955

– Der Genius des Krieges und der Deutsche Krieg (1915); in: Politisch-pädagogische Schriften, Gesammelte Werke Bd. 4, Bern, München 1982

– Vom Wesen der Philosophie; in: Vom Ewigen im Menschen (Probleme der Religion - Zur religiösen Erneuerung, 1921), Gesammelte Werke Bd. 5, 4. Aufl., Bern 1954

Friedrich Schiller, Don Carlos (1787/88), Werke Bd. 1, München 1976

Carl Schmitt, Politische Theologie – Vier Kapitel zur Lehre von der Souveränität, (1922) 3. Aufl. Berlin 1979

– Römischer Katholizismus und politische Form, (1923), Stuttgart 1984

Hans-Martin Schönherr-Mann, Staat und Geschichte – der Progress der Rationalisierung bei Hegel und Kant (Dissertation), Nürnberg 1982

– Philosophie und Ökologie – philosophische und politische Essays, Verlag Die blaue Eule Essen 1985

– Die Technik und die Schwäche – Ökologie nach Nietzsche, Heidegger und dem ‚schwachen Denken‘, Vorwort v. Gianni Vattimo, Edition Passagen Wien 1989

– Verführung mit Aids – Eine philosophische Satire in sechs Monologen, Edition Passagen Wien 1989

– Von der Schwierigkeit, Natur zu verstehen – Entwurf einer negativen Ökologie, S. Fischer-Verlag Reihe Perspektiven Frankfurt/M. 1989

– Politik der Technik – Heidegger und die Frage der Gerechtigkeit, Edition Passagen Wien 1992

– Leviathans Labyrinth – Politische Philosophie der modernen Technik – Eine Einführung, Wilhelm Fink Verlag München 1994

– Postmoderne Theorien des Politischen – Pragmatismus, Kommunitarismus, Pluralismus, Wilhelm Fink Verlag München 1996

– Postmoderne Perspektiven des Ethischen – Politische Streitkultur, Gelassenheit, Existentialismus, Wilhelm Fink Verlag München 1997

- Politischer Liberalismus in der Postmoderne – Zivilgesellschaft, Individualisierung, Popkultur, Wilhelm Fink Verlag München 2000
- Das Mosaik des Verstehens – Skizzen zu einer negativen Hermeneutik, edition fatal München 2001
- Auf der Spur des verlorenen Gottes – Die großen Religionsphilosophen im 20. Jahrhundert, Herder Spektrum Freiburg im Breisgau 2003
- Sein und Fragen – Ein Essay, édition questions Salon Verlag Köln 2003
- Sartre – Philosophie als Lebensform, C.H. Beck Verlag München 2005
- Hannah Arendt – Wahrheit, Macht, Moral, C.H. Beck Verlag München 2006
- Simone de Beauvoir und das andere Geschlecht, dtv München 2007
- Miteinander leben lernen – die Philosophie und der Konflikt der Kulturen, Vorwort und Nachwort v. Hans Küng, Piper Verlag München, Zürich 2008
- Friedrich Nietzsche, Wilhelm Fink UTB Profile Paderborn 2008
- Der Übermensch als Lebenskünstlerin – Nietzsche, Foucault und die Ethik, Matthes & Seitz Berlin 2009
- Globale Normen und individuelles Handeln – Die Idee des Weltethos aus emanzipatorischer Perspektive, Königshausen & Neumann Würzburg 2010
- Die Macht der Verantwortung, Alber Freiburg, München 2010
- Der Untergang des Pseudostaates – Die Geburt des Über(gangs)staates aus dem Geist der ewigen Wiederkehr; in: ders. (hrsg.), Der Wille zur Macht und die ‚große Politik' – Friedrich Nietzsches Staatsverständnis, Bd. 35 Reihe Staatsverständnisse, Nomos Baden-Baden 2010
- Was ist politische Philosophie? Campus Studium Frankfurt/M., New York 2012
- Philosophie der Liebe – Ein Essay wider den Gemeinspruch ‚Die Lust ist kurz, die Reu' ist lang, Matthes & Seitz Berlin 2012
- Vom Nutzen der Philosophie – Pragmatismus als Lebenskust, S. Hirzel Verlag Stuttgart 2012

- Protest, Solidarität und Utopie – Perspektiven partizipatorischer Demokratie, edition fatal München 2013
- Gewalt, Macht, individueller Widerstand – Staatsverständnisse im Existentialismus, Bd. 77 Reihe Staatsverständnisse, Nomos Baden-Baden 2015
- Albert Camus als politischer Philosoph, Interdisziplinäre Forschungen 26, Innsbruck University Press 2015
- Untergangsprophet und Lebenskünstlerin – Über die Ökologisierung der Welt, Matthes & Seitz Berlin 2015
- Fröhliches Philosophieren, edition fatal München 2015
- Sexyness als Kommunikation – Die Geburt der Sexualität aus dem Geist der Massenmedien, BoD Norderstedt 2016
- Politik zwischen Werten und Verstehen – Hermeneutik als politische Philosophie – Vorlesungen am Geschwister-Scholl-Institut 2002/2003, Südwestdeutscher Verlag für Hochschulschriften Saarbrücken 2016
- Involution oder Revolution – Vorlesungen über Medien, „Bildung und Politik" an der Universität Innsbruck 2013-17, BoD Norderstedt 2017
- Das Blau des Sprachspiels – Wittgenstein und die politische Philosophie – Vorlesungen am Geschwister-Scholl-Institut 2003/2004, BoD Norderstedt 2017
- Michel Foucault als politischer Philosoph, Interdisziplinäre Forschungen 34, Innsbruck University Press 2018
- Verteidigung Europas gegen die *Banalität* des Populismus – Die Geburt der Zivilgesellschaft aus dem Geist der Kennedy-Ära, BoD Norderstedt 2018
- Dekonstruktion als Gerechtigkeit – Jacques Derridas Staatsverständnis und politische Philosophie, Bd. 126 Reihe Staatsverständnisse, Nomos, Baden-Baden 2019
- Richard Rortys politische Philosophie – Erläuterungen zu *Kontingenz, Ironie und Solidarität*, Bod Norderstedt 2019
- Friedrich Nietzsche – Leben und Denken, Weimarer Verlagsgesellschaft im Verlagshaus Römerweg Wiesbaden 2020
- Arendt als politische Philosophin, Bod Norderstedt 2020
- Gesicht und Gerechtigkeit – Emmanuel Lévinas politische Verantwortungsethik, Interdisziplinäre Forschungen 36, Innsbruck University Press 2021

– Sartres Existentialismus als politische Philosophie des Widerstands, Bod Norderstedt 2021

– Medizin als göttliche Gewalt – Philosophische Kritik der Corona-Politik, Edition Halkyon Leipzig 2022

Arthur Schopenhauer, Über die Freiheit des menschlichen Willens (1839), Kleinere Schriften II, Züricher Ausgabe Bd. VI, Zürich 1977

Judith N. Shklar, Ganz normale Laster (1984), Berlin, 2014

Georg Simmel, Schopenhauer und Nietzsche (1907), Gesamtausgabe Bd. 10, Frankfurt/M. 1995

– Briefe 1912-1918 – Jugendbriefe, Gesamtausgabe Bd. 23, Frankfurt/M. 2008

Peter Sloterdijk, Was geschah im 20. Jahrhundert? Unterwegs zu einer Kritik der extremistischen Vernunft, Berlin 2016

Georges Sorel, Über die Gewalt (1908), Innsbruck 1928

Max Stirner, Der Einzige und sein Eigentum (1844), Freiburg, München 2009

Leo Strauss, Persecution and the Art of Writing, Glencoe, Illinois 1952

– Progress or Return? (1952), in: ders., Jewish Philosophy and the Crisis of Modernity, Albany 1997

– Thoughts on Machiavelli (1958), Chicago, London 1984

Charles Taylor, Negative Freiheit – Zur Kritik des neuzeitlichen Individualismus (1985), Frankfurt/M. 1988

– Ein säkulares Zeitalter (2007), Frankfurt/M. 2009

Jürgen Trabant, Sprachdämmerung – Eine Verteidigung, München 2020

Gianni Vattimo, Jenseits vom Subjekt – Nietzsche, Heidegger und die Hermeneutik (1980), Wien 1986

Anacleto Verrecchia, Zarathustras Ende – Die Katastrophe Nietzsches in Turin, Wien, Köln, Graz 1986

Eric Voegelin, Die Neue Wissenschaft der Politik – Eine Einführung, (1951), 4. Aufl. Freiburg München 1991

– Der Gottesmord - Zur Genese und Gestalt der modernen politischen Gnosis (1958), München 1999

Max Weber, Die protestantische Ethik I (1904/1920), 5. Aufl. Gütersloh 1979

– Politik als Beruf (1919), Gesammelte politische Schriften, 3. Aufl. Tübingen 1971

– Der Reichspräsident (Feb. 1919), ebd.

Otto Weininger, Die Einsinnigkeit der Zeit; in: ders., Über die letzten Dinge (Aufsätze), Wien 1904

Alfred North Whitehead, Der Begriff der Natur (1919), Weinheim 1990

Ludwig Wittgenstein, Philosophische Untersuchungen (1953), Frankfurt/M. 1971

Personenverzeichnis

Günter ABEL 157

Theodor W. ADORNO 69, 168

ALEXANDER der Große 172

ANTON ULRICH von Braunschweig 119

Hannah ARENDT 30, 35, 67, 70, 99, 103, 109, 141, 198, 200

ARISTOTELES 25, 60, 87, 89, 171 f, 184

Antonin ARTAUD 91, 169

Francis BACON 76

Georges BATAILLE 12, 91, 109

Simone de BEAUVOIR 64, 83, 85, 166

Ulrich BECK 86

Walter BENJAMIN 39, 149 f, 177

Henri BERGSON 30

Joseph BEUYS 85

Otto von BISMARCK 27, 203

Hans BLUMENBERG 105

Cesare BORGIA 115

Jacques-Bénigne Lignel BOSSUET 28

Georg BRANDES 192, 197

Bertolt BRECHT 163

Georg BÜCHNER 168 f

Jacob BURCKHARDT 25, 27, 42, 123

Georg W. BUSH 175

Judith BUTLER 92

Albert CAMUS 28, 199

Johannes CASSIANUS 68, 71

Johannes CHRYSOSTOMUS 166

Giorgio COLLI 12

Georges COUTHON 206 f

Arthur C. DANTO 10 f, 23, 49, 118, 182, 209

Charles DARWIN 123

Gilles DELEUZE 63, 79, 120, 152, 168, 179 f

Jacques DERRIDA 40, 49, 107 f, 150, 158, 182, 185

René DESCARTES 94 ff

Paul DEUSSEN 193 f, 196

DIOGENES von Simope 144

Fjodor Michailowitsch DOSTOJEWSKI 115

Johannes DUNS SOTUS 141 f

Bob DYLAN 113

Umberto ECO 140

Albert EINSTEIN 79

Friedrich ENGELS 57

Fritz FISCHER 146, 148

Elisabeth FÖRSTER-NIETZSCHE 12, 178

Michel FOUCAULT 13, 35, 49, 54, 69, 91 f, 106, 144, 155, 160, 165 f, 169, 174, 179, 182, 188 ff, 197, 202, 206 ff

Francisco FRANCO 206

Friedrich Ludwig Gottlob FREGE 50

Ivo FRENZEL 65

Sigmund FREUD 38, 64,80, 91, 144, 154 f, 158, 160, 165, 179, 206

FRIEDRICH II. von Preußen 132

Carl FUCHS 196

Hans-Georg GADAMER 49

Galileo GALILEI 76, 94, 156

Arnold GEHLEN 187

Wolfgang von GOETHE 125

Claire GOLL 117

Antonio GRAMSCI 134, 199

Félix GUATTARI 63, 120, 152, 168, 179 f

François Pierre Guillaume GUIZOT 203

Jürgen HABERMAS 101, 167

Yuval Noah HARARI 153 f

Georg Wilhelm Friedrich HEGEL 28, 47, 56, 74 ff, 91, 106, 124

Martin HEIDEGGER 9, 31, 48 f, 147, 154,159 f, 181, 186, 189

Paul von HINDENBURG 45

Eike Christian HIRSCH 205

Thomas HOBBES 62, 127, 150, 174

Otfried HÖFFE 104

HÖLDERLIN 169

HOMER 172

Max HORKHEIMER 168

Alfred HUGENBERG 45

David HUME 47, 93

Edmund HUSSERL 156, 204

Henrik Johan IBSEN 85

Mick JAGGER 144, 197

Vladimir JANKÉLÉVITCH 81

JESUS von Nazareth 17, 60, 97, 103, 114, 138, 144, 163, 173, 193

Hans JONAS 124

Ernst JÜNGER 31,40, 53

Immanuel KANT 10, 42, 47, 75 ff, 84, 93 f, 158, 181

Sören KIERKEGAARD 98, 186

Thomas S. KUHN 88

Jacques LACAN 8, 18, 80 f, 90, 106, 120, 144, 154 f, 179, 195, 205

Gottfried Wilhelm LEIBNIZ 119, 204 f, 208

Jakob Michael Reinhold LENZ 168 f

LEONARDO da Vinci 110

Gotthold Ephraim LESSING 9

Emmanuel LÉVINAS 57 f, 65, 70, 130

Oscar LEVY 11

John LOCKE 62, 204

Karl LÖWITH 187

Martin LUTHER 125

Jean-François LYOTARD 92

Niccolò MACHIAVELLI 151

Alasdair MACINTYRE 106 f

Joseph de MAISTRE 28

Stéphane MALLARME 169

Karl MARX 37 f, 57, 76, 91, 125, 130, 149, 155, 158, 170, 178

Klemens Wenzel Lothar von METTERNICH 203

Malwida von MEYSENBUG 115, 194 f, 197

Carlo MICHELSTAEDTER 117

Michel de MONTAIGNE 61

Charles de Secondat, Baron de MONTESQUIEU 204 f

Mazzino MONTINARI 12, 105

Benito MUSSOLINI 12, 31

NAPOLEON Bonaparte 36, 75, 90, 132, 199

Henning OTTMANN 156

Franz OVERBECK 25, 203, 207

Pier Paolo PASOLINI 116

PAULUS von Tarsus 17

PERIKLES 43, 132

PETER der Große 119

PLATON 41, 61, 84, 123, 133, 171, 181

Willard van Orman QUINE 50

Jacques RANCIÈRE 172

Volker REINHARDT 24

Else von RICHTHOFEN-JAFFÉ 116

Paul RICŒUR 95, 165

Leni RIEFENSTAHL 20

Friedrich Wilhelm RITSCHL 25

Maximilien de ROBESPIERRE 182

Erwin ROHDE 125

Richard RORTY 84, 141

Jean-Jacques ROUSSEAU 105, 128, 137, 192

Donatien Alphonse François Marquis de SADE 24, 91, 115, 118, 120 f, 134, 170

Louis Antoine DE SAINT-JUST 182

Meta von SALIS-MARSCHLINS 115, 194 f, 202

Lou (ANDREAS-) von SALOME 9, 101, 108, 112, 114, 116, 118, 139, 195

Jean-Paul SARTRE 57 f, 64 ff, 69, 85, 104, 139

Ferdinand de SAUSSURE 154, 195

Max SCHELER 22 f, 53, 117, 128 f

Friedrich SCHILLER 205

Carl SCHMITT 30, 39, 43, 46, 110, 143, 177

Arthur SCHOPENHAUER 18, 26, 28, 33, 37, 47 f, 55, 62, 115, 153 f

George Bernard SHAW 85

Judith SHKLAR 182

Georg SIMMEL 65, 204

Peter SLOTERDIJK 124

SOKRATES 19, 22, 47 f, 87

SOPHOKLES 21

Georges SOREL 31

Josef Wissarionowitsch STALIN 147

Max STIRNER 16

Leo STRAUSS 9, 60,151

Johan August STRINDBERG 207

Charles TAYLOR 74, 85, 117

THEOGNIS von Megara 24

Jürgen TRABANT 50

Leo TROTZKI 139

Gianni VATTIMO 13, 95

Anacleto VERRECCHIA 12

Eric VOEGELIN 71, 114

Richard WAGNER 20, 28, 33 f, 58 f, 62, 115, 187, 195

Max WEBER 16, 44 f, 60, 66, 68 ff, 116, 143, 169, 204

Otto WEININGER 117

Alfred North WHITEHEAD 79

Ulrich von WILAMOWITZ-MOELLENDORFF 25 f

WILHELM II. 33, 201, 203, 205

Ludwig WITTGENSTEIN 51, 136

Virginia WOOLF 117